国家社会科学基金一般项目（20BJL047）

江苏省社会科学基金青年项目"价值链视角下数字化转型赋能江苏传统产业升级的机制与对策研究"（22EYC015）

江苏省双创博士项目（JSSCBS20210837）

高校哲学社会科学研究一般项目（2021SJA0880）

中央高校基本科研业务费专项资金资助项目（JUSRP121092）

Dual Value Chain Division of Labor and

REGIONAL ECONOMIC

Disparities under the New Development Pattern

新发展格局下双重价值链分工与区域经济差距

王彦芳 ——— 著

中国财经出版传媒集团

经济科学出版社
Economic Science Press

图书在版编目（CIP）数据

新发展格局下双重价值链分工与区域经济差距/王
彦芳著．－－北京：经济科学出版社，2022.6
ISBN 978－7－5218－3741－4

Ⅰ．①新…　Ⅱ．①王…　Ⅲ．①对外贸易－研究－中国
Ⅳ．①F752

中国版本图书馆 CIP 数据核字（2022）第 107590 号

责任编辑：李　雪　袁　微
责任校对：靳玉环
责任印制：邱　天

新发展格局下双重价值链分工与区域经济差距

王彦芳　著

经济科学出版社出版、发行　新华书店经销
社址：北京市海淀区阜成路甲 28 号　邮编：100142
总编部电话：010 － 88191217　发行部电话：010 － 88191522
网址：www. esp. com. cn
电子邮箱：esp@ esp. com. cn
天猫网店：经济科学出版社旗舰店
网址：http：//jjkxcbs. tmall. com
固安华明印业有限公司印装
710 × 1000　16 开　16.25 印张　210000 字
2022 年 9 月第 1 版　2022 年 9 月第 1 次印刷
ISBN 978 － 7 － 5218 － 3741 － 4　定价：76.00 元
（图书出现印装问题，本社负责调换。电话：010 － 88191510）
（版权所有　侵权必究　打击盗版　举报热线：010 － 88191661
QQ：2242791300　营销中心电话：010 － 88191537
电子邮箱：dbts@ esp. com. cn）

前　　言

2020 年 10 月 26 日召开的十九届五中全会通过了《中共中央关于制定国民经济和社会发展第十四个五年规划和二〇三五年远景目标的建议》（以下简称《建议》），明确提出"要加快构建以国内大循环为主体、国内国际双循环相互促进的新发展格局"。"双循环"新发展格局为进一步完善国内价值链（national value chain，NVC）分工，通过国内价值链与全球价值链（global value chain，GVC）协同互动缩小地区差距提供了重要的战略指引。

随着全球化与国际分工的不断深入发展，全球价值链升级问题已然上升至国家战略的高度。改革开放以来，中国凭借劳动力要素禀赋优势形成的国内分工体系融入全球分工网络，通过采取"干中学"与竞争性模仿策略，实现了经济起飞和快速工业化。中国出口产品的技术含量与技术复杂度也已经远超过同等收入国家，甚至接近于高收入国家的水平。然而，由于过度依赖廉价劳动力和自然资源等比较优势参与垂直分工，加之"技术封锁""市场限制""贸易壁垒"等因素，国内代工企业被"俘获"于全球价值链中低创新能力的低附加值环节，无法向价值链高端跃升。

2017 年 10 月 18 日召开的中国共产党第十九次全国代表大会强调要着力推动我国产业向全球价值链中高端迈进，加快培育若干具有世界竞争力的先进制造业产业集群，同时也明确指出区域经济发展不平衡不充分的一些突出问题尚未解决，区域之间与区域内部收入分配差距较大，实现区域经济协调发展依然是我国未来发展的主旋律。诚然，中国作为发展中的转轨大国，区域经济发展不平衡问题日益凸显，贫富差距扩大，将加剧社会矛盾与不安定因素。

从各地区融入国际专业化分工与国内分工的实践不难发现，全球价值链与国内价值链分工有效对接机制的缺失将会阻碍区域经济的协调发展。以东部沿海发达地区为例，其低附加值的全球价值链嵌入模式主要是以中西部欠发达地区的廉价资源和劳动力供给为前提与基础的，与中西部地区的分工协作被限制在初级生产要素的供给层面，并没有很好地履行全球价值链与国内价值链之间的二传手功能。不仅东部地区自身没有形成专业化分工与经济增长的长效机制，而且也限制了其经济扩散效应与技术溢出效应，不利于欠发达地区摆脱低端技术路径依赖的贫困陷阱。这在一定程度将加剧区域经济差距与不平衡问题，致使我国面临落入"中等收入陷阱"的风险。当前，"逆全球化"与贸易保护主义的盛行，原材料和劳动力成本上升等诸多不利因素叠加，中国低成本的比较优势将难以为继，更加迫使我国加快价值链升级进程，并从双重价值链分工的视角探索协调我国区域经济差距的可行路径。由此，我们不禁思考，国内价值链与全球价值链分工是如何影响我国区域经济差距的？全球价值链与国内价值链分工之间的对接态势如何？"双循环"新发展格局下，如何通过全球价值链与国内价值链双重价值链分工的对接互动缩小区域经济差距？

对于以上问题的思考与探索是促使本书展开相关研究的重要出发点。本书基于克鲁格曼提出的新经济地理理论框架，尝试从价值链分工对区域经济差距的影响出发，为协调我国地区差距、破解价值链低端锁定困局提供新的思路与对策。具体而言，本书的逻辑思路在于首先对现有相关研究及理论进行梳理与计量分析，其次对我国改革开放以来不同地区之间的经济差异及参与国内价值链和全球价值链分工的程度及演变态势进行全面系统地测度与把握，在此基础上，将理论分析与实证分析相结合，考察国内外价值链分工对区域经济差距的影响与机制，以及全球价值链与国内价值链双重价值链对接互动对于协调

前　言

地区差距的作用路径，最后提出对策建议。

本书对价值链分工影响区域经济差距的研究具有以下几个方面的创新：首先，将中国省份差异及价值流纳入多区域投入产出分析框架，同时考察全球价值链与国内价值链分工及其对接互动对于区域经济差距的影响机理，并运用现有数据进行统计分析与实证检验，这有别于只考虑国内价值链或仅关注全球价值链的研究；其次，将现有研究中笼统的"国外（或境外）"或"国内"进一步细分到国内各个省份和主要贸易伙伴，以期更准确细致地把握不同省份在全球价值链与国内价值链分工系统中的融入程度及地位演变；最后，本书立足于"双循环"新发展格局、价值链"低端锁定"困局与区域发展不平衡的现实矛盾，提出通过构建全球价值链与国内价值链的有效对接机制，实现我国经济的高质量发展，突破了以往研究关注因果关系忽视实际问题的限制。

王彦芳

2022 年 6 月

目　　录

目　录

▶ 第 1 章 ◀

绪　　论

1.1　研究背景与意义

1.1.1　主要研究背景

价值链始于专业化分工的深入，而分工作为经济学一个古老的话题，贯穿于经济发展的始终。在经济全球化的发展过程中，分工的专业化和细化大大提高了生产效率，推动了经济发展。与此同时，经济的进一步发展又促进了分工体系的拓展和完善。科学技术的进步促使经济发展的质量和效率不断提高，交易成本逐渐降低，分工更加细化，服务于分工的区域范围不断扩大，并逐渐打破一国内部不同区域的边界，进而形成国内价值链（national value chain，NVC），而当分工的空间范围进一步扩大，超过国家边界时，便形成了跨国分工网络，促进全球价值链（global value chain，GVC）的诞生。从各国的经济发展史来看，发达经济体之间的发展模式也不尽相同。以英法为代表的发达国家主要依靠自身实力在全球率先完成跨区域国际分工，实现工业化，继而完成财富积累；而美国及战后的日本，在经济发展初期，更多的是依靠国家层面的政策支持，侧重于发展国内市场的专业化分工，实现经济快速发展，并进一步完成国内价值链向全球价值链分工的延伸与过渡，不断获取国际分工的话语权，巩固其在全球价值链治理中的主导地位。

国际分工的深入发展促使全球价值链升级问题上升至国家战略的高度和层面。改革开放初期，由于地方保护主义盛行且市场分割明显，各个地区自身都有一套较为完整的分工体系，国内跨区域专业化分工尚未形成，不同区域市场之间存在严重的贸易壁垒，扭曲了国内市场的资源配置，造成区域间经济发展的巨大沟壑（钟昌标，2002；沈坤荣和李剑，2003）。随着中国快速嵌入全球价值链分工体系，尤其自2001年底加入世界贸易组织（World Trade Organization，WTO）之后，国内市场开始瞄向国外市场，吸引了大量的国外投资。来自发达国家的跨国公司凭借其庞大的生产和销售网络对国内资源要素进行全球配置，无形之中打破国内各地区之间原有的市场壁垒，加强了各区域间的资源流通和经济联系。中国凭借劳动力禀赋优势，通过"干中学"和竞争性模仿机制，实现了经济起飞和工业化，推动了经济一体化与市场化进程，并形成了加工贸易与一般贸易并行的二元结构，在嵌入全球价值链的同时也培育了国内价值链（刘维林，2015）。中国出口的技术结构也得到了明显提升，已经远高于同等收入国家水平，甚至接近于高收入国家（Rodrik，2006；Schott，2008；Jarreau and Poncet，2012）。然而，由于过度依靠廉价劳动力等比较优势参与垂直分工，加之"技术封锁""人力资本缺乏""资源承诺"等制约因素，国内代工企业被"俘获"于全球价值链中低创新能力的低附加值环节，无法向价值链高端跃升（沈国兵和于欢，2017）。2016年12月6日，中华人民共和国商务部、国家发展和改革委员会、科技部、工业和信息化部、人民银行、海关总署、统计局等7部委联合下发《关于加强国际合作提高我国产业全球价值链地位的指导意见》，提出加强国际合作与交流，提高我国产业全球价值链地位的指导思想、基本原则、发展方向和政策框架。2017年10月18日召开的中国共产党第十九次全国代表大会（以下简称"党的十九大"）强调要促进我国产业迈向全球价值链中高端，培育若干世界级先

第 1 章 绪　论

进制造业集群。2020 年 5 月 14 日，中共中央政治局常委会会议首次提出构建"以国内大循环为主体、国内国际双循环相互促进"的新发展格局。习近平总书记在省部级主要领导干部学习贯彻党的十九届五中全会精神专题研讨班开班式上进一步指出，构建新发展格局不仅要增强供给体系的韧性，形成更高效率和更高质量的投入产出关系，而且要加快培育完整内需体系，加强需求侧管理，提升消费层次①。双循环发展战略从根本上修正了我国"两头在外"的出口导向战略（刘志彪，2020），对我国经济发展质量与价值链分工地位提出了更高的要求。

鉴于中国长期处于全球价值链低附加值生产环节且存在突出的区域发展不平衡问题，亟须以全球价值链分工网络为依托，通过细化国内专业化分工来构建并完善国内价值链分工体系，进而转变竞争模式，全力应对链条对链条的竞争新趋势。20 世纪 90 年代，伴随着产品内分工及"任务贸易"的兴起，中国东部沿海地区凭借丰富的廉价劳动力，率先加入全球价值链，主要从事低附加值的加工组装生产环节，这种切入方式使中国短期内迅速成为"世界加工厂"，但同时也使中国面临产业结构不合理和区域发展不协调的窘境，产业升级及区域协调发展迫在眉睫（张少军和刘志彪，2010）。国内各地区的产业发展并未遵循"工艺→产品→功能→链间"的路径依次完成产业和价值链的逐级提升，相反，东部沿海发达地区低附加值的全球价值链嵌入模式主要以欠发达地区的廉价资源和劳动力供给为发展前提，在全球价值链中仅发挥了"工厂经济"的作用，与中西部地区的联动被压制在初级生产要素供给层面，没有很好地履行全球价值链与国内价值链之间二传手功能，致使国内价值链并没有有效地对接全球价值链。这在一定程度上抑制了欠发达地区的经济发展，导致了整体经济发展的不平衡，面临落入"中等收入陷阱"的风险（陆旸和蔡昉，2014）。随着"逆全球化"与贸易保护主义的盛行，原材料和劳动力

---

① 国家国际发展合作署，http：//www.cidca.gov.cn/2021 - 01/20/C_1210987165.htm.

成本上升等诸多不利因素叠加，中国低成本的比较优势难以为继。

学者们赋予国内价值链以体内循环、内生主导的属权特征，将国内价值链界定为由国内本土企业主导和治理，立足国内市场，整合国内原材料供应、零部件生产、成品组装和物流配送等环节而形成的专业化生产网络（徐宁等，2014；黎峰，2017）。较之于全球价值链，国内价值链能够带来更多增加值收益，且不存在链主的阻挠，更容易实现工艺升级与产品服务升级（崔向阳等，2018；高敬峰和王彬，2020；胡浩等，2020）。20世纪90年代初以来，中国国内价值链的构建和发展相对薄弱（尹伟华，2015；李楠，2020），制造业企业主要通过"国际代工"的方式切入全球价值链分工体系，一方面加快了制造业产业升级与工业化进程，逐步实现由代工生产（OEM）向代工设计（ODM）甚至自创品牌（OBM）的过渡，但另一方面，我国制造业在向价值链高端延伸时广泛地出现了被"俘获"、被锁定现象（吕越等，2018）。双循环新发展格局强调从"外需驱动"转向"内需主导"，有助于本土企业突破跨国公司结构性封锁和价值链低端锁定，依托本土企业的国内价值链构建，内生地培养本土企业掌控和主导价值链的能力，继而以"链主"的身份从国内走向国际，直接从高端切入全球价值链，实现国内价值链和全球价值链的互动和协调发展（戴翔等，2017）。这既是国内、国际双循环辩证统一的必然要求，亦是实现经济高质量发展的重要前提（董志勇和李成明，2020；林志刚等，2020）。

自改革开放以来至2012年，中国GDP保持了平均10%的高速增长[①]，并于2010年超过日本成为第二大经济体，彻底告别了短缺经济，开始进入经济高增长的辉煌时代。但在此过程中，快速发展的国民经济也存在一系列的问题，尤其表现在区域经济发展不平衡方面，我国东中西部独特的产业梯度体系就是最直接的体现。我国东部由于得天独厚的区位优势、自然禀赋及相对较好的经济基础率先得到快速

---

① 资料来源：《2018年中国统计年鉴》。

发展，从而带动了当地的城市化进程，提高了地区经济密度。较高的经济密度促使人力、资本等生产要素不断迁移和集聚，缩短经济距离的同时直接带来交易成本的下降。中国特别是东部地区充分发挥自身优势积极参与到全球专业化分工当中，并按照全球价值链贸易方式，通过减少分割来加强国内各区域的融合发展，推进经济一体化进程。在经济密度、经济距离和分割三大因素的影响下，中国经济高速增长带来生产水平大幅提升和财富大量聚集的同时，也出现了严重的区域经济不平衡问题。目前，我国区域发展的主要特点是沿海化、城市化和城市群化，生产活动主要集中在东部沿海发达地区和省份，其中环渤海湾、长三角及珠三角三大城市群已成为我国经济发展的"三驾马车"，贡献了全国 40% 左右的国内生产总值（GDP）及 70% 左右的货物出口，是我国经济发展的重要增长极。

我国东部沿海发达省份作为先富起来的地区，下一步就是在全面建设小康的基础上加快实现现代化。在这种情况下，经济集聚状态会愈加显著，而且由于"过密效应"下产业大规模的扩散效应和溢出效应尚未真正发挥，致使我国区域发展不均衡情况更加严重（Poncet，2003）。2008 年金融危机之后，全球经济进入了衰退和持续低迷的状态，生产成本急剧上升，我国东部沿海地区的传统产业遭受巨大冲击，不得不克服短期阵痛加快转型升级，同时向低成本地区进行大规模产业转移。在承接东部地区产业转移的过程中，我国中西部地区的经济增长速度开始反超东部沿海地区。这从侧面说明，产业转移对缩小区域经济发展差异具有重要意义。但即便如此，我国区域之间仍旧存在较大的经济差异，各地区之间经济发展的不平衡问题依然突出。为解决地区发展的不平衡，中央在制定的《国民经济和社会发展"九五"计划和 2010 年远景目标纲要》中首次明确了我国区域经济协调发展的总体思路，之后，相继提出了"西部大开发""振兴东北老工业基地"和"中部崛起"等区域经济发展战略。党的十七大进一步阐明了中国区域经济协调发展的总体战略部署，党的十九大也更为明确地指出区域经济发展不平衡不充分的一些突出问题尚未解决，区域之间与区域内部收入分配差距较大，实现区域经济协调发展依然是我国未来经济发展的主旋律。

诚然，作为发展中的转轨大国，中国各地区之间的经济发展差距较大，贫富差距日益凸显，将加剧社会矛盾与不安定因素。协调区域经济差距不仅是实现社会安定和经济可持续发展的必然选择，也是我国经济结构战略性调整的必经之路。经济结构的调整必须有相符合的特定空间结构来支撑，否则，所形成的现代产业体系将偏离我国的实际国情，其专业化分工格局也不利于我国参与全球竞争，更不利于为全面实现小康和基本实现现代化奠定扎实的物质基础。党的十八大强调促进我国各地区协调发展主要基于比较优势的市场调节机制，但实际上市场驱动型的发展模式难以惠及老少边穷地区，因此需要政府同时采取行政手段进行必要的调节和干预。借此，通过市场力量和行政力量的协调配合、同向发力将是未来解决我国区域发展不平衡的重要手段。为了最大程度上化解过剩产能，实现国内产业链条的有机整合与协调区域发展，寻找经济发展的新动能和新的增长极，我国提出了"一带一路"倡议、京津冀协同发展、长江经济带建设三大战略，其中"一带一路"倡议明确提出"充分发挥国内各地区的比较优势，进一步加强东中西互动合作"的要求。可见，对于空间跨度较大、区域发展不平衡、发展模式存在明显差异的国家来说，基于全球生产网络积极培育国内专业化分工体系既有现实的必要性和可行性，也有重要的理论意义和战略意义（黎峰，2019）。

"双循环"新发展格局的提出为我国通过国内价值链与全球价值链对接缩小区域经济差距提供了重要的战略指引。立足于国内大循环培育和完善国内分工体系，加快国内价值链与全球价值链的对接互动与协同治理，有利于打破我国企业参与国内外价值链分工的传统粗放与低效发展模式，纾解各地区企业在全球价值链中的升级困境，提升国内供给体系与国内外需求的适配性。在积极融入全球价值链分工的同时，加快构建国内价值链分工网络，促进国内不同地区间的协作配合，对于促进区域经济差距收敛，实现各地区经济的协调与可持续发展，极具现实意义。一方面，全球价值链与国内价值链的不断发展有利于国内外资源要素在不同生产环节及不同地区的优化配置，从而影响区域经济差距；另一方面，全球价值链与国内价值链有效对接机制的缺失势必影响区域经济的协调发展。因此，在双重价值链治理背景下，亟须完善国内外专业化分工体系，加快推进全球价值链与国内价值链有效对接与良性互动，缩小区域经济差距，带动产业结构及价值链升级，以摆脱低端锁定困境、跨越"中等收入陷阱"。本书通过把握全球价值链与国内价值链对区域经济差距影响的深层次原因及机理，以及二者对接互动对于区域经济差距的作用路径，全面系统地考察价值链分工如何作用于区域经济差距，从而为实现价值链升级、区域经济协调发展、构建"双循环"新发展格局提供有益参考。

1.1.2　理论及现实意义

理论层面，在对现有相关文献进行梳理、归纳的基础上，首先测度了我国总体、区域间及区域内的经济差异，并对全球价值链与国内价值链参与现状与态势演变进行系统评价，进而构建理论模型与计量模型验证双重价值链分工对于区域经济差距的影响与潜在机制，以及协调区域差距的作用路径。具体而言，本书的理论价值主要体现在以下三个方面：第一，有利于拓展及完善价值链分工理论体系。基于全球生产网络的不断细分、碎片化而形成的全球价值链发展了传统的价值链分工理论，国内价值链的构建与重组则更进一步地拓展了价值链分工理论的内涵和外延，对于全球价值链与国内价值链对接的研究既是探究整体与局部的相互依存关系，也是剖析双重价值链治理下区域之间、产业之间、企业之间的互动与竞合；第二，在价值链分工理论框架下，充分考虑区域经济的异质性，将价值链分工收益的不对等与区域经济增长的非均衡性联系起来，并分别从国内价值链、全球价值链及二者对接互动等方面研究论证双重价值链治理对区域经济差距的影响，借此考察国际、区际分工的经济增长效应，为相关理论作有益补充；第三，强调以国内价值链为主体，实现国内国际分工网络的协同发展，有助于丰富双循环发展理论的相关研究。对标发达国家主导的全球价值链构建完善国内价值链，继而以国内价值链为主体，充分发挥国内大循环的主导与支撑作用，增强国内大循环产业链供应链的发展韧性与稳定性，推动国内国际价值链分工网络的相互促进，从投入产出关系层面丰富了双循环发展理论。

现实层面，从全球价值链低端锁定困境，到国内"比较优势陷阱"，到区域经济发展不平衡的主要矛盾，再到规避"中等收入陷阱"，推进区域经济协调发展。本书在内容安排上紧扣问题导向，并辅之以理论和经验论证，从而使研究更具现实意义和政策意义。具体而言：第一，从全球价值链与国内价值链分工的嵌入程度、增加值收益率、生产链长等方面，考察我国价值链低端锁定的深层次原因与形成机制，并构建指标体系评价双重价值链的耦合协调水平，以及与全球价值链有效对接的实现机制，为解决国内区域分工不合理，产业结构雷同和重复建设等问题提供参考；第二，立足"双循环"新发展格局，从国内、国外及国内外价值链分工对接合互动等方面考察价值链分工影响区域经济差距的作用机制，有利于摆脱惯性思维，充分利用国际国内两种资源、两个市场，以区域间生产链条与生产环节的对接互动缩小区域经济差距，跨越"中等收入"陷阱；第三，通过探究全球价值链与国内价值链对接的价值链分工缩小区域经济差距的作用路径，为实现区域经济协调发展、加快构建"双循环"新发展格局提供理论借鉴和经验证据。

1.2 研究思路及方法

1.2.1 基本思路

以"生产的全球分割"及"资源要素的全球配置"为特征的全

球价值链分工日益深入并逐渐成为经济全球化的主要趋势，使得国内价值链分工的发展相形见绌。新发展格局下，中国采用低附加值嵌入全球价值链的"血拼式"发展战略不具有可持续性，摆脱低端锁定需要加快完善国内价值链；实现区域经济的协调与高质量发展，需要充分发挥国内大循环的主体地位，通过全球价值链与国内价值链的有效对接和良性互动，加快构建双循环新发展格局。因此，本书研究的目的主要有以下四个方面：第一，基于国内价值链"省份协作、内外兼顾"的特点，将中国省份间投入产出模型纳入全球价值链理论框架，结合各省份要素禀赋、地理区位、产业结构等因素，探究国内各省份对国内价值链与全球价值链的嵌入程度、嵌入模式及嵌入位置，旨在挖掘价值链低端锁定、省份间分工模糊、产业同质化竞争等问题的成因，探究促进区域协作分工、加强产业关联的路径；第二，根据价值链分工的内涵，构建全球价值链与国内价值链对接指标体系，从垂直专业化、增加值供给偏好及区域再流出三个方面，分析双重价值链对接互动的态势及演变，借此探究全球价值链与国内价值链对接协调机制，为培育新的比较优势，摆脱全球价值链低端锁定提供依据；第三，将区域经济差距纳入价值链分工理论框架，分别从国内价值链分工参与度和全球价值链下的中间品关联的双重视角检验价值链分工对于我国区域经济差距的影响及机理，从而分析区域发展异质性条件下国内外专业化分工的收入分配效应，以拓展和完善价值链分工的相关理论；第四，进一步探究双重价值链对接对于区域经济差距的协调路径，以期为实现区域经济可持续发展、提高发展质量、深化国际分工提供理论依据。

1.2.2 主要方法

在基本方法论上，坚持经验分析与理论分析相统一、实证分析与规范分析相结合的基本原则，以经济学方法为主，交叉学科方法为辅，从经济学领域与非经济学双重视角来考察分析这一问题，基于新经济地理理论、价值链分工理论、国际贸易理论及经济增长理论等，结合研究目的，构建本研究的理论分析框架，并辅以系统的经验分析，从而达到验证、拓展和完善理论的目的。

（1）文献梳理与理论分析。

本研究关于区域经济差距、国内价值链与全球价值链分工地位的概念界定、相关研究、现状分析等部分采用文献研究方法。文献研究法旨在通过梳理有关区域经济差距的文献、有关价值链分工的文献，以及有关价值链分工影响地区经济差距的相关文献，寻找具有理论意义和有待深入扩展的潜在研究空间，从而确定本研究的理论定位，凝练核心研究问题。通过查阅有关价值链分工理论及区域经济差距等相关的文献资料，全面分析"双循环"新发展格局的概念内涵与理论逻辑，价值链分工的内涵及其发展演进，全球价值链分解框架、分工特点及影响因素，国内价值链的构建及与全球价值链的对接互动现状，区域经济差距成因及协调发展路径，为开展研究奠定坚实的理论基础。

（2）比较研究。

基于世界投入产出表与中国省际投入产出表归整后的投入产出数据，对各省份融入国内价值链及全球价值链分工的程度、模式及位置进行系统、全面地比较分析，从而探寻区域协作分工、提升价值链地位、摆脱低端锁定的可行方案。具体地，以江苏、广东等东部沿海地区为参照，分析这些地区如何通过实施并参与双重价值链分工的，以及如何利用不同维度的国内价值链与全球价值链协同治理实现分工地位提升。通过对比分析，同时结合本课题的研究结论，对双循环新发展格局下中国实现双重价值链有效对接、缩小区域经济差距提出相应的政策建议。

（3）统计和计量分析。

依据联合国商品贸易统计数据库（UN Comtrade）、世界投入产出表、中国省际投入产出表、中国及各省级层面的统计年鉴、中国海关进出口数据库、夜间灯光数据等相关数据，借鉴库普曼等（2014）、王直等（2013，2017）提出的全球价值链分解框架，运用投入产出分析结合 MATLAB 与 R 软件，将国内省际多区域投入产出表嵌入世界投入产出表，整合国内价值链与全球价值链二者相统一的分析框架，构建指标体系与计量模型评价经济全球化背景下全球价值链与国内价值链对接态势，厘清不同地区、不同技术层次的产业部门在双重价值链分工中的地位与演变态势；采用基尼系数（Gini）、泰尔指数（Theil）、变异系数（CV）与阿特金森指数（Atkinson）多维度系统测算区域经济差距。

（4）整体与局部的系统分析方法。

全球价值链与国内价值链是相互依存的整体与局部的关系，二者都包含各个部门生产工序的各个环节，双重价值链分工的对接互动也是国内分工子系统与国际的对接与融合。在研究过程中将采用系统分析方法，注意整体与局部的关系，力求研究的整体高度性与局部细分性。将国内价值链与全球价值链整合到统一的分析框架中，运用国际经济学与社会学前沿的理论与方法，揭示双重价值链有效对接的最终目的在于实现国内价值链与全球价值链协调发展与资源共享，促进治理主体的多元化、各子系统的协同性。

（5）实证分析与规范分析相结合。

除了文献分析、统计分析与案例分析之外，本书将区域经济非均衡发展理论与价值链分工理论结合，基于新经济地理理论框架构建理论模型，并辅之以经验论证，探究价值链分工对于区域经济差距影响的内在机制和作用路径，最后提出科学可行的政策建议。具体地，基于新经济地理理论中核心—边缘模型揭示了国内价值链分工对于区域经济差距的影响机理，而后构建双重固定效应模型进行验证。同样地，运用固定效应模型与中介效应模型从中间品关联视角检验全球价值链对区域差距的影响与作用机制，而且考虑由于互为因果、遗漏变量等原因而导致的内生性问题。对于双重价值链对接缩小地区差距作用路径的检验主要运用结构方程模型，借助 SmartPLS 软件考察双重价值链对接的直接效应和间接效应。

根据上述思路及研究方法，本书的研究框架如图 1 - 1 所示：

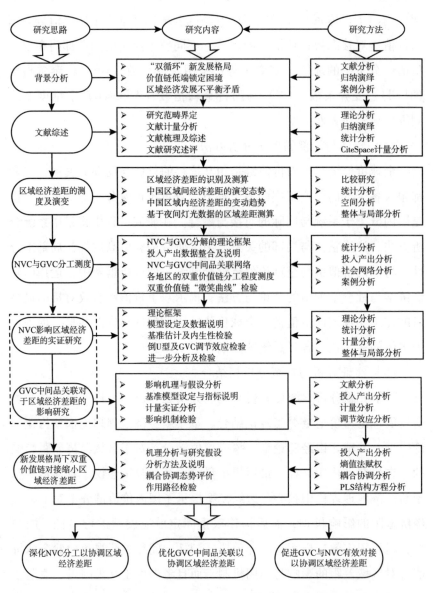

图 1 - 1　价值链分工影响区域经济差距的研究框架

1.3 研究创新与研究不足

1.3.1 可能的创新点

基于价值链分工的理论框架探讨了全球价值链与国内价值链分工及其对接互动对于我国区域经济差距的影响及作用路径，可能的创新点主要体现在研究视角、研究方法与研究内容等方面。

（1）研究视角上，对于区域经济差距的研究不局限于单一影响因素，而是立足于双重价值链分工体系，将中国省份差异及价值流纳入世界投入产出模型的理论框架，从更细分的省域层面研究全球价值链与国内价值链对接下的价值链分工影响区域经济差距的内在机理，这既有利于把握国内不同区域之间的经济联系与分工协作，以及嵌入全球价值链和国内价值链的分工模式和参与程度，也能够为政策制定提供参考依据。

（2）研究方法上，运用拓展的价值链分解框架和包含中国各省份和国外其他主要经济体在内的多区域投入产出表，综合考察全球价值链与国内价值链分工及其对接互动以丰富国际专业化分工理论的内涵及外延，将现有研究中通常采用的相对笼统的地区外部或地区内部进一步细分到国内各个省份和主要贸易伙伴（美国、德国、英国、日本、韩国、印度、巴西、印度尼西亚等）以及世界其他国家，更深入细致地讨论我国不同省份在全球价值链与国内价值链分工系统中的地位及扮演的角色。与此同时，借用物理学中耦合协调原理，通过构建全球价值链与国内价值链对接互动评价体系，全面、系统地反映二者之间的相互影响、相互作用关系。

（3）研究内容上，结合现有的理论框架，立足于价值链低端锁定与国内区域发展不平衡的现实问题，提出通过深化国内价值链分工、完善全球价值链中间关联、构建全球价值链与国内价值链的有效对接互动机制，缩小区域经济差距，突破了以往研究关注因果关系忽视实际问题的限制。在经验论证的设计上，不仅考虑了国内价值链分工与地区差距的非线性倒"U"形关系，也涵盖了全球价值链框架下中间品关联效应的偏向性，还阐述了耦合失调状态下双重价值链分工的直接效应和间接效应，以期系统论证价值链分工对区域经济差距的作用机制。

1.3.2　不足之处

在现有研究数据有限的条件下，虽然本书已经尽可能全面系统地把握国内各地区融入国内价值链和全球价值链分工的地位与演变，并深入探究双重价值链分工对于区域经济差距的影响。但是，由于受到时间、数据和篇幅等各种因素的限制，同时也受限于笔者的研究能力、知识积累、认知能力及对现有资料的掌握情况，本研究依然存在一些不足之处和需要进一步改进的地方。

由于全球价值链与国内价值链对接的互动机制与区域经济差距的影响因素均比较复杂，现有的相关研究通常只关注价值链分工的某一个方面，对于区域经济差距的考察也更多侧重于地区差距或收入差距，因此模型的设定亦会随着研究侧重点的不同而发生相应的变化。在根据研究目的对相关理论框架进行改进的同时，我们也尝试将尽可能多的因素考虑在内，但限于研究的侧重点不同，通常也只能够考虑其中的 1~2 个因素。虽然我们在运用经典模型如核心—边缘模型及国际专业化分工理论进行机理分析的过程中，进行了相应的改进，也得到一些有益的结论，但是并不能将所有的因素一并纳入一个研究框架中，因而只能通过构建多个不同侧重因素的模型进行逐个分析。

投入产出数据有限。书中对于全球价值链与国内价值链分工的考察，尤其是对国内各区域在双重价值链中的地位及演变的研究，囿于数据及个人能力限制，仅选取了中国科学院区域可持续发展分析与模拟重点实验室编制并发布的 2002 年、2007 年和 2010 年的中国省际投入产出表，并与相应世界投入产出表进行整合分析，在一定程度上可以相对系统地反映国内价值链分工中各省份的地位、作用及演变态势，但由于仍旧缺乏足够的时序样本，统计参数估计值的不确定将会增加。此外，如果能够将省际投入产出表与全球经济数据库发布的涵盖更多国家的投入产出表进行整合对接，就可以综合考虑"一带一路"倡议国内段与国外段不同地区与国家参与价值链分工的情况，但由于个人数据处理能力有限而未能实现。如果将考察的时间跨度进一步延长 5 年甚至更久，那么双重价值链分工网络是否会发生变化，其对于区域经济差距的影响又会产生何种变化，这些均是囿于当前统计数据不足无法完成的研究。

中观产业及微观企业层面的研究仍然有待加强。一方面，产业间分工与产业内中间品分工日益深化，促使并强化不同要素密集型产业的空间集聚；另一方面，企业尤其跨国企业作为参与国际专业化分工的微观主体，在全球价值链与国内价值链分工网络中发挥着重要的作用。书中虽然对产业部门及微观企业稍有涉及，但限于篇幅并未充分展开。在我国未来解决区域发展不平衡及价值链低端锁定等问题的过程中，如何培育形成内生拉动与外向推动相结合的产业升级动力机制，通过区域间传统比较优势的转变完善国内价值链分工体系，促使全球价值链分工地位升级？如何发挥本土跨国企业在双重价值链治理中的枢纽作用，同时助力本土跨国企业转型升级，摆脱在全球价值链中被俘获的困境？这些问题都是需要在未来的研究中进一步深入分析和探讨。

▶ 第 2 章 ◀

研究范畴界定与相关文献综述

本章首先对于"双循环"新发展格局、区域经济差距、全球价值链与国内价值链的内涵与研究范畴进行界定，然后综合运用定量分析与定性分析等研究方法，对现有相关文献进行系统的梳理与综述。

2.1　范畴界定与相关理论

2.1.1　"双循环"新发展格局的概念内涵与理论逻辑

"以国内大循环为主体、国内国际双循环相互促进"之所以被称为"新发展格局"，原因在于其与改革开放以来我国一直坚持的"出口导向"战略存在本质上的区别。"双循环"新发展格局强调对内开放，通过国内大循环推进经济全球化，从国家发展战略的高度修正了我国过去长期依赖的市场重心（刘志彪，2020）。双循环新发展格局不仅要求转变外向型经济的政策导向，将满足国内大循环作为应对世界大变局的出发点与落脚点，依托超大规模市场优势培育完整的内需体系，而且要求进一步提升制造业产业链现代化水平，破除关键核心技术瓶颈，促进国际专业化分工地位由低附加值环节向价值链高端攀升（戴翔等，2020；黄群慧，2021）。

双循环的逻辑起点可以追溯至马克思劳动价值论。从商品价值实现来看，市场需求在整个价值的创造与实现过程中处于支配性地位，拓展至宏观层面，市场需求尤其是快速增长的市场需求空间是决定生产要素价值增值最终得以实现的关键因素（易先忠和高凌云，2018）。同样地，无论是以分工及相互需求为基础，还是以产品差异化和异质性企业为基础的贸易理论都存在一个共识，即"依托国内市场发展对外贸易"（Helpman and Krugman，1985；Melitz，2003）。新贸易理论认为国内市场需求所支撑的预期收益有利于形成产业发展的核心技术优势和竞争优势（Krugman，1979），国内市场规模的不断扩张又进一步强化了这种竞争优势（熊勇清等，2015；史丹等，2020），这也契合了波特（1985）国家竞争优势理论的核心思想，国内需求规模的不断扩大与消费层次的逐步提升是巩固和增强国家竞争优势的重要源泉，亦是畅通国内大循环的关键（程恩富和张峰，2021；张可云等，2021）。

2.1.2　区域经济差距的界定

对于区域经济差距的研究，首先需界定"区域"一词。目前，学术界对于"区域"的概念各执一词：政治学一般将区域视为便于国家管理且具有层次性和可量性的行政单元；社会学赋予区域更多的社会属性，即具有共同信仰、共同语言、文化及民族特征的社会群落；经济学将区域视为不同的应用性个体，以便于分析、描述、管理及政策制定等（孙久文，2003；魏后凯，2006）。随着经济全球化的不断发展，区域竞争逐渐替代国家竞争，区域经济学也由此进入主流经济学的分析框架并获得长足发展。国内多数学者对于区域的界定更趋于一致，认为区域的划定是基于自然环境、经济发展和社会条件等因素，同时出于一定的经济原则和管理需求（魏后凯，2006）。之所以如此强调"区域"概念的界定，是因为书中不论是对于国内价值链和全球价值链还是经济差距都是立足于区域而非国家，国内各区域之间相互独立又彼此联系，不同区域涵盖不同的地理空间，具有不同的资源禀赋及比较优势，同时也在国内外价值链分工中具有一定的"社会属性"，扮演着不同的角色。

其次，"差距"或"差异"常用于客观描述事物或经济现象在质与量上的不对等及非同步性。与之较为接近的表述，还有"不平衡""不平等"，前者侧重于个别经济系统中不同部分或区域之间发展的不均衡与不协调，后者侧重于经济利益在不同主体之间分配的不公平，相对比较抽象。这些表达在一定程度上都刻画了经济事物、经济现象之间由于各种因素而产生的差异，但"不平衡""不平等"更多的是根据某一特定标准或理论认知的主观价值判断，而"差距"则是一种相对客观的判断和评价。因此，从科学意义上讲，对于区域经济差距的考察与研究在表述上应有所区分。此外，差异的概念涵盖了经济事物、现象之间的不平等、不平衡，且其在数量上的表现即为差距，故而"经济差距"的表述也常见于现有文献。研究的重点在于不同地区国民经济发展的差距及非均衡性问题。

最后，根据发展经济学与区域经济学的理论与思想，区域竞争不仅是不同区域之间经济实力的较量，而且是劳动、资本、商品等生产要素的跨区域流动与布局。区域经济差距的存在必然产生优势差异，引发区域竞争同时促进区域合作，因而区域差异也是不同区域之间竞争与合作的前提与基础。对于区域差异的分析既应充分把握导致地区经济实力差距的客观因素，如自然资源、地理特征、基础设施、社会发展等方面，更要突出经济发展方面的差距。早期我国的主流学术界对于区域经济差距存在三种观点：第一种观点将区域经济差距视为不同地区之间经济增长规模的差异，较为常用的总量指标主要有国内生产总值（GDP）、国民生产总值（GNP）、国民收入（NI）、工业总产值等；第二种观点在第一种观点的基础上同时考虑了不同区域之间经济增长速度的差异，即对于某一时间区域经济差距的分析不仅涵盖地区之间经济增长规模而且比较不同地区在该时间段内的增长速度，既考察经济差异的状态也考察这种差异的动态变化；第三种观点的内涵更加全面、丰富，认为不同区域之间的经济差异不仅在于经济增长规模和增长速度，而且还在于经济发展的初始条件差异及经济结构差异等。不同的观点服务于不同的研究目的，而且这些观点之间的发展联系也有利于弥补学者们对于区域经济差距认知的不足。从总体上把握区域经济差距，一方面要承认区域是构成国民经济系统的重要组成部分，另一方面也不能否认区域作为利益主体的相对独立性。鉴于不同地区的人口规模及包含的面积存在较大差异，如果单纯考虑总量指标，对于区域经济差距的评价难免有所偏颇，这也是目前人均指标广泛应用于区域经济研究的原因之一（余军华，2007）。因此，本研究对于不同地区经济的差异程度与动态变化的分析较多采用人均指标并结合增速指标，以考察不同时期不同区域在人均意义上经济增长的非均衡状态及价值链分工对于这种差异的影响。

2.1.3　全球价值链的界定

价值链的概念最早是由波特（Porter，1985）在《竞争优势》一书中提出的，侧重于分析企业的价值活动，企业与供应商、顾客可能的连接，以及企业从中获得的竞争优势，认为企业是从事产品设计、生产、销售等价值链活动的集合体。随后，科古特（1985）在《设计全球战略：比较与竞争的增值链》中提出价值增值链（value added chain）一词，并用以分析国际战略优势。在此基础上，格里芬（1994）将威廉姆森（1979）的企业边界治理结构应用到产业链治理领域，并首次将"价值链"概念推广到世界范围，与国际产业组织联系起来，提出了"全球商品链"（global commodity chain，GCC），认为"生产者驱动"（producer-driven）和"购买者驱动"（buyer-driven）是产品在国际产业链中升级的动力来源，同时还需要选择合适的方式、方法与相应的运作机制以提升产品在国际产销体系中的竞争优势。

20 世纪末以跨国公司为主导的全球化发展推动了全球生产网络的建立。产品层面的分工逐步深入工序层面，国与国之间的贸易形式不再以产成品贸易为主，原材料、零部件、技术专利及物流服务在贸易中的占比不断增加（Linden et al.，2009；UNCTAD，2013）。以服装行业为例（如图2-1所示），越来越多的跨国公司将原材料采集、生产、制造、分销、零售等各个生产环节，按照各国或地区的比较优势和要素禀赋优势，布局到全球不同的国家或地区，并在全球范围内进行资源配置，从而实现利润的最大化（吴福象和刘志彪，2009；Baldwin and Venables，2010；Grossman and Rossi - Hansberg，2012；Costinot et al.，2013；葛顺奇等，2016）。此时，全球商品链及全球产业链理论已无法解释众多的经济变化，完整连续的产业生产链条在空间上不断地被细化、分割，从而形成全球价值分配链条（张辉等，2017）。为进一步突出价值链上不同企业在价值创造和价值获取方面的相对重要性，格里芬等（2001）用全球价值链替代全球商品链，将价值链环节和增值活动有机联系起来，用以解释全球生产网络与生产工序的碎片化与空间布局。此后，学者们也相继提出一系列类似的概念，如："垂直分工"（Hummels et al.，2001）、"生产分割"（international fragmentation，Arndt and Kierzkowski，2001）、"新型区域产业分工"（魏后凯，2007）、"附加值贸易"（WTO and IDE - JETRO，2011）、"要素合作型的国际专业化"（张幼文，2015）等。

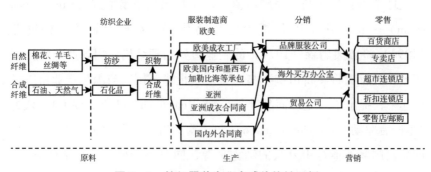

图 2 - 1　纺织服装产业全球价值链示例

资料来源：Gereffi G. International Trade and Industrial Upgrading in the Apparel Commodity Chain [J]. Journal of International Economics，1999（48）：37 - 70.

第 2 章　研究范畴界定与相关文献综述

　　全球价值链的诞生主要得益于 20 世纪 80 年代出现的信息革命和经济全球化浪潮。信息革命驱使企业不断创新生产机制，为全球价值链的形成奠定了技术基础。第三次技术革命变革了企业的管理模式和组织结构，实现了生产体系由福特制向温特制的转变。美国福特制的生产模式涵盖产品设计、制造、营销及售后等环节，是具有标准化、规模大、垂直一体化等特点的企业内部分工。相比之下，90 年代初发展起来的温特制使不同产品的生产环节得以布局到不同地区的企业，且各个环节的标准化生产可以相互独立，这就为不同产业部门及产业链的独立提供了技术可能。在温特模式下，企业的生产方式更加灵活，既可以占据部分具有高附加值的生产环节，而将其余环节外包给其他的企业，也可以承接其他企业发包的价值链环节，价值链管理与横向一体化逐渐替代纵向一体化。至此，以全球价值链战略为核心的跨国关系网络及生产体系日趋形成（曹明福，2007）。与此同时，经济全球化的发展加剧了全球竞争，促使国内竞争、单体竞争、对抗性竞争、规模竞争逐步向全球、集团、协作型及速度竞争转变，也实现了国家经济体制与国际规则的有序对接，市场经济体系实现了全世界范围内的融合统一，极大地推进了国际专业化分工，为全球价值链的诞生和形成提供了外部压力并奠定了良好的制度基础。

　　随着全球价值链的不断发展，越来越多的国家与地区进一步扩大内部市场的开放力度，国际专业化分工由最初的产业间、产业内分工逐渐转变为更为细致的产品内工序分工。具体而言，不同产品的生产按照不同的价值增值环节不断细分成若干生产环节或加工工序，产品内垂直专业化分工特点明显；跨国直接投资规模日益扩张，跨国公司主导的全球价值链生产环节在不同国家、不同地区之间衔接、转移，国家或地区按照各自的比较优势融入区域生产链条；不断细分与切割的生产环节在不同国家或地区的布局与接力促使大量中间投入品进行国际流动，因此全球价值链分工多以中间品贸易为特点（黎峰，2015）。20 世纪中后期以来，我国以贴牌生产加工的模式融入发达国家主导的全球价值链分工体系中，这在一定程度上加快了我国工业化进程，促进了经济的快速发展。近年来，受全球经济低迷、劳工成本及原材料大幅上涨等因素的影响，我国在全球价值链分工中面临低端锁定的困局，被边缘化风险日渐凸显。

在全球价值链分工框架下，区域价值链分工也在迅速发展并对全球价值链施加影响。以亚洲服装行业的区域价值链为例（Azmech and Nadvi，2014），亚洲服装生产企业尤其是来自中国、南亚的一级供应商对于区域服装行业价值链分工的更深层次、更大规模的参与正改变着全球服装行业的价值链分工格局。一方面，他们充分利用自贸协定的优惠条款，依托亚洲生产基地，根据运输成本或生产成本最低的原则，在非洲、美洲及中东等地区设立生产基地，在全球范围内布局和调整生产活动，及时地挖掘和把握更多贸易机会；另一方面，与国际买家（以来自发达国家的企业为主）加强合作，这有利于更加准确地预测消费者的市场需求，并享受研发设计、仓储物流等方面的服务与便利。与此同时，立足于制造业环节，不断向上游的品牌设计与下游的营销等环节进行延伸。亚洲服装行业的区域价值链逐渐从制造业企业配合主导企业向制造业企业与主导企业协作共同领导的模式转变，而且在区域价值链分工网络的组织架构与区位布局中制造业企业发挥着日益重要的战略作用。此外，一些新兴经济体积极构建区域一体化价值链分工网络，通过进口高技术含量的中间品和服务促使价值链升级，其中较为典型的是中国与东南亚国家。与之类似的还有资源丰富的南非和巴西，以其自身为区域价值链的中心，试图减少初级能源资源的出口，摆脱"资源诅咒"。

2.1.4　国内价值链的界定

目前，国内主流研究将国内价值链界定为相对狭义的区域价值流链条，即由国内本土企业主导和治理，立足国内市场，整合国内原材料供应、零部件生产、成品组装和物流配送等环节而形成的专业化生产网络（刘志彪和张少军，2008；徐宁等，2014；黎峰，2016a；黎峰，2017）。本书在沿用这一界定的基础上，通过比较国内价值链与全球价值链的异同，更为全面地把握国内价值链的内涵。与全球价值链类似，在国内价值链产业链条中，原料供应、品牌设计、制造加工、渠道营销等传统的生产环节被进一步分割，衍生出更多的价值链分工活动。各生产环节在不同区域的配置主要根据区域之间比较优势的差异并按照生产成本最优的原则进行。众多参与主体在市场"看不见的手"的调控下自发地融入价值链分工，从而形成错综复杂的国内价值链生产网络，其驱动力不仅源自国内市场需求，而且也来自外部市场需求，本土企业融入不同产业链条的各个生产环节，扮演不同的角色并发挥其应有的作用。一般来说，以市场主体是否提供更多的中间品作为划分国内价值链上下游环节的判断依据，如果参与国内价值链分工的本土企业提供的中间品较多，则该企业更靠近上游，比如原料供应、品牌设计等，否则更接近于下游，比如加工制造、市场营销等。强调内部需求的基础性作用并非忽视外部需求的重要性。多数情况下，一国内部相当一部分的区域间经济关联与分工协作是由国外市场需求引致的，这在对外开放度较高的国家尤其如此。故而，一些学者认为国内价值链分工的形成很大程度上得益于外商投资，跨国公司为了自身发展无意之中打破了中国潜在已经形成的区域活动边界。不管是全球价值链还是国内价值链，都通过形成分工网络而进行生产环节的细化，进而优化投入产出结构，促进经济增长。因此，国内价值链分工本质上也属于要素分工的范畴。从生产要素来看，国内价值链分工的收益主要指本土企业通过参与国内价值链分工所获取的要素收益综合，主要包括劳动工资、资本利息及土地地租。类比国民收入核算法，可用贸易的增加值来衡量国内价值链分工的收益（黎峰，2014）。

　　较之于全球价值链不同的是，国内价值链分工概念侧重于本土企业掌握价值链的核心生产环节，并在本土市场产业链上游诸多关键环节上拥有核心竞争力，进而参与区域及全球价值链各个环节，更突出国内价值链分工中主导力量及市场空间的内生性特征。虽然全球价值链与国内价值链本质上都属于资源优化配置的范畴，但是也存在一定的差异，如资源配置范围、销售终端渠道等方面的不同。国内价值链指在一国内部的资源配置和整合，从微观企业层面上讲，就是本土企业凭借核心竞争力，根据国内外市场需求，对价值链关键环节进行整合，最终形成一套完整的国内生产分工体系。具体地，本土企业基于国内市场需求，向本国上下游企业发包，或向国外企业逆向发包，如奇瑞汽车向国外汽车研发机构发包。抑或者是来自发达国家的跨国公司向国内企业发包，从而形成以本土企业为主导的基于国外市场需求的国内专业化分工体系（徐宁等，2014；黎峰，2016a）。相比全球价值链，国内价值链更强调中间品在一国内部不同地区之间进行流动，而不跨越国界。当产品的某些生产环节出于战略布局需要跨越国界进行转移时，跨国价值链条随即形成，并最终形成全球价值链（潘文卿，2018）。

国内价值链条件下，处于价值链关键环节的核心企业决定着价值链系统的整体竞争力。以价值链核心环节的主导企业作为国内价值链分工网络的中心，相关配套的小型企业进行多层外包、分包，形成高度可操作的生产体系。在大多领域中，技术链上的投入与其价值链上所占据的位置是相辅相成的，技术链上投入越多，商业化运营水平越高，在整个价值链中的位置就越重要，因而可通过在价值链中所形成的主导地位来补偿技术链上的高投入，从根本上解决产业价值链与创新技术链的内在不对称，以及由此所引发的创新动力缺失问题。主导企业领导型的国内价值链分工模式更能适应外部市场的变化，同时也有利于处于关键环节的企业节省创新成本，提升其主导国内价值链分工的效率（刘志彪和张杰，2007）。基于这种国内价值链分工模式，来自发展中国家的企业或生产网络具备相对较强的竞争力与价值链升级的能力（Schmitz，2004）。一般而言，这些企业首先深耕国内市场，通过努力率先在国内市场某个细分行业的价值链顶端确定绝对优势，并拥有自主品牌和商业网络；其次，逐渐进入有相似需求特征的周边国家或地区，形成自身主导的区域价值链分工体系；最后，进入全球市场，以平等的姿态同跨国公司开展合作，建立均衡型网络关系，直至形成完全由自身主导的全球价值链分工体系。

然而，较之于发达国家，大部分发展中国家仍旧处于从要素驱动向投资驱动，或者是投资驱动向创新驱动的过渡阶段，本身缺乏特定的高级要素条件，而且即使拥有这些条件，也远远落后于发达国家。因此，对发展中国家来说，仅仅凭借自身的能力和条件往往无法从事或承担技术含量高、需投入大量资金的新兴行业或对资金、技术、品牌、管理水平等要求较高的生产活动，也就无法构建形成具有国际竞争力的国内价值链，只能从事低附加值的传统或初级产品的生产。加之，处于工业化发展初期的发展中国家，国内人均收入水平相对较低且内部需求有限，只能通过出口资源能源产品及廉价的初级产品完成国家发展的原始积累，实现经济的快速发展。此时，发达国家的大财团和跨国公司早已控制了全球市场的销售网络和销售终端，发展中国家组建的国内价值链生产体系根本无法绕过发达国家早已制定好的全球游戏规则，只能被迫接受其贸易剥削，遭受发达国家的俘获型"结构封锁"。鉴于此，在经济发展初期，发展中国家需充分利用比较优势和后发优势，高度重视国内市场专业化生产网络的培育与完善，适度减少对外部市场的依赖，这有利于积累优质生产要素、提升核心竞争能力。一个典型的例子是部分印度尼西亚企业主动放弃嵌入发达国家主导的全球价值链，通过培育国内市场及新兴国家市场，增强自身创新能力，提升自身研发、设计、品牌、物流网络、市场营销方面的能力。由于新兴市场对产品的要求相对较低，这就为来自发展中国家的企业提供了成长空间，使企业融入专业化分工、实现价值链升级拥有更多的可能性（Kadarusman，2013）。随着发展中国家与新兴市场的崛起及价值链区域化的快速发展，活跃于新兴市场的发展中国家企业可通过构建区域性生产、物流、销售网络及南南价值链，在重构全球价值链中扮演重要角色（Lee and Gereffi，2015）。

中国作为发展中国家的代表，在迅速融入全球分工体系同时，其内部不同地区之间的国内价值链分工网络也得到了一定的发展。以长三角地区为例，其产业布局基本按照"一个发展极（上海），两个支撑点（南京、杭州），五条发展轴（沪宁、沪杭、杭甬、宁通、宁杭）"有序展开，促使不同产业链条的相互衔接与协调配合。各地根据自身的主导产业和比较优势进行自我定位、扬长避短，使自身优势得到进一步发挥与加强（曹阳，2008）。但是由于我国大部分地区产业存在明显的二元化特征，东部地区企业通常表现为外向型发展，能较好地参与到全球生产网络中，中西部地区企业则更多地表现为内向型发展，因此往往无法融入全球价值链产业分工，这在一定程度上导致东部与中西部地区的分工协作只能停留在初级原材料和劳动力的供需和转移上，而难以形成以国内价值链为主的区域产业联系。对中国而言，亟须培育具有实力与核心竞争力的本土主导企业，通过构建并完善国内价值链分工网络，将竞争模式由企业、生产环节对链条逐渐转变为链条对链条，从而实现全球价值链分工升级。具体地，可将在国内处于全球价值链顶端的中国跨国企业作为"链主"，依据全球市场需求就其自身主导的价值链核心环节向全球制造业企业进行发包，促使国外各种生产要素流入国内，产成品及中间品外销至全球供应、物流、销售链条。

2.2　相关文献的计量分析

2.2.1　关于区域经济差距的文献计量分析

从中国学术期刊全文数据库中，以区域经济差距或地区差距等类似关键词进行检索，同时以经济管理类文献为主剔除不相关的文献，得到 CSSCI 文献共计 1666 篇，1998～2018 年关于区域经济差距的 CSSCI 文献分布如图 2－2 所示。从图中可以看出，关于区域经济差距的相关研究自 1998 年起大体呈现逐年上升的态势，并在 2008 年达到最高的 122 篇，此后整体出现回落趋势，2018 年的文献数量与 1998 年近乎持平。相关文献数量的回落，并非对于我国经济差异的关注减弱，而是开始关注于国民经济发展某一方面的差距，如城乡收入、财政收支、基本公共服务、城镇化等方面。

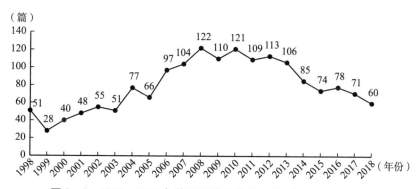

图 2－2　1998～2018 年关于区域经济差距的 CSSCI 文献统计

资料来源：中国学术期刊全文数据库。

国内关于区域经济差距的研究热点从图 2－3 中可以更为清楚地看出。1998 年学者们多聚焦于地区差距、收入差距，尤其西部地区的经济发展，以及"先富带动后富"发展逻辑下的西部大开发战略。东中西区域间经济差异的明显扩大促使主流学者开始不断地探寻区域经济一体化与协调发展的制约因素。对于地区经济差异的测度与衡量也日趋完善，由最初的泰尔指数，到区域经济的耦合协调，再到达古姆（Dagum）基尼系数。与此同时，新经济地理的诞生打破了新古典理论的规模报酬不变假设，从价格效应、市场拥挤及本地市场等角度研究了产业等生产要素的区位选择，赋予产业集聚新的理论解释，从而解释区域经济差距形成的根本原因。

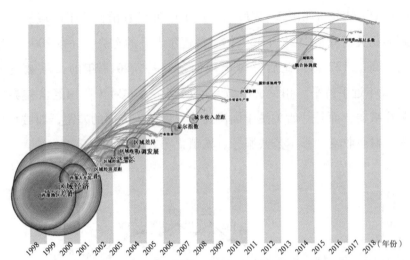

图 2 - 3　国内关于区域经济差距研究的热点演进时区知识图谱

资料来源：中国学术期刊全文数据库。

通过 Web of Science，以区域经济不平等（regional economic ine-quality）或者区域差距（regional disparities）等相类似的表述为关键词进行检索，以经济、管理、国际关系等文献为主并剔除不相关文献后，得到 SSCI 文献共计 1564 篇，主要分布在 1998～2018 年（如图 2 - 4 所示）。其中，作者来自美国的文献占比 27.14%，其次是英国占比 15.02%，第三是中国占比 12.01%。自 1998 年后关于区域差异或区域不平等的相关文献总体呈现缓慢上升的态势，至 2011 年增至 91 篇，短暂的回落后至 2017 年攀升至 180 篇，2018 年小幅下降至 162 篇。较之于我国所研究的区域经济差距，国外的相关文献更加侧重于微观个体收入、福利的不平等，或者更为宏观的国别差距，而对于一国内部区域间或区域内差距的研究比较少。

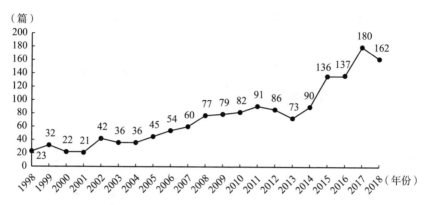

图 2 – 4　1998～2018 年关于区域经济差距的 SSCI 文献统计

资料来源：Web of Science 核心集合数据库。

2.2.2　关于价值链分工的文献计量分析

分别以全球价值链和国内价值链（或国家价值链）及其同义表述进行检索，同时以经济管理类文献为主剔除不相关的文献得到 CSSCI 文献分别共计 1524 篇和 88 篇，其在 2003～2018 年间国内关于全球价值链和国内价值链 CSSCI 文献分布情况如图 2 – 5 所示。可以看出，国内关于全球价值链与国内价值链的相关研究较之于国外起步较晚，而且对于国内价值链的研究相对较少。具体而言，关于全球价值链的研究文献自 2003 年出现缓慢上升的趋势，至 2009 年增加到 86 篇，之后呈现小幅回落，2013 年后开始继续回升，至 2018 年增加至 260 篇，这一方面是由于全球化分工加速及我国对外开放的不断发展，另一方面也源于国际竞争日益激烈，我国价值链升级的迫切诉求。相比之下，主流学者较少关注国内价值链，此前的研究虽有涉及国内各区域之间的专业化分工，并指出同质化竞争的问题（蒋廉雄等，2005），但是最初我国国内价值链这一概念的正式提出源自刘志彪和张杰（2007）。2003～2018 年关于国内价值链的相关文献总体呈现逐年上升的趋势，至 2018 年增至 16 篇。对于国内价值链的关注有助于重新审视国内各区域之间的分工协作及存在的诸多问题，对于我国这样一个地区差异较为明显的大国而言尤其如此，通过构建完善国内价值链分工体系实现区域经济一体化，纠正扭曲和错配，更加有利于实现经济的高质量发展。

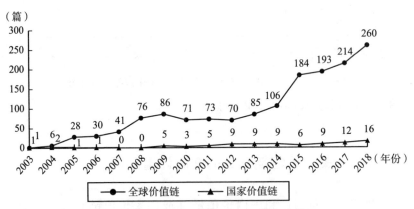

图 2 - 5   2003～2018 年国内关于全球价值链和
国内价值链的 CSSCI 文献统计

资料来源：中国学术期刊全文数据库。

国内关于全球价值链和国内价值链的研究在不同时间也有不同的研究热点（如图 2 - 6 所示），最初关于全球价值链分工的研究涉及地方产业集聚与产业链。产业升级自始至终贯穿于我国产业发展的进程中，由此企业治理、升级路径与创新等方面的研究不断涌现。国内价值链分工的研究热点出现在全球金融危机后的 2009 年，这主要是由于为应对金融危机后出口疲软，我国寄希望于国内需求实现经济的软着陆，同时国内学者也开始关注到国内价值链的重要性。作为世界工厂，对于第三次国际产业转移的承接，促使我国制造业快速发展，加之资源禀赋与廉价劳动力优势为我国参与国际分工、融入全球价值链提供了坚实的物质基础，但是由于低附加值的嵌入模式，我国本土企业始终被锁定于价值链的低端环节。此后从增加值视角、"一带一路"倡议等方面的相关研究多以服务于我国价值链定位及价值链升级为主。

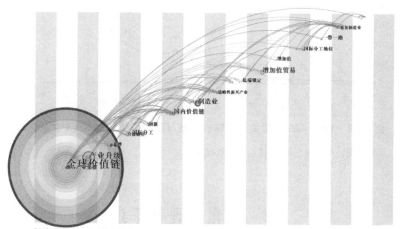

2003 2004 2005 2006 2007 2008 2009 2010 2011 2012 2013 2014 2015 2016 2017 2018（年份）

图 2 - 6　全球价值链与国内价值链研究热点演进的时区知识图谱

资料来源：中国学术期刊全文数据库。

同样地，在 Web of Science 中，以全球价值链（Global Value Chain）或者国内价值链（National Value Chain）等相关表述为关键词进行检索，以经济、管理、国际关系等文献为主并剔除不相关文献后，得到 SSCI 文献共计 1726 篇，主要分布在 1998 ~ 2018 年（如图 2 - 7 所示）。其中，作者来自美国的文献仍占较大比重为27.27%，其次是英国占比 16.81%，然后是德国和中国，占比分别为 7.32% 和 7.03%。相关研究 1998 ~ 2004 年呈现平缓上升的态势，随后出现明显增长，2010 年相关文献数量增至 82 篇，经小幅下降后继续攀升，至 2018 年文献数量增加至 321 篇，这主要得益于全球一体化的迅速推进与国际专业化分工网络规模的不断扩大。

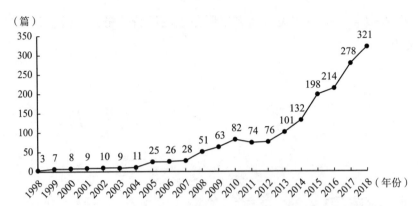

图 2 - 7　1998～2018 年关于全球价值链与国内价值链的 SSCI 文献统计

资料来源：Web of Science 核心集合数据库。

2.3　文献梳理及综述

目前，国内外有关价值链分工与区域经济差距的单项研究成果颇为丰富，但是基于全球价值链与国内价值链对接的价值链分工对区域经济差距影响的经验论证十分少见。因此，本章将从区域经济差距与协调发展、价值链分工理论的内涵及分析框架、全球价值链与国内价值链对接互动及其对区域经济差距的影响等方面来追踪和梳理国内外研究文献，以期系统、全面地把握相关领域的研究动向和趋势，从而为研究分析奠定文献基础。

2.3.1　区域经济差距与协调发展

自 1978 年以来，我国经济保持了 10% 左右的高速增长，创造了举世瞩目的增长奇迹（张宇等，2011），然而并未如新古典经济增长理论（Solow，1999）所预期的那样，出现区域经济的收敛，反而出现了区域经济差距不断扩大的态势（Yang，1999；Gibson et al.，2001；王小鲁和樊纲，2005；李实和罗楚亮，2011）。2000 年以后中国经济差异呈现"先小幅上升、后持续下降"的趋势，且省内差异＞经济区间差异＞省间差异（Fujita and Hu, 2001；Long and Ng, 2001；Kanbu and Zhang, 2005；冯长春等, 2015），东部地区省际差异的变化趋势和全国的变化趋势基本是一致的，中部和西部地区省际的差异一直相对较小，且变化较为缓慢，但三大地带之间差异一直在扩大（欧向军等, 2012）。与此同时，国内学者就特定地区或地区内部经济差异及演变态势进行了深入探讨（如表 2 - 1 所示）。考察区域涉及了欠发达地区、省际边缘地区和地级市内县域等，但是研究对象仍以东部发达地区居多。事实上，欠发达地区尤其欠发达的省际边缘区往往是政府基础设施建设的薄弱区、外商投资的边缘区及国家统筹和城乡协调发展的难点区，应该给予额外的关注（高云虹和王美昌, 2011；戴其文, 2017）。适度的区域经济差距对宏观经济发展有积极推动作用，但是过度的区域经济差距会对一国整体经济发展产生消极作用（冯长春等, 2015），甚至会影响社会稳定和民族团结（李豫新和任凤, 2012；李豫新和程谢君, 2017；Nye, 2018）。

表 2 - 1　　　　关于各个地区经济差距的主要研究文献梳理

区域	相关文献	区域经济差距演变态势
辽宁省	李吉芝和秦其明（2004）；关伟和朱海飞（2011）	1992 年以来，省内的绝对差异在不断增大；县际经济具有显著的空间自相关，区县经济差异呈现先扩大后缩小的趋势
江苏省	仇方道等（2004）；曹芳东等（2011）	经济发展迅速，但是县域经济发展差异也越来越明显，特别是苏南、苏中、苏北区域经济中的县域经济单元之间呈现自相关关系，发达的苏南地区县域经济普遍发达，造成区域经济发展差异扩大
山东省	孙希华和张淑敏（2003）；张可云和王裕瑾（2016）	20 世纪 90 年代以来山东省各地市经济发展水平的绝对差异在逐年扩大，相对差异在 1994 年达到 0.54 的峰值之后有所回落；始终存在着鲁中西部地区和东部沿海地区在发展速度及发展水平上的失衡和矛盾
湖北省	王启仿和李娟文（2002）	高首位度特征还没有得到改变，区域经济差距不断扩大

新发展格局下双重价值链分工与区域经济差距

区域	相关文献	区域经济差距演变态势
湖南省	廖翼等（2014）	2001～2010年湖南县域经济差异不断扩大，主要是由区域内差异引起的，区域间差异的影响也呈现不断扩大的趋势；从产业结构分解来看，第二产业是导致县域经济差异扩大的最主要原因，且产业结构效应和集中效应对湖南县域经济差异变化的影响较大
广东省	赵莹雪（2003）；刘昭云（2010）；张 等（Zhang et al.，2018）	区域间国内生产总值差异较大，其中，东翼是珠三角的8.38%，西翼是珠三角的9.25%；地方财政一般预算收支差距悬殊，其中珠三角的地方财政一般预算收入分别是东翼的21.14倍、西翼的22.84倍、粤北山区的16.64倍
甘肃省	赵小芳等（2008）	地区经济发展水平出现较大差异，以人均GDP为例，2005年嘉峪关市为44118元，而定西市仅2422元
新疆维吾尔自治区	李豫新和任凤（2012）	南北疆经济绝对差异已经超出警戒线，相对差异也已接近警戒线水平
云南省	陈利等（2014）	云南省区域经济差距演变呈现倒"U"形特征，经历先扩大再缩小的过程，区域之间发展差异波动较大
东北地区	慕晓飞和雷磊（2011）	经济重心存在显著的空间偏离，呈现偏向西南，折回东北，复向西南的移动趋势，区域发展两极分化严重
西北少数民族地区	高志刚和刘伟（2016）	新疆维吾尔自治区、甘肃省、青海省的区内经济差异呈逐年缩小趋势，而宁夏回族自治区的经济差异呈现较平缓的波浪式变化且程度相对较低
省际边缘区	夏雪等（2014）	鄂豫皖赣省际边缘区总体经济发展水平和经济相对发展率均较低，区域差异逐渐缩小，经济发展陷入低水平的恶性循环；中原经济区省际边界区域经济协调发展程度低于长三角地区，但是二者之间的差距逐渐缩小
中部六大城市群	王冰和程婷（2015）	区域内的经济差异是该区域整体经济差异的主要构成部分，其中武汉城市圈、长株潭城市群和皖江城市带三大城市群的区域内差异对六大城市群的整体差异贡献较大

资料来源：作者整理。

随着收敛理论的发展，区域经济的收敛性也已经成为研究的热点（王晓丹，2012；何天祥和陈晓红，2017）。近期关于经济增长收敛

性的研究大多基于巴罗和萨拉－伊－马丁（1992）、曼昆等（1992）
的理论框架或俱乐部趋同概念，分析中国各省份间的收敛情况（张
伟丽等，2011；白俊红和王林东，2016）。20 世纪 90 年代新经济地
理理论（New Economic Geography Theory）的兴起，使得不同地区间
的相互依赖与空间溢出效应受到广泛关注（Anselin，2001；Au-
dretsch and Feldman，2004；潘文卿，2012）。国内外的学者纷纷采用
空间计量经济学的理论与方法来研究中国区域经济的空间相关性及增
长的收敛性等问题（Fan and Scott，2003；覃成林等，2012；郭源园
和李莉，2017）。

　　对于区域经济差距扩大的成因分析主要集中在区位分布、资源禀
赋、政策制度、经济结构等方面（Hsieh and Klenow，2009；吴爱芝，
2011；张可云和王裕瑾，2016；刘贯春等，2017），还包括社会资
本、金融负债、制度与政策（程名望等，2015），地区间财政压力的
差异（陈晓光，2016），高房价（张传勇和刘学良，2017），新增生
产性公共支出差异（陈凯和张方，2017）以及民族宗教文化与市场
文化的难以调适等方面（李豫新和程谢君，2017）。除此之外，经济
全球化也是导致中国区域经济差距扩大的重要原因之一（贺灿飞和
梁进社，2004；王少剑等，2015）。早期的国际贸易理论从生产要素
配置全球化及贸易自由化等方面研究国际贸易的收益分配效应及由此
带来收入的不平等及经济收敛问题（如图 2 - 8 所示）。近期部分学
者就嵌入全球价值链是否会扩大区域经济差距展开讨论，但是并未得
出一致结论：一些研究认为参与全球价值链的程度越高、位置越是处
于下游，资本、高技术劳动、中技术劳动与低技术劳动在生产要素报
酬上的差距越大，对于中国尤其如此（张少军，2015；刘瑶，2016；
胡昭玲和李红阳，2016；蒋庚华和吴云霞，2017；高运胜等，
2017）；而另一些研究则发现积极参与全球价值链分工合作有助于缩
小国内的收入差距，而且中国在全球价值链中位置的变化缩小了高技
术劳动者工资报酬与中、低技术劳动者工资报酬的差距（林玲和容

金霞，2016；吴云霞和蒋庚华，2018）。

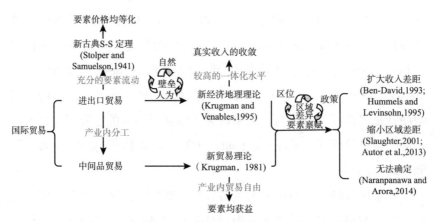

图2-8 早期国际贸易影响区域经济差距的文献脉络

资料来源：作者整理。

缩小区域经济差距，实现区域协调发展是国民经济健康、高效、平稳运行的前提条件，也是学术界、政府和社会一直关注的焦点（林毅夫和刘培林，2003；万广华，2013）。多数学者认为，区域经济协调发展属于区际经济关系范畴（张敦富和覃成林，2001；覃成林等，2011），而从国家促进区域经济协调发展战略的初衷及所实施的一系列政策措施来看，区域经济协调发展实质上属于区域可持续发展的范畴（孙海燕和王富喜，2008；覃成林等，2013）。在区域经济协调发展实践的10余年间，国内关于区域经济协调发展的水平评价、差异预警及发展模式的研究纷纷涌现（高志刚和王垚，2011；覃成林等，2013）。也有一些学者关注到区域协同的发展模式（尹少华和冷志明，2008；苗长虹和张建伟，2012；李琳和刘莹，2014），指出区域间和区域内的协同合作有助于打破市场分割，提升区域的整体经济效率。

现有研究对收入分配的关注点主要在于全球化对各经济体的收入分配及参与全球化的经济体内部各利益集团之间的收入分配关系，指出这种全球化使得所有参与国或地区比非参与国家或地区获得更多利益的同时，对于各个参加国或地区内部，不同要素所有者的影响也不尽相同。这似乎又重复了 19 世纪 20 年代初第一次经济全球化被打破的利益分配格局。逆全球化不仅仅是一个贸易问题，更多的是贸易背后的要素所有者利益分配或平衡的问题。高收入阶层在全球化过程中收入提升更快导致的代际流动性下滑与收入不平等的加剧，都成为全球化政策的持续阻力。在第二轮经济全球化浪潮中，生产的全球化使资本要素的利益在全球范围内得到极大的延伸，其获取全球绝对要素优势的诉求得到实现。

2.3.2　价值链分工及其分析框架

目前，全球价值链分工已经成为国际分工的主导形态（Liu，2014；石静霞，2015；戴翔和张二震，2016），与之相对应的价值链分析框架也日臻成熟。早期胡默尔斯等（2001）使用投入产出分析对全球价值链进行测度和考察，并基于 HIY 核算框架构建了垂直专业化指数，评估一国或地区在全球价值链中的位置。但是由于"同比例"（proportionality）及进口 100% 来自国外两大强假设，HIY 核算框架存在较大的局限性（Koopman et al.，2008）。之后学者们逐步放松相关假设，以完善全球价值链分工的理论框架，如多丹等（2011）将最终品的附加值按照来源进行分类，得到出口中进口投入份额、出口后再加工然后复出口至第三国的份额和加工后再出口回到母国的份额；安特拉斯（2012）、约翰逊和诺格拉（2011，2012）分别构建了价值链嵌入指数用于衡量一国或地区参与国际专业化的分工程度；库普曼等（2014）在现有框架下，将总出口分解为国内和国外价值部分，并将指标与数据相联系，构建了统一的分析框架；王直等（2013）进一步提出中间品贸易流分解法及总贸易流的分解框架；鲍德温和洛普斯-贡萨里斯（2015）重点测度了进口中间品的生产投入及出口增加值，并构建了相应指标分析全球供应链的网络结构；

王直等（2017）系统地测算了全球价值链融入程度及生产链长。

全球价值链各环节的进入壁垒、治理模式及系统效率存在较大差异，这也就决定了分工收益在各国（或地区）之间分配的不均等（Kaplinsky，2000）。根据经典的"微笑曲线"理论，位于价值链高端的企业由于掌握核心要素而获取更多的利润，处于价值链低端的企业只能获得较少的利润（卓越和张珉，2008；赵昌文和许召元，2013；黎峰，2015）。在某种程度上，中国较低的价值链分工地位是造成企业加成率过低的重要原因（黄先海等，2016）。典型案例就是苹果公司发起和主导的 iPhone 与 iPad 价值链，iPhone 手机在美国完成产品设计后，由韩国的 LG、三星，美国的博通、德州仪器、Cirrus Logic，日本的 AKM 和欧洲的意法半导体，中国台湾地区的鸿海等公司提供主要零部件，最后在中国的富士康、英华达等公司进行组装再出口给苹果公司。从苹果公司 iPhone 及 iPad 的利润分配可以看出（如图 2-9 所示），中国企业组装苹果手机和平板所获利润仅占整机利润的 1.8%~2%（Kraemer et al.，2011）。低加成率、技术瓶颈与技术封锁、融资约束等一系列原因迫使中国企业内生地选择较低的全球价值链分工地位，进而陷入"比较优势陷阱"和低端锁定的恶性循环（刘志彪和张杰，2007；于娇等，2015；洪银兴，2017）。中国传统的优势产业如化工、纺织服装亦是如此（卓越和张珉，2008；傅元海等，2014；公丕萍等，2016）。

摆脱低端锁定困境、实现价值链升级，不能仅仅依附于跨国公司主导的全球价值链，而应着力延伸和大力发展国内价值链，通过产业内迁和产业链延伸，完善以本土企业为主体的国内价值链，以实现价值链的攀升和区域经济良性互动（刘志彪和张少军，2008；孟祺，2016；孙久文等，2017）。对于国内价值链的界定主要指由本土企业主导和治理的、立足国内市场和采用代工方式，学习和赶超全球价值链的专业化生产网络（张少军和李东方，2009；岳中刚和刘志彪，2011）。这种思路要求企业面向国际市场做制造，面向国内市场做品牌，

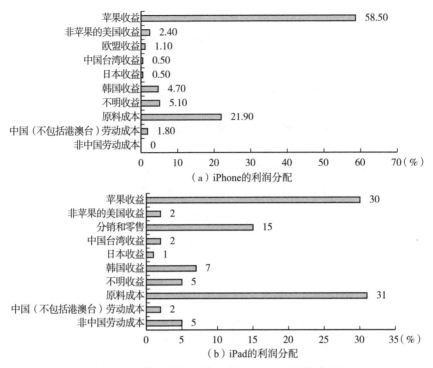

图 2 - 9　苹果公司 iPhone 手机与 iPad 利润分配

资料来源：Kraemer Kenneth L，Greg Linden，and Jason Dedrick. Capturing Value in Global Networks：Apple's iPad and iPhone［R/OL］. University of California，Irvine，University of California，Berkely，Syracuse University，NY. http：//pcic. merage. uci. edu/papers/2011/value_iPad_iPhone. pdf. Consultadoel 15，2011.

推进全球价值链和国内价值链双链协同（崔向阳和崇燕，2014）。事实上，虽然全球价值链对国内市场渗透控制加强，国内空白市场空间日益狭小（巫强和刘志彪，2010），但是随着经济飞速发展，中国国内价值链已经逐步发育，相对于轻工部门，技术更为复杂的重化工部门国内价值链覆盖的地理面积和市场空间范围更广（黎峰，2016a）。类似地，有学者也提出区域价值链（regional value chain）的概念（Baldwin，2011；Baldwin and Lopez - Gonzalez，2015），将全球价值链与区域价值链进行并列讨论，指出产品各价值创造环节的全球化特征并不明显，更多地呈现出区域化特征；也有学者将"一带一路"与全球价值链双环流结合起来，认为"一带一路"是对全球价值链理论的推动和创新（王亚军，2017；张辉等，2017），提出通过国内的区域平衡发展和产业转移构建国内价值链，而后再通过"一带一路"构建中国主导的全球价值链（张良悦和刘东，2015）。

2.3.3 新发展格局下全球价值链重构与攀升

新一轮科技革命的迅猛发展促使全球价值链呈现一系列新特征（Kano et al.，2020；阳镇等，2022）。首先，分工模式标准化、模块化。价值链低附加值生产环节的标准化、模块化与碎片化为不同区域价值链功能实现创造了便利条件（李健，2021），价值链主导企业能够对价值链功能分工加以细化，以实现收益更高、成本更低的分工组合。其次，空间布局区域化。柔性生产与分布式生产催生大批微型工厂，消费定制化、服务化发展促使生产网络更接近终端市场（詹晓宁等，2021），近岸外包的兴起促使复杂价值链呈现收缩态势。再次，治理模式"去中介化"与"再中介化"。数字化使消费者驱动或生产者驱动的传统治理模式转变为平台驱动（Foster and Graham，2017；Wu and Gereffi，2018），数字平台逐渐取代传统市场成为新兴数字化市场，为企业提供了接触终端客户的基础设施和渠道（Nambisan et al.，2019）。最后，全球化模式轻资产化。信息技术驱动的"轻资产化"使数字化企业能以更少的海外资产实施全球化战略（Kobrin，2017），有利于中小企业摆脱资源束缚开拓海外市场，以亿航智能公司为代表的新兴微型全球公司即是一个典型的例子。自消费级无人机转型切入载人无人机细分领域，亿航于2016年1月推出全球首款载人飞行器"亿航184"，借助智能化数字技术将业务扩展至国际市场，此后两年迅速成为全球城市空中交通行业"第一股"[①]，打破了大型跨国公司主导全球价值链的固有规律。

---

① 资料来源：亿航智能（https://www.ehang.com/cn/news/69.html）。

第 2 章　研究范畴界定与相关文献综述

全球价值链深度重构为我国制造业企业突破价值链中低端提供了重要机遇，但是也带来了新的挑战。一方面，数字化技术的普及应用促使低技能劳动力逐渐被自动化技术取代，实现生产制造环节价值增值，"微笑曲线"向"浅笑曲线"转变，加速价值链增加值向两端转移（郭周明和裘莹，2020）。此外，以数字平台为驱动的价值链治理模式，促使平台企业参与高附加值的生产活动（施炳展和李建桐，2020），并通过平台分层与程序开源实现企业创新渠道多元化（徐美娜和夏温平，2021），降低企业参与全球价值链分工的门槛与创新成本（Lanz et al.，2018）。另一方面，全球价值链空间布局的分散化与碎片化进一步加剧了价值链横向竞争，促使价值链收益日益集中于链上垄断企业（李健，2021），而且生产工序与投入标准化的提升，使中小微企业更容易被替代因而脆弱性更加凸显。同时，价值链核心企业底层数字技术垄断空间不断扩大（Foster et al.，2018），对于价值链的控制力不断增强，削弱了制造业企业的话语权，加大了发展中国家技术赶超的难度（阳镇等，2022）。

如何实现价值链攀升是现有研究关注的焦点问题，而回答该问题的一个重要前提是准确系统地把握地区或企业的价值链分工地位。主流学者通常将出口国内增加值率作为衡量一国或地区真实贸易利得与全球价值链分工地位的关键指标（毛其淋和许家云，2019；张晴和于津平，2020），并实现了对企业层面价值链分工收益的测算（Upward et al.，2013；Kee and Tang，2016）。由此主要引申出两支文献：一支侧重于企业出口国内增加值率的影响因素，如许和连等（2017）发现投入服务化对企业出口国内增加值率的影响呈现"U"形特征，毛其淋和许家云（2019）指出贸易自由化提升了企业出口国内增加值率；另一支对企业价值链地位的测度指标进行丰富拓展，认为企业价值链地位不仅包括参与全球价值链获得的收益，还包括企业自身的技术水平（孙志燕和郑江淮，2021）、对于下游客户而言所具有的价值及在生产工序上的相对位置（赵春明等，2020）等多个方面。相应地，企业可以从多个维度探索价值链攀升的路径，如通过技术创新提升产品技术复杂度可以作为增强产业竞争力的主要途径（陈伟等，2021），向下游服务环节跃升也是提升价值链地位的有效路径（张娟，2022）等。

2.3.4　全球价值链与国内价值链对接互动

从资源需求相似性的角度来看，国内价值链与全球价值链之间存在一种竞争关系，从异质性网络的角度来看，二者之间存在一种互补关系（刘景卿和车维汉，2019；盛斌等，2020）。国内价值链与全球价值链分工网络属于典型的异质性网络，在市场主体、资源要素、制度环境、治理规则等方面均存在明显差异。与同质性网络相比，异质性网络在知识扩散、信息传播方面更具优势。类似地，从结构洞理论来看，跨越结构洞的网络成员可以获取多类差异性信息和资源的收益与配置权。国内价值链与全球价值链协同治理有助于完善国内分工体系，重塑优化全球价值链的治理格局，进而推进国内国际双循环相互促进的新发展格局。

如果专注发展国内价值链，而全盘否定全球价值链，是倒退到进口替代战略的发展思路。20世纪70年代南美国家的失败经验和当今国际分工带来的巨大收益都说明这一方案已经不合时宜（张少军和刘志彪，2013）。全球价值链与国内价值链不是截然分开的，全球价值链是国内价值链的扩大、升级和延伸，而国内价值链是从全球价值链转向全球创新链的过渡阶段，是扩大内需的结果，也是从出口导向经济走向创新驱动经济的必然选择（刘志彪，2015）。因此，构建国内价值链并不是对当前全球价值链的全面推翻和重建，而是在参与全球价值链的基础上，积极延长全球价值链在国内的环节，发展国内价值链，实现二者的有效对接和良性互动（王子先，2014；尹伟华，2015；李丹，2016；张华等，2016）。

较之于发达国家，由于层次比较优势，全球价值链与国内价值链的价值链双重性在中国尤为明显，既要重视嵌入全球价值链的约束作用，又要重视国内价值链的多元化禀赋特征（周密，2013）。的确，无论沿海地区抑或内陆地区，全球价值链升级与国内价值链完善初步呈现良性互动的态势：东部发达地区逐步具备从事高附加值环节的生产能力和创新能力（Kaplinsky and Masuma，2011），内陆地区也成功地参与全球价值链，省份间附加价值的分布日趋扁平化，国内价值链地区结构不断完善，在一定程度上实现了对全球价值链的全面参与（曹阳，2008；赵江林，2016）。然而，由于低附加值贸易模式及对价值链分工的过度依赖，全球价值链与国内价值链之间尚未形成有效对接机制，致使中国企业的生存空间、利润空间受到进一步扼制和压榨（张少军和刘志彪，2013），陷入了低端锁定和贫困式增长的困境。以长三角为例，作为中国经济发展的领头羊与"总部经济"，在全球价值链与国内价值链之间并没有很好地发挥引进、消化和吸收国外先进技术的转换作用，却长期集聚了大量中西部廉价资源和要素，并将财富和人才持续向海外输送，这加剧了中国产业空间布局的不合理性，进一步扩大了区域经济差距（吴福象和蔡悦，2014；吴福象和曹璐，2014）。

在此背景下，个别学者对全球价值链和国内价值链对接问题展开了相关研究，有的以苏、粤两省为例对全球价值链与国内价值链的对接进行验证（张少军，2009；张少军和刘志彪，2013），有的通过分解中国八大区域流出测度国内价值链对全球价值链的嵌入模式（李跟强和潘文卿，2016），有的以全球价值链与国内价值链互动为分析框架，研究特定地区、特定产业的价值链升级（柴斌锋和杨高举，2011；赵放和曾国屏，2014），有的基于异质性企业理论，剖析中国代工企业在全球价值链与国内价值链之间的链条选择机制及产业升级路径（徐宁等，2014；袁凯华和彭水军，2017），有的学者研究了中国各区域融入全球价值链与国内价值链过程中的互动与协同关系（潘文卿和李跟强，2018；邵朝对等，2018）。还有一些学者针对如何通过有效对接，实现价值链和产业升级提出了应对之策：认为可以借鉴日本的"国内价值链（NVC）→区域价值链（AVC）→全球价值链（GVC）"的经济发展模式，同时继续优化工业内部结构，从而实现全球价值链与国内价值链的有效对接（王玉燕等，2015）；也可以根据国内外需求及自己主导的研发设计向国内外企业发包，使全球生产要素供给企业成为自己的供应商或形成全球供应链，然后把产品向全球销售（张益丰，2010；聂聆，2016）；对一些在全球价值链中有较强竞争力的环节，借助中国"走出去"战略和"一带一路"倡议等，融入全球分工，实现国内价值链往全球价值链延伸、融合（陈爱贞和刘志彪，2016）。

2.3.5 双重价值链对接影响区域经济差距的研究

全球价值链与国内价值链分工的不断深入为研究区域经济差距提供了新的视角。有学者认为通过结构调整形成全球价值链与国内价值链对接机制，是解决中国地区发展非均衡问题的最佳工具（刘志彪，2009a）。其他关于全球价值链与国内价值链协调对接缩小区域差距的研究大多以政策建议的形式提及，指出可考虑通过国内价值链在区域间的传递和带动，使中国内陆地区全面融入全球化进程，实现国内价值链向全球价值链转换的历史性跨越，从根本上改变中国企业在全球价值链中的从属地位，缩小地区收入差距，实现整体经济的可持续发展（江静和刘志彪，2012；钱书法和王卓然，2016；袁露梦，2017；邵朝对和苏丹妮，2017）。也有学者提出，为了缩小区域间的经济差距，必须构建以本土发达地区企业为链主的国内价值链（杨晓峰，2013；崔向阳等，2018）。

2.3.6 研究评述

价值链分工理论的初衷在于提高竞争优势，社会信息化、经济全球化、贸易自由化拓展并完善了这一理论，国家之间、产业之间、企业之间仍以"链"的形式彼此密切联系，从比较优势及相互博弈中获益。相比于欧美等发达国家较为丰硕的研究成果，中国对于价值链理论的研究较少且起步较晚，但是大都从各个层面反映了中国在全球价值链中低端锁定的困境与构建国内价值链的迫切性。然而，学者们对于全球价值链之外的区域价值链与国内价值链分工体系短期内尚未形成统一的理论框架。此外，无论是全球价值链还是国内价值链的研究，多以国家层面的分析为主，区域层面的分析相对较少，因而提出价值链升级对策及路径也偏向宏观，鲜少考虑区域差异的问题。

关于全球价值链与国内价值链的对接互动，大部分研究已经达成一致，呼吁国内企业主导的国内价值链与由跨国公司控制的全球价值链之间形成良性竞争和协调发展态势，从而促进产业优化和价值链升级。同时强调，当前我国国内价值链的重塑和延伸无法脱离全球价值链的约束。然而，尽管关于二者是否对接的问题已有少量实证研究，但关于对接耦合的判断、协调状态、经济效应及作用路径等方面的研究尚且处于初步探索阶段，缺乏相对系统地分析和论证。此外，现有文献对于中国区域经济差距的研究较为全面，涵盖了差异的现状、发展趋势、形成原因、负面影响、预警机制及协调路径。有的学者着眼于全国三大区域的梯度发展，有的聚焦于特定省域的时空演变，深入而广泛，为系统全面了解中国区域经济差距提供了充实的文献基础，同时也为弥合我国区域经济差距，实现区域协调发展提供了有益参考和理论指导。但就目前而言，现有研究较多侧重于区域经济差距形成的国内因素，而从价值链分工、对接视角审视区域差异形成机制的较为少见。

诚然，大多对于中国区域经济差距的研究已经突破了单纯基于国内要素投入或技术进步视角，区域经济协调发展的实现路径也从国内资源的整合延伸到国际资源的重新配置。借助全球价值链与国内价值链的联动效应实现产业升级和价值链升级，进而缩小区域经济差距实现协调发展，是未来中国深度融入全球治理的必然趋势。但是现有文献的相关研究大多是初步提出这种构想，进行专项研究的比较少见，而进行实证检验价值链协调对接影响区域经济差距的更少。因而，全球价值链与国内价值链分工及其对接互动如何影响区域经济差距仍是一个尚未打开的"黑匣子"。因此，本书通过构建理论框架及双重价值链对接互动的评价体系，探索全球价值链与国内价值链分工及对接协调机制，剖析价值链分工对区域经济差距的影响机理与作用路径，为我国区域经济协调可持续发展提供了理论参考。

▶ 第 3 章 ◀

中国区域经济差距测度及演变

改革开放以来，中国区域经济发展战略主要发生了两次重大转变：一是 20 世纪 80 年代提出的东部地区率先发展战略；二是区域经济协调发展战略，包括 21 世纪初先后提出的"西部大开发""东北振兴"与"中部崛起"等。对于区域经济差距的准确测度和深入分析有助于充分把握我国区域经济政策的效果，从而为完善相关政策提供有益参考。

3.1 区域经济差距的识别及测算

在区域经济学的相关研究中，通常用于反映经济发展水平的指标主要包括人均国民收入、人均工业产值、人均工农业生产总值、人均 GDP 或 GDP 增长率、城镇居民人均收入及农村居民人均收入等，其中后两项指标较常用于分析城乡二元结构所导致的收入差距，除此之外的其他指标则常用于区域间经济发展差异的比较分析。我国经济发展早期，由于农业比重较高，工农业生产总值指标也时常被用于测度区域经济差距，但是近期的相关研究较多使用人均 GDP 或 GDP 增长率。在测算方法选取上，一般来讲，用以分析比较不同区域之间经济差异的各种指标大致可以分为两类：绝对差异指标和相对差异指标。

前者指某经济变量偏离平均水平或者其他参照水平的绝对额，常用的有离差、标准差等指标；后者更强调偏离参照水平的相对比率，常用的有洛伦兹曲线、基尼系数（Gini）、泰尔指数（Theil）、变异系数（CV）和阿特金森指数（Atkinson）等。鉴于此，本书也采用人均GDP、GDP增长率及其他的经济指标同时结合洛伦兹曲线、基尼系数、泰尔指数等方法测度区域经济差距。

首先，将对各个测度方法进行简要的介绍。洛伦兹曲线是由洛伦兹（1905）提出来的，用以反映财富或者收入的分配情况。如图3－1所示，纵轴表示收入的累积百分比，横轴为收入由低到高分布的人口累积百分比，45°的对角线表示绝对平均分配曲线，与横轴重叠的90°线表示绝对非平均分配曲线，洛伦兹曲线则介于二者之间，如曲线A、曲线B和曲线C。从洛伦兹曲线的弯曲程度可得知不同阶层的收入差距及收入分配的不平衡程度。仍以图3－1为例，曲线A所代表的收入分配不平等程度明显大于曲线B。洛伦兹曲线能够相对直观、形象地反映收入分配差异的程度，但是无法用一个确切的数值来衡量差异的大小，尤其当两条洛伦兹曲线发生交叉时（如曲线B与曲线C）。

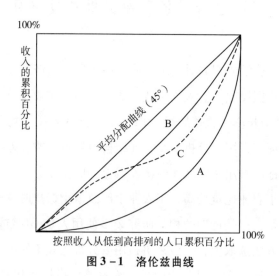

图3－1 洛伦兹曲线

基尼系数是测度收入分配不平等程度的常用指标之一，取值介于 0 和 1 之间，越接近于 1，表示区域之间或内部的收入差异越大，否则反之。基尼系数的计算如式（3-1）所示：

$$Gini = \frac{\sum_{i}^{n} \sum_{j}^{n} |Y_j - Y_i|/n(n-1)}{2\mu} \qquad (3-1)$$

其中，Y_i 和 Y_j 分别表示地区 i 和地区 j 的收入水平，此处用人均 GDP 衡量，n 为地区的个数，$\mu = \frac{1}{n} \sum_{i}^{n} Y_i$，表示各地区收入的平均水平。联合国开发计划署（United Nations Development Programme，UNDP）等国际组织通常将 0.4 作为收入分配差距的警戒线，认为基尼系数低于 0.2 表示高度平均，介于 0.2~0.29 为比较平均，0.3~0.39 为相对合理，0.4~0.59 表示差距较大，0.6 以上则表示差距悬殊。

泰尔指数最早由泰尔（1967）运用信息理论中的熵概念衡量收入分配差距而提出的，其计算方法如式（3-2）所示：

$$Theil = \sum_{i}^{N} (\log\bar{Y} - \log Y_i)/N \qquad (3-2)$$

其中，Y_i 为 i 地区的人均 GDP，$\bar{Y}$ 为全国人均 GDP 水平，与式（3-1）的 μ 含义相同，N 为区域的个数。

变异系数又称"离散系数"，为人均地区生产总值的标准差与人均国内生产总值之比，反映了一国内部所有区域对于标准加权偏差的平均程度，用于刻画各地区人均 GDP 偏离全国人均 GDP 水平的相对差距，如式（3-3）所示：

$$CV = \sqrt{\frac{\sum_{i} (Y_i - \bar{Y})^2}{N}}/\bar{Y} \qquad (3-3)$$

其中，N、Y_i 和 $\bar{Y}$ 与式（3-2）的含义相同。

阿特金森指数在测度收入差距的同时也能够反映社会福利状况

（Atkinson，1970）。它以等价敏感的平均收入水平 y_e 为标准，测算实际收入偏离 y_e 的不公平程度及福利损失。y_e 可以表示为式（3 - 4）所示：

$$y_e = \left[\int f(x) - y_i^{1-e} dx\right]^{\frac{1}{1-e}} \tag{3 - 4}$$

其中，$e \in (0, +\infty)$，表示不平等厌恶参数，常用权重有 $e = 0.5$ 和 $e = 2$；y_i 表示 i 地区的实际收入，$f(y_i)$ 表示 i 地区占总人口之比的密度函数。根据 y_e 可得到阿特金森指数，如式（3 - 5）所示：

$$Atkinson_e = 1 - \frac{y_e}{\mu} \tag{3 - 5}$$

其中，μ 与式（3 - 1）中的含义相同。$Atkinson_e$ 取值也介于 [0，1]，其中，y_e 离 μ 越近，$Atkinson_e$ 取值越小，社会分配就越公平，否则反之。

3.2　中国区域经济差距测度及演变

从广义来讲，区域差距主要体现不同区域在资源禀赋、生态环境、经济结构、科技进步及社会发展等各个方面的差异性（张彻，2010），从而形成经济发展水平的非均衡性。本研究对于区域经济差距的考察参见主流学者的做法，选取人均 GDP 或经济增长率进行测度，但在此之前，将对我国经济增长的总体趋势，不同区域的主要经济指标及城乡收入的二元结构进行简要分析，以便对中国区域经济差距有一个宏观的把握。

3.2.1　中国区域间经济差异的变动趋势

改革开放以来，中国经济持续高速增长，经济总量已跃居世界第二。如图 3 - 2 所示，1978 ~ 2000 年，中国 GDP 虽然处于缓慢增长阶段，但是自 2001 年加入 WTO 后，GDP 增速明显加快，到 2017 年增至 82.08 万亿元（现价），同比增长 6.8%。其中，以第二产业的增长率最高，其次是第三产业，第一产业产值的变动较为平稳，增长率明显低于 GDP 的增长率。人均 GDP 的增长速度也小于 GDP 的增长速度，且趋于放缓。实际上，自 2012 年，中国经济增长水平开始持续低于 8% 并稳定在一个相对合理的区间范围内，这也是学者们通常所说的"新常态"时期。

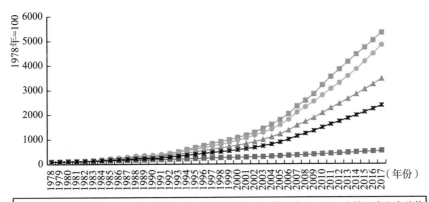

图 3 - 2 1978 ~ 2017 年中国国民生产总值构成及人均水平演变

资料来源：《2018 年中国统计年鉴》。

伴随经济高速增长的是日益突出的区域经济差距。由表 3 - 1 可以看出我国各大区域①之间主要经济指标的差距。虽然，东部地区的生产总值占全国的比重从 2006 年开始趋于下降，但是在 2017 年仍旧超过 50%，其中长江经济带与京津冀地区的生产总值分别

① 东部地区是指北京市、天津市、河北省、上海市、江苏省、浙江省、福建省、山东省、广东省和海南省 10 省（市）；中部地区是指山西省、安徽省、江西省、河南省、湖北省和湖南省 6 省；西部地区是指内蒙古自治区、广西壮族自治区、重庆市、四川省、贵州省、云南省、西藏自治区、陕西省、甘肃省、青海省、宁夏回族自治区和新疆维吾尔自治区 12 省（区、市）；东北地区是指辽宁省、吉林省和黑龙江省 3 省。

占比43.8%和9.5%。中部和西部地区的生产总值占全国的比重大体不差，而东北地区生产总值的占比不到10%。东部地区经济发展的绝对优势还体现在地方一般公共预算收入（占全国一般公共预算收入的比重为57.4%，下同）、地方一般公共预算支出（42.1%）、全社会固定资产投资（41.9%）、社会消费品零售总额（51.5%）及货物进出口贸易占全国的比重均在82%以上，贸易开放度最高。相比之下，中部、西部及东北部地区货物进出口贸易占比不足10%，东北部地区甚至不足5%，其间的经济差距可见一斑。

表3-1　　　　　2017年中国各区域主要经济指标对比　　　单位：亿元，%

指标	全国	东部地区		京津冀地区		长江经济带	
		绝对数	占比	绝对数	占比	绝对数	占比
国内（地区）生产总值	827122	447835.5	52.9	80580	9.5	370998	43.8
第一产业	65468	21131.3	34.0	3419	5.5	26944	43.4
第二产业	334623	186285.7	52.3	28767	8.1	156817	44.1
第三产业	427032	240418.4	56.0	48395	11.3	187238	43.6
地方一般公共预算收入	91469	52495.3	57.4	10975	12.0	41014	44.8
地方一般公共预算支出	173228	72869.2	42.1	16746	9.7	74041	42.7
全社会固定资产投资额	641238	268911.0	41.9	53066	8.3	291701	45.5
社会消费品零售总额	366262	187569.8	51.5	33213	9.1	154891	42.6
货物进出口总额	278101	229197.9	82.4	32968	11.9	121331	43.6
出口	153311	125752.9	82.0	9045	5.9	71644	46.7
进口	124790	103445.0	82.9	23923	19.2	49686	39.8

续表

指标	全国	中部地区		西部地区		东北地区	
		绝对数	占比	绝对数	占比	绝对数	占比
国内（地区）生产总值	—	176486.6	20.8	168561.6	19.9	54256.5	6.4
第一产业		15803.3	25.4	19201.9	30.9	5962.9	9.6
第二产业		79937.9	22.5	69428.6	19.5	20258.9	5.7
第三产业		80745.4	18.8	79931.1	18.6	28034.7	6.5
地方一般公共预算收入		16339.9	17.9	17787.3	19.4	4847.0	5.3
地方一般公共预算支出		36957.9	21.3	50155.0	29.0	13246.2	7.6
全社会固定资产投资额		166139.5	25.9	169715.0	26.5	31252.6	4.9
社会消费品零售总额		77474.6	21.3	68098.8	18.7	30762.2	8.5
货物进出口总额		18635.3	6.7	20982.3	7.5	9285.6	3.3
出口		11772.6	7.7	12092.3	7.9	3693.4	2.4
进口		6862.6	5.5	8890.0	7.1	5592.2	4.5

　　中国城乡二元结构导致的城镇与农村收入差距的扩大也是学者们普遍关注的焦点。如表 3 - 2 所示，2017 年在低收入户中，城镇居民的人均可支配收入是农村居民的 4.16 倍，这种"二元"差距在中等收入户与高收入户中稍稍有所缓和，但是平均差距均在 2.5 倍以上。不同阶层内部之间的差距比"二元"差距有过之而无不及。在城镇居民内部，高收入户的人均可支配收入是低收入户的 5.62 倍，在农村居民内部，这一比值为 9.48。全国层面上，低收入户的人均可支配收入不到高收入户的 1/10。城乡"二元"差距在不同区域也有所体现，城镇居民的人均可支配收入是农村居民的 2 倍以上。

表 3 - 2　　　按收入五等份分组及不同地区居民的人均可支配收入　　单位：元

类型	全国	其中		地区	全国	其中	
		城镇	农村			城镇	农村
低收入户	5958.4	13723.1	3301.9	东部	33414.0	42989.8	16822.1
中等偏下户	13842.8	24550.1	8348.6	中部	21833.6	31293.8	12805.8
中等收入户	22495.3	33781.3	11978.0	西部	20130.3	30986.9	10828.6
中等偏上户	34546.8	45163.4	16943.6	东北	23900.5	30959.5	13115.8
高收入户	64934.0	77097.2	31299.3				

资料来源：《2018 年中国统计年鉴》，2017 年当年价格。

　　下面主要选取人均 GDP 并结合基尼系数、变异系数、泰尔指数和阿特金森指数测度中国区域经济差距的演变态势。如表 3 - 3 所示，可以看出，虽然四种指数的大小存在一定的差异，但是变动趋势基本一致，即自 1978 ~ 1988 年呈现下降趋势，此后至 2003 年稍有回升，然后进一步下降，降幅在 2013 年后有所放缓。

表 3 - 3　　　　　　改革开放以来我国各省份间人均
地区生产总值差异及演变

指数	1978 年	1983 年	1988 年	1993 年	1998 年	2003 年	2008 年	2013 年	2017 年
基尼系数（Gini）	0.34	0.30	0.28	0.30	0.31	0.33	0.30	0.24	0.21
变异系数（CV）	0.97	0.77	0.63	0.65	0.67	0.72	0.60	0.46	0.42
泰尔指数（Theil）	0.27	0.19	0.15	0.16	0.17	0.20	0.15	0.09	0.08
阿特金森（Atkinson）	0.19	0.14	0.12	0.13	0.14	0.16	0.13	0.09	0.07

资料来源：作者计算得来。

从人均 GDP 的洛伦兹曲线图可以更直观地看出我国区域经济差距的变动。如图 3 - 3 所示，1978 年中国人均 GDP 差距的洛伦兹曲线呈现较为典型的下凸形式，且下凸面积较大，说明国内人均收入水平的不平衡态势相对明显。随着改革开放的持续深化，中国市场经济体制日趋完善，地区经济差距也在不断地扩大，但是在 20 世纪 90 年代，由于亚洲金融危机，国内各地区经济进入了以通货紧缩为主要特点的经济萧条期，地区差距在一定程度上被淡化，因此 1993 年洛伦兹曲线的下凸程度有所变缓。至 2003 年，洛伦兹曲线更向右倾斜，即区域经济差距趋于扩大。这是因为加入 WTO 后，我国对外开放进入新的历史阶段，促使各地区尤其东部沿海地区改革红利与人口红利得以充分释放，扩大了东部与西部地区的经济差距，有研究表明，入世使偏重农业生产的地区受到不可忽略的负面影响（章元等，2009）。为了缩小区域经济差距，我国区域政策逐步从非均衡向均衡发展过渡，相继推出西部大开发、东北振兴与中部崛起等区域发展战略，对内进行"供给侧"改革，以升级产业结构、转变经济发展方式、优化生产力空间布局，对外加快"一带一路"建设进程，这些举措在一定程度上都有助于协调我国区域经济差距，这也是 2017 年洛伦兹曲线下凸程度变小的原因所在。

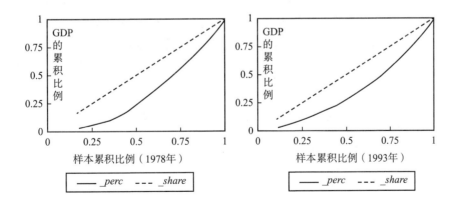

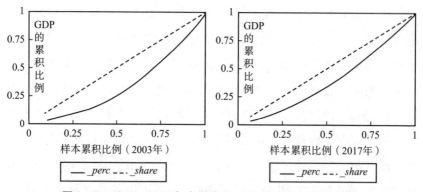

图 3 - 3　1978～2017 年中国人均 GDP 差距的洛伦兹曲线

资料来源：历年《中国统计年鉴》。

更进一步地，下面运用离差指标考察我国不同地区之间的经济差异。具体来讲，人均 GDP 的离差等于某一省份人均 GDP 减去同一年国内所有省份人均 GDP 的均值。类似地，还可以测算不同地区之间GDP 增长率的离差。2017 年人均 GDP 离差的测算结果如图 3 - 4 所示，可以看出北京市、天津市、上海市、江苏省、浙江省、福建省、广东省与山东省等东部省份的人均 GDP 远高于全国人均 GDP 的平均水平，其中北京市、上海市的人均 GDP 均是全国平均水平的 2 倍。相比之下，大部分中部、西部和东北部省份的人均 GDP 均低于全国的平均水平，甘肃、云南、贵州、广西、西藏等西部省份仅是全国的1/2 左右，甘肃的人均收入甚至不到全国平均水平的一半。将人均收入最高的北京与最低的甘肃进行比较，前者是后者的 5 倍之多，可见各个地区之间经济差距之大。

3.2.2　中国区域内部经济差距的变动趋势

中国的区域经济差距不仅体现在区域之间，也体现在区域内部。各区域内部的经济差异主要考虑某区域内不同地区经济增长的非均衡性，即较之于其他地区，个别地区的经济发展水平更高、发展速度更

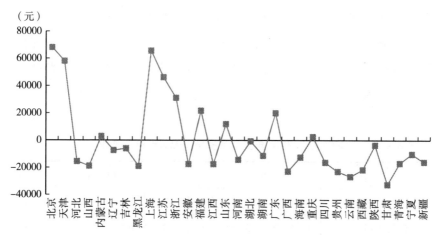

图 3 - 4　2017 年中国各省份人均 GDP 的离差

资料来源:《2018 年中国统计年鉴》, 2017 年当年价格。

快。鉴于此, 本研究结合上述指标, 分别运用经济增长率及人均
GDP 测算各个省份内部的经济差异。同时, 选取发展水平相对较高
的广东和江苏两省进行重点阐述, 以便更直观地了解和把握我国区域
内部经济差异的演变态势。对于省区内部各地级市经济增长率的测
算, 主要依据各地级市当年人均 GDP 不变价较之于上一年的增长
比例。

中国各省份内部之间的经济差异如表 3 - 4 所示。2000 年与 2016
年, 四类指数的数值大小不尽相同, 但是变动趋势基本一致, 因此后
文的分析以基尼系数的测度结果为主。2000 年, 广东省的基尼系数
最高为 0.56, 说明广东省内部区域差距较大, 其次是黑龙江省为
0.36。宁夏回族自治区及中部的河南省、河北省、湖南省等省份的基
尼系数均低于 0.2, 说明这些省份内部收入相对平均。除此之外的大
多数省份的基尼系数介于 0.2 ~ 0.4。至 2016 年, 多数省份的基尼系
数呈现不同程度的下降, 个别省份如河北省、江西省、湖南省、湖北
省、宁夏回族自治区等省份/自治区的基尼系数出现小幅上升。其中,
降幅较大的当属海南省、福建省与广东省 3 省。虽然如此, 广东省的

基尼系数仍高达 0.36，说明其内部的经济差距仍旧较大。同样作为经济发展大省的江苏省，基尼系数从 2000 年的 0.33 降至 2016 年的 0.2，明显低于广东省。后面将通过分析江苏省与广东省进一步探索其中的原因。

表 3 − 4　　　　2000 年与 2016 年全国各省份内部区域经济差距

省份	2000 年				2016 年			
	Gini	Theil	CV	Atkinson	Gini	Theil	CV	Atkinson
河北	0.18	0.05	0.05	0.05	0.21	0.07	0.07	0.06
山西	0.21	0.07	0.08	0.07	0.20	0.06	0.06	0.06
内蒙古	0.21	0.08	0.07	0.08	0.20	0.07	0.06	0.07
辽宁	0.34	0.18	0.19	0.18	0.25	0.10	0.12	0.09
吉林	0.20	0.07	0.07	0.06	0.14	0.03	0.03	0.03
黑龙江	0.36	0.34	0.56	0.22	0.26	0.12	0.15	0.10
江苏	0.33	0.17	0.18	0.16	0.20	0.06	0.06	0.06
浙江	0.21	0.07	0.07	0.08	0.16	0.04	0.04	0.04
安徽	0.25	0.10	0.10	0.10	0.24	0.09	0.10	0.09
福建	0.33	0.20	0.25	0.16	0.10	0.02	0.02	0.02
江西	0.21	0.07	0.08	0.07	0.24	0.09	0.10	0.09
山东	0.31	0.16	0.18	0.15	0.24	0.09	0.10	0.09
河南	0.18	0.06	0.06	0.05	0.18	0.05	0.06	0.05
湖北	0.22	0.08	0.10	0.08	0.24	0.09	0.10	0.09
湖南	0.19	0.06	0.07	0.06	0.26	0.12	0.14	0.10
广东	0.56	0.60	1.02	0.42	0.34	0.19	0.21	0.17
广西	0.24	0.10	0.09	0.10	0.20	0.07	0.06	0.07
海南	0.29	0.18	0.17	0.18	0.03	0.00	0.00	0.00

续表

省份	2000 年				2016 年			
	Gini	Theil	CV	Atkinson	Gini	Theil	CV	Atkinson
四川	0.28	0.14	0.18	0.12	0.20	0.07	0.08	0.07
贵州	0.26	0.13	0.14	0.11	0.16	0.04	0.05	0.04
云南	0.32	0.20	0.18	0.20	0.21	0.08	0.08	0.08
陕西	0.23	0.09	0.10	0.09	0.20	0.06	0.07	0.06
甘肃	0.26	0.12	0.11	0.14	0.24	0.10	0.09	0.11
宁夏	0.14	0.04	0.03	0.04	0.16	0.05	0.05	0.06
新疆	0.25	0.13	0.12	0.13	0.16	0.05	0.05	0.05

注：限于大部分省份地级市数据的可获得性，只更新到 2016 年，且西藏自治区与青海省的计算结果不再列出。
资料来源：作者计算得来。

从广东省各市的 GDP 总量与人均 GDP 来看（如图 3-5 所示），2017 年深圳市的 GDP 规模在全省居于首位，其次是广州市。云浮市、汕尾市与河源市的 GDP 规模较小，均不到深圳市的 5%。各市的人均 GDP 与 GDP 总量排名大体不差，说明省内人口分布与地区 GDP 增长基本成正比。深圳市的人均 GDP 最高，为 183544 元，是梅州市人均 GDP 的 7.5 倍，全省人均 GDP 的平均水平为 68969 元，但是 21 个城市中仅有 7 个城市高于全省的平均水平。从经济增长率来看（如图 3-6 所示），除了汕头市、潮州市与云浮市以外，2000～2017 年广东省各市地区生产总值增长率整体有所回落，其中以东莞市、广州市、深圳市降幅最大。2000 年，各市经济增长率的平均水平为 10.5%，将近一半的城市经济增长率低于全省的平均水平，而且经济增长最快的东莞市与增长最慢的云浮市经济增长率相差 14.4%。2017 年，广东省内经济差距稍有缓和，各市增长率介于 4.2%～10.8%，增长最快的珠海与最慢的清远之间相差6.6%。

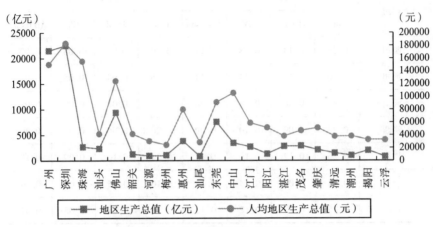

图3-5　2017年广东省各市地区生产总值及人均生产总值

资料来源：《2018年广东统计年鉴》，2017年当年价格。

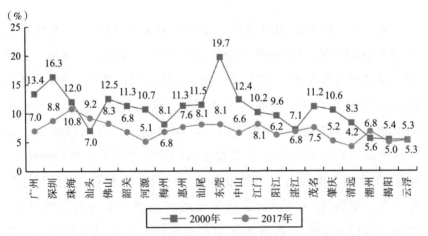

图3-6　2000年与2017年广东省各市地区生产总值增长率

资料来源：《2018年广东统计年鉴》。

从江苏省各市的GDP总量与人均GDP来看（如图3-7所示），2017年苏州的GDP规模最大，其次是南京市。宿迁市与连云港市的

GDP 规模最小，仅为苏州市的 15%。部分城市出现 GDP 总量较低而人均 GDP 较高的情况，如无锡市、南京市、常州市、扬州市与镇江市等。以镇江市为例，其 GDP 总量与淮安市较为接近，但人均 GDP 近乎是淮安市的 2 倍，说明这些城市的经济总量与人口分布并不成比例，其中可能的原因在于城镇化、产业结构、交通网络布局等方面。人均 GDP 最高的苏州市是宿迁市的 3 倍。全省人均 GDP 的平均水平为 105903 元，13 个地级市中 6 个地级市的人均 GDP 低于全省的平均水平。从经济增长率来看（如图 3-8 所示），除了连云港市外，2000~2017 年省内各市 GDP 增长率均有所回落。2000年，全省平均经济增长率为 10.2%，只有连云港市、淮安市和徐州市低于全省的平均水平，而且经济增长率最高的苏州市与最低的连云港市之间相差 9.6%。2017 年，江苏省内经济增长率差异区域缩小，各市增长率介于 6.8%~8.2%。显然，不论是人均 GDP 还是 GDP 增长率，江苏省各城市之间的发展相对较为均衡，经济差距均小于广东省。

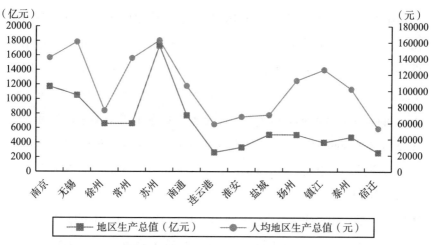

图 3-7 2017 年江苏省各市地区生产总值及人均生产总值

资料来源：《2018 年江苏统计年鉴》，2017 年当年价格。

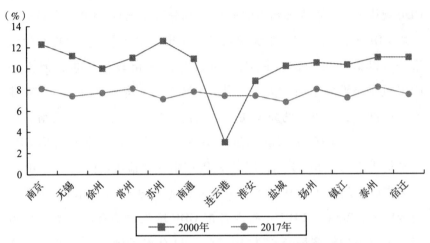

图 3-8　2000 年与 2017 年江苏省各市地区生产总值增长率

资料来源:《2018 年江苏统计年鉴》。

3.3　基于夜间灯光数据的区域经济差距测算

除了官方统计数据,夜间灯光数据也被广泛应用于区域经济的研究中,以反映经济活动的空间分布和区域强度。因此,我们也运用修正的夜间灯光亮度均值替代人均 GDP,并引入基尼系数测算中国各个地区的经济差异。DMSP-OLS (defense meteorological satellite program-operational linescan system) 灯光影像数据由美国国家海洋和大气管理局 (National Oceanic and Atmospheric Administration, NOAA) 的国家地理数据中心 (National Geophysical Data Center, NGDC) 自 1992~2013 年定期发布,截至目前共有 34 期影像,每期均包括三种灯光影像,其中稳定灯光影像因其良好特性而常用于度量经济活动。但是由于同一年份不同卫星的影像数据存在差异,DN 值饱和导致的“天花板”约束及同一卫星不同时相的稳定灯光影像数据差异明显[①]，学者们通常选取灯光强度分布均匀、DN 值浮动范围广、变化相对稳定的区域作为不变目标区域（invariant region method）进行矫正（如表 3 - 5 所示）。

表 3 - 5　　　　　　　DMSP/OLS 夜间灯光数据的校正

相关研究	相互矫正	饱和校正	连续性校正	研究问题
莱图等（Letu et al. , 2009）	—	运用建筑面积和三次多项式校正日本电力供应地区的饱和灯光	—	1999 年日本电力消耗的估算
劳帕奇等（Raupach et al. , 2010）	—	假定灯光强度超过饱和度的部分服从幂次定律，以解决饱和误差	—	2003 年灯光强度与能源消耗等经济活动的区域密度的关系
埃尔维奇等（Elvidge et al. , 2009）	选取意大利西西里岛（F121999）为不变目标区域，运用二次多项式进行参数估计，从而估算气体燃烧量	—	—	1992 ~ 2008 年全球废气燃烧量的估算
刘等（Liu et al. , 2012）	选取中国鸡西市（F162007）作为不变目标区域，运用二次多项式进行参数估计	—	取同一年份的两个影像数据的均值并剔除多传感器连续不同年份的异常值	1992 ~ 2008 年中国城市扩张
吴等（Wu et al. , 2013）	选取毛里求斯、波多黎各和日本冲绳县为不变区域，采用幂函数估计系数进行相互校正，同时削弱 DN 取值上限的约束	—	—	阐述全球夜间灯光数据的不变目标区域校正法

---

① 同一年份影像来自两颗卫星的主要有：F101994 与 F121994、F121997 与 F141997、F121998 与 F141998、F121999 与 F141999、F142000 与 F152000、F142001 与 F152001、F142002 与 F152002、F142003 与 F152003、F152004 与 F162004、F152005 与 F162005、F152006 与 F162006、F152007 与 F162007。

相关研究	相互矫正	饱和校正	连续性校正	研究问题
曹子阳等（2015）	选取中国鹤岗（F162006）作为不变目标区域，运用幂数方程进行参数估计，进而得到修正后的 DN 值，同时解决饱和值的约束		同 Liu et al. (2012)	检验校正方法的合理与可靠性

资料来源：作者整理得来。

同样地，我们也借鉴曹子阳等（2015）的做法，选取中国鹤岗作为不变目标区域，对国内其他地区的 DN 值进行矫正，以解决上述问题。经饱和矫正之后，对复合灯光影像数据进行连续性矫正，即取同一年份的两个卫星影像 DN 值的平均值作为该年份的灯光强度值，如式（3-6）所示，并根据刘等（2012）提出的异常波动判断假设，剔除异常值，如式（3-7）所示：

$$DN_{r,t} = \begin{cases} 0 & \text{当} DN_{r,t}^{Fs} = 0 \text{ 或 } DN_{r,t}^{Fq} = 0, \\ (DN_{r,t}^{Fs} + DN_{r,t}^{Fq})/2 & \text{其他} \end{cases} \quad (3-6)$$

$$DN_{r,t} = \begin{cases} 0 & \text{当} DN_{r,t+1} = 0, \\ DN_{r,t-1} & \text{当} DN_{r,t+1} > 0 \text{ 且 } DN_{r,t-1} > DN_{r,t}, \\ DN_{r,t} & \text{其他} \end{cases} \quad (3-7)$$

其中，$DN_{r,t}$ 表示校正后的灰度值，$DN_{r,t}^{Fs}$ 与 $DN_{r,t}^{Fq}$ 分别表示 t 年由 Fs 与 Fq 卫星拍摄的影像中 r 区域的 DN 值。

经过矫正后，可得到中国 285 个地级市灯光强度的修正值，用修正的夜间灯光亮度均值测算中国各个省份内部经济差异。以基尼系数为例，将修正后的夜间灯光数据代入式（3-1）得到式（3-8）。此外，为检验测度结果的稳定性，本研究也综合考虑了其他测度区域经济差距的常用指标，如泰尔指数、变异系数及阿特金森指数。

$$Gini_{pt} = \frac{1}{2NLT_{pt}} \sum_{i}^{n} \sum_{j}^{n} |NLT_{jt} - NLT_{it}|/n(n-1) \quad (3-8)$$

其中，$\overline{NLT_{pt}}$ 表示 t 年省份 p 的灯光亮度均值，NLT_j 和 NLT_i 分别表示该省 j 和 i 地区的夜间灯光亮度均值，n 表示该省内区县的数量。

根据夜间灯光数据可知，2000 年夜间灯光亮度最高的地区主要有京津冀、环渤海、长三角及珠三角等东部沿海地区，中部、西部和东北的灯光亮度明显集中于个别点上而大部分地区仍处于黑暗之中，说明东部沿海地区的经济活动较为频繁，经济发展较快且呈现"点线面"的发展态势，而中西部及东北地区仍然呈现明显的依赖个别增长极的发展模式。2013 年，国内各地区的夜间灯光亮度整体有所提高，且分布更为广泛，逐渐扩散至中部的大部分地区，但是东部沿海地区的灯光亮度值仍旧最高。在东北地区，辽宁省、吉林省、黑龙江省 3 省经济增长极之间的联系日益密切，并且逐渐"照亮"了周围地区。在中部、西部地区灯光亮度增幅较为显著的主要有以郑州为中心的中原城市群、大武汉地区、关中城市群及天山经济带等，大部分地区点状集聚的发展模式仍旧突出。实际上，各地区夜间灯光的亮度及分布不仅反映了我国过去 10 多年间经济活动的分布与发展水平的变化，而且反映出我国区域经济发展政策正逐步向中部、西部与东北部地区倾斜（徐康宁等，2015）。

运用矫正后的夜间灯光数据结合基尼系数、泰尔指数、变异系数和阿特金森指数可测得各地区的经济差距。如表 3 - 6 所示，可以看出，各省份四类指数的总体变动趋势基本一致，因此后面仍然选用基尼系数展开分析。2000 年，各地区的基尼系数的平均值为 0.16，其中以广东省的基尼系数最高，为 0.4，其次是甘肃省，为 0.26。2007 年与 2013 年大部分省份的基尼系数与 2000 年相比变化不大，其中仍以广东省的基尼系数最高，但是基尼系数的平均水平稍有提高，这主要是由于个别省份基尼系数增幅明显，如江苏省由 2000 年的 0.17 增至 2007 年的 0.25，福建省由 0.23 增至 0.3，广东省由 0.4 增至 0.46，说明这些地区的经济差距趋于扩大。这些根据夜间灯光数据得出的结论与前面基本一致。

表 3-6　基于夜间灯光数据计算的各地区经济差异

省份	2000 年				2007 年				2013 年			
	Gini	Theil	CV	Atkinson	Gini	Theil	CV	Atkinson	Gini	Theil	CV	Atkinson
河北	0.11	0.02	0.14	0.04	0.13	0.02	0.16	0.05	0.14	0.03	0.18	0.06
山西	0.18	0.05	0.23	0.10	0.16	0.04	0.21	0.08	0.16	0.04	0.20	0.08
内蒙古	0.14	0.03	0.18	0.06	0.17	0.05	0.23	0.09	0.19	0.07	0.27	0.10
辽宁	0.11	0.02	0.14	0.04	0.14	0.03	0.17	0.06	0.17	0.04	0.21	0.09
吉林	0.06	0.00	0.07	0.01	0.06	0.01	0.08	0.01	0.09	0.01	0.12	0.03
黑龙江	0.13	0.03	0.17	0.05	0.16	0.04	0.20	0.07	0.16	0.04	0.21	0.08
江苏	0.17	0.05	0.22	0.09	0.25	0.10	0.32	0.17	0.25	0.10	0.32	0.17
浙江	0.14	0.03	0.17	0.06	0.15	0.04	0.19	0.07	0.16	0.04	0.20	0.09
安徽	0.14	0.03	0.17	0.06	0.16	0.04	0.20	0.08	0.18	0.05	0.23	0.09
福建	0.23	0.08	0.29	0.15	0.27	0.14	0.37	0.19	0.30	0.17	0.41	0.23
江西	0.09	0.01	0.11	0.02	0.10	0.02	0.13	0.03	0.13	0.03	0.17	0.05
山东	0.13	0.03	0.16	0.05	0.16	0.04	0.21	0.08	0.15	0.03	0.18	0.07
河南	0.12	0.02	0.16	0.05	0.15	0.04	0.20	0.07	0.18	0.06	0.24	0.11
湖北	0.15	0.04	0.19	0.08	0.16	0.04	0.20	0.07	0.16	0.05	0.23	0.08
湖南	0.07	0.01	0.09	0.01	0.10	0.02	0.12	0.03	0.14	0.03	0.18	0.06

续表

省份	2000 年				2007 年				2013 年			
	Gini	Theil	CV	Atkinson	Gini	Theil	CV	Atkinson	Gini	Theil	CV	Atkinson
广东	0.40	0.28	0.53	0.37	0.41	0.29	0.53	0.38	0.46	0.36	0.60	0.46
广西	0.10	0.02	0.13	0.03	0.11	0.02	0.14	0.04	0.12	0.02	0.14	0.04
海南	0.22	0.08	0.29	0.14	0.21	0.07	0.27	0.12	0.21	0.07	0.27	0.12
四川	0.17	0.06	0.25	0.08	0.15	0.04	0.19	0.06	0.14	0.03	0.19	0.06
贵州	0.12	0.02	0.15	0.04	0.12	0.03	0.16	0.05	0.12	0.03	0.17	0.05
云南	0.13	0.03	0.16	0.05	0.12	0.02	0.15	0.04	0.15	0.04	0.20	0.07
西藏	0.23	0.09	0.30	0.17	0.22	0.08	0.28	0.13	0.20	0.07	0.26	0.12
陕西	0.16	0.04	0.20	0.07	0.15	0.04	0.20	0.06	0.17	0.06	0.24	0.09
甘肃	0.26	0.11	0.34	0.18	0.18	0.05	0.23	0.10	0.20	0.07	0.26	0.12
青海	0.20	0.06	0.25	0.15	0.15	0.04	0.19	0.07	0.22	0.09	0.29	0.13
宁夏	0.14	0.03	0.17	0.06	0.15	0.04	0.20	0.07	0.18	0.05	0.23	0.10
新疆	0.21	0.08	0.28	0.19	0.20	0.06	0.25	0.14	0.24	0.10	0.32	0.15

资料来源：作者计算得来。

3.4 本章小结

本研究对于区域经济差距的考察首先从各大区域的主要经济指标及城乡二元结构等方面着手，而后选取人均 GDP 和经济增长率结合洛伦兹曲线、基尼系数等统计指标进行测度。主要得出以下几点结论：

（1）总体而言，改革开放以来，尤其入世以后，我国经济持续高速增长，随后自 2012 年，经济增速开始低于 8% 并稳定在一个相对合理的区间范围内，进入"新常态"阶段。我国区域之间较为突出的经济差异表现在东部地区尤其长江经济带地区不仅在 GDP、一般公共预算收支，而且在全社会固定资产投资、社会消费品零售总额及对外贸易等方面都占据绝对优势。与此同时，不同地区间城乡"二元"差距的凸显也是导致区域经济差距扩大的原因之一。

（2）从区域之间的经济差异来看，东部省份的人均 GDP 一般高于大多中部、西部和东北部省份，其中收入水平最高的北京是甘肃的五倍之多。各省之间的人均 GDP 差异呈现先下降后回升再下降的变动趋势，这在一定程度上得益于我国为缩小区域差距采取的一系列举措，如西部大开发、中部崛起、东北振兴、供给侧改革及"一带一路"倡议等。

（3）从区域内部的经济差异来看，大多数省份的经济差距呈现不同程度的缩小，相比于其他省份，广东省内部收入差距较大，这种内部差距在与江苏省进行对比时尤为明显。运用夜间灯光数据测度的我国区域经济差距与官方统计数据的结果基本一致。

▶ 第 4 章 ◀

新发展格局下我国双重
价值链分工测度

在考察我国区域经济差距的演变趋势之后，接下来将进一步测度各地区融入双重价值链分工的程度及位势。对于国内价值链与全球价值链分工地位的系统把握，是优化国内外价值链分工格局的重要前提，有利于探索双重价值链有效对接与协调互动的着力点，进而为构建"双循环"新发展格局提供现实参考。本章借鉴现有研究关于价值链分工的理论逻辑，构建全球价值链与国内价值链双重价值链的分解框架，同时将中国省际投入产出表（China multi regional input-output table，CMRIO）嵌入到世界投入产出表（World input-output table，WIOT）中，重点考察我国各地区参与双重价值链分工的态势及演变。

4.1 全球价值链与国内价值链分解的理论框架

4.1.1 改进的投入产出模型

不论是国内价值链抑或全球价值链，均强调了不同地区之间、国别之间生产活动的分工与衔接及中间产品的供需依赖关系。个别国家或地区购买其他国家、地区的原材料与中间产品，并结合自有资本和劳动等生产要素从事特定的生产环节，而后销售至其他地区或国家进行下一环节的生产加工，如此循环往复直至生产出最终品，这一过程既反映了全球价值链与国内价值链的构建与对接互动，也反映了价值链分工中各区域与产业部门之间的经济关联。本研究关于全球价值链与国内价值链的分解及位势测度主要基于投入产出模型，即以棋盘式平衡的模式模拟现实中各经济系统之间的相互关联态势。在引入改进的投入产出表之前，首先对原始投入产出表的横向与纵向指标进行简单的介绍。横向为产出指标，包括总产出，即各部门在一定时期内生产的所有货物和服务的价值；中间使用，即各部门产出的产品或者服务用于其他部门生产所消耗的数量；最终使用，即暂时或已经退出生产过程且用于最终需求的产品或服务。其中，中间使用与最终使用之和等于总产出。相应地，纵向为总投入，即各部门在一定时期内进行生产活动的所有投入，包括中间投入和最初投入，前者表示在生产过程中所消耗掉的产品或服务，后者为通常所说的增加值，即各部门在生产过程中所创造的新增加值和固定资产的转移价值。具体如表 4-1 所示：

表 4-1　　　　　　　　非竞争型投入产出表的一般表达式

投入		产出					总产出或总进口
		中间使用	最终使用				
		1, 2, ···, n	消费	资本形成	出口	合计	
中间投入	国内产品中间投入	Z^D				Y^D	X^D
	进口产品中间投入	Z^M				Y^M	M
最初投入	劳动者报酬	V					
	固定资产折旧						
	生产税净额						
	营业盈余						
	增加值合计						
	总投入	X^D					

第4章　新发展格局下我国双重价值链分工测度

如前所述，现有基于投入产出模型的研究，大多聚焦于一个国家或者多个国家之间的投入产出分析，鲜少将一国内部的不同区域纳入多国投入产出模型，因而无法将国内区域与其他国家的关联关系内生化，也就无法考察国内各区域在全球价值链与国内价值链对接中扮演的不同角色，这对于中国尤其如此。我国各区域之间在地理区位、要素禀赋、发展阶段等方面存在较大差异，由此使得我国部分区域之间的分工更为明显，甚至早于国际分工。特别是随着科学技术的快速发展，区域之间交通运输及信息传送成本的大幅降低，国内区域间分工协作日益深化从而形成国内价值链，全球价值链的部分环节由国内不同区域完成，甚至个别产品的生产环节完全转移至国内，使得国内价值链在一定程度上既融入全球价值链同时又与全球价值链对接互动。

对于中国而言，由于不同地区要素禀赋与比较优势差异明显，各地区参与全球价值链和国内价值链的程度，以及在价值链分工中的位置和扮演的角色各不相同。东部沿海港口地区凭借区位优势承担了大部分的进出口贸易角色，中西部内陆地区则通过向东部提供中间品及原材料间接出口，从而在国内价值链和全球价值链中发挥各自的作用。因此，对于全球价值链与国内价值链的考察与研究有必要将国内各区域之间的投入产出关系嵌入到多国投入产出分析中，这对于测度和把握国内各区域参与国内价值链和全球价值链的程度与位置具有重要的理论与现实意义。故本研究在多国投入产出模型的基础上，尝试将 CMRIO 嵌入到 WIOT 中，考察在国内价值链和全球价值链分工中各地区的位势、增加值收益及生产链长度等，同时探索其在国际分工中所发挥的作用。

为便于理解，先将表4-1的投入产出模型拓展至多国投入产出模型，以三国为例（如表4-2所示），其中，Z^{sr} 代表 S 国或地区生产并被 R 国使用的中间产品，是 $N \times N$ 的矩阵，Y^{sr} 表示 S 国或地区生产并被 R 国使用的最终产品，是 $N \times 1$ 维矩阵，X^s 表示 S 国或地区的总产出，同样是 $N \times 1$ 维矩阵，V^s 为 S 国或地区的增加值，是 $1 \times N$

维矩阵。

表 4 - 2　　　　　　　　三国投入产出模型

投入			中间使用			最终使用			总产出
			S 国	R 国	T 国	S 国	R 国	T 国	
			1, 2, …, N	1, 2, …, N	1, 2, …, N				
中间投入	国家 S	1, 2, …, N	Z^{ss}	Z^{sr}	Z^{st}	Y^{ss}	Y^{sr}	Y^{st}	X^{s}
	国家 R	1, 2, …, N	Z^{rs}	Z^{rr}	Z^{rt}	Y^{rs}	Y^{rr}	Y^{rt}	X^{r}
	国家 T	1, 2, …, N	Z^{ts}	Z^{tr}	Z^{tt}	Y^{ts}	Y^{tr}	Y^{tt}	X^{t}
增加值			V^{s}	V^{r}	V^{t}	—	—	—	—
总投入			$(X^{s})^{T}$	$(X^{r})^{T}$	$(X^{t})^{T}$	—	—	—	—

　　进一步考虑 S 国内的不同地区在多国投入产出关系中的作用时，需将 S 国内各区域之间的关联关系（如 CMRIO）纳入全球投入产出网络中（如表 4 - 3 所示）。此时，所有的国家与 S 国内各区域均内生于一个共同的经济系统中。

表 4 - 3　　　　　　　　三国投入产出模型拓展

投入			中间使用					最终使用					总产出
			S 国			R 国	T 国	S 国			R 国	T 国	
			S_1	S_2	S_3			S_1	S_2	S_3			
中间投入	国家 S	S_1	$Z^{s_1 s_1}$	$Z^{s_1 s_2}$	$Z^{s_1 s_3}$	$Z^{s_1 r}$	$Z^{s_1 t}$	$Y^{s_1 s_1}$	$Y^{s_1 s_2}$	$Y^{s_1 s_3}$	$Y^{s_1 r}$	$Y^{s_1 t}$	X^{s_1}
		S_2	$Z^{s_2 s_1}$	$Z^{s_2 s_2}$	$Z^{s_2 s_3}$	$Z^{s_2 r}$	$Z^{s_2 t}$	$Y^{s_2 s_1}$	$Y^{s_2 s_2}$	$Y^{s_2 s_3}$	$Y^{s_2 r}$	$Y^{s_2 t}$	X^{s_2}
		S_3	$Z^{s_3 s_1}$	$Z^{s_3 s_2}$	$Z^{s_3 s_3}$	$Z^{s_3 r}$	$Z^{s_3 t}$	$Y^{s_3 s_1}$	$Y^{s_3 s_2}$	$Y^{s_3 s_3}$	$Y^{s_3 r}$	$Y^{s_3 t}$	X^{s_3}
	国家 R		Z^{rs_1}	Z^{rs_2}	Z^{rs_3}	Z^{rr}	Z^{rt}	Y^{rs_1}	Y^{rs_2}	Y^{rs_3}	Y^{rr}	Y^{rt}	X^{r}
	国家 T		Z^{ts_1}	Z^{ts_2}	Z^{ts_3}	Z^{tr}	Z^{tt}	Y^{ts_1}	Y^{ts_2}	Y^{ts_3}	Y^{tr}	Y^{tt}	X^{t}

续表

| 投入 | 中间使用 | | | | | 最终使用 | | | | | 总产出 |
| | S 国 | | | R 国 | T 国 | S 国 | | | R 国 | T 国 | |
	S_1	S_2	S_3			S_1	S_2	S_3			
增加值	V^{s1}	V^{s2}	V^{s3}	V^r	V^t	—			—	—	—
总投入	$(X^{s1})^T$	$(X^{s2})^T$	$(X^{s3})^T$	$(X^r)^T$	$(X^t)^T$	—			—	—	—

注：为便于表述，此处不再显示 1, 2, …, N 个部门。

其中，Z^{s1s1} 表示 S 国内 1 地区生产并用于本地区生产活动的中间品，Z^{s1s2} 表示 S 国内 1 地区生产的并用于 2 地区生产活动的中间品，属于国内不同区域间贸易，Z^{s1r} 表示 S 国内 1 地区生产并用于 R 国或地区生产活动的中间品，属于国际中间品贸易。同样地，Y^{s1s1} 表示 S 国内 1 地区生产并用于本地区消费的最终品，Y^{s1s2} 表示 S 国内 1 地区生产的并用于 2 地区消费的最终品，Y^{s1r} 表示 S 国内 1 地区生产的并用于 R 国或地区消费的最终品。

若将 A 定义为直接消耗系数，由 $Z^{sr} \equiv A^{sr}(\hat{X}^r)$，在 S 国内，以区域 S_1 和 S_2 为例，由 $Z^{s1s2} \equiv A^{s1s2}(\hat{X}^{s2})$，$B \equiv (I-A)^{-1}$（经典的里昂惕夫逆矩阵），则表 4-3 存在如下均衡：

$$AX + Y = X$$

亦可以调整为最终需求拉动的总产出模式：

$$X = BY$$

用矩阵的形式表示分别为式（4-1）和式（4-2）所示：

$$
\begin{bmatrix}
A^{s1s1} & A^{s1s2} & A^{s1s3} & A^{s1r} & A^{s1t} \\
A^{s2s1} & A^{s2s2} & A^{s2s3} & A^{s2r} & A^{s2t} \\
A^{s3s1} & A^{s3s2} & A^{s3s3} & A^{s3r} & A^{s3t} \\
A^{rs1} & A^{rs2} & A^{rs3} & A^{rr} & A^{rt} \\
A^{ts1} & A^{ts2} & A^{ts3} & A^{tr} & A^{tt}
\end{bmatrix}
\begin{bmatrix}
X^{s1} \\ X^{s2} \\ X^{s3} \\ X^r \\ X^t
\end{bmatrix}
+
\begin{bmatrix}
Y^{s1s1} + Y^{s1s2} + Y^{s1s3} + Y^{s1r} + Y^{s1t} \\
Y^{s2s1} + Y^{s2s2} + Y^{s2s3} + Y^{s2r} + Y^{s2t} \\
Y^{s3s1} + Y^{s3s2} + Y^{s3s3} + Y^{s3r} + Y^{s3t} \\
Y^{rs1} + Y^{rs2} + Y^{rs3} + Y^{rr} + Y^{rt} \\
Y^{ts1} + Y^{ts2} + Y^{ts3} + Y^{tr} + Y^{tt}
\end{bmatrix}
=
\begin{bmatrix}
X^{s1} \\ X^{s2} \\ X^{s3} \\ X^r \\ X^t
\end{bmatrix}
$$

（4-1）

$$
\begin{bmatrix} X^{s_1} \\ X^{s_2} \\ X^{s_3} \\ X^r \\ X^t \end{bmatrix} = \begin{bmatrix} B^{s_1s_1} & B^{s_1s_2} & B^{s_1s_3} & B^{s_1r} & B^{s_1t} \\ B^{s_2s_1} & B^{s_2s_2} & B^{s_2s_3} & B^{s_2r} & B^{s_2t} \\ B^{s_3s_1} & B^{s_3s_2} & B^{s_3s_3} & B^{s_3r} & B^{s_3t} \\ B^{rs_1} & B^{rs_2} & B^{rs_3} & B^{rr} & B^{rt} \\ B^{ts_1} & B^{ts_2} & B^{ts_3} & B^{tr} & B^{tt} \end{bmatrix} \begin{bmatrix} Y^{s_1s_1} + Y^{s_1s_2} + Y^{s_1s_3} + Y^{s_1r} + Y^{s_1t} \\ Y^{s_2s_1} + Y^{s_2s_2} + Y^{s_2s_3} + Y^{s_2r} + Y^{s_2t} \\ Y^{s_3s_1} + Y^{s_3s_2} + Y^{s_3s_3} + Y^{s_3r} + Y^{s_3t} \\ Y^{rs_1} + Y^{rs_2} + Y^{rs_3} + Y^{rr} + Y^{rt} \\ Y^{ts_1} + Y^{ts_2} + Y^{ts_3} + Y^{tr} + Y^{tt} \end{bmatrix}
$$

$$(4-2)$$

显然，在改进后的三国投入产出表中，S 国内的三个区域亦可视为类似于 R 或者 T 的独立区域。因此，下面为简化表述，不再单独列出 S 国内的三个区域，而以 S、R 和 T 三个国家或地区为主，考察价值链各参与主体之间的投入产出关联关系。S 向 R 出口的中间品可按照最终吸收地及吸收渠道进一步分解为式（4-3）所示：

$$
Z^{sr} \equiv A^{sr} X^r = A^{sr} B^{rs} Y^{ss} + A^{sr} B^{rs} Y^{sr} + A^{sr} B^{rs} Y^{st} + A^{sr} B^{rr} Y^{rs} + A^{sr} B^{rr} Y^{rr}
$$
$$
+ A^{sr} B^{rr} Y^{rt} + A^{sr} B^{rt} Y^{ts} + A^{sr} B^{rt} Y^{tr} + A^{sr} B^{rt} Y^{tt} \qquad (4-3)
$$

同理，可以按增加值来源及最终吸收地的不同，将总出口进行完全分解。按照王直等（2017）做法引入增加值系数 $V^s \equiv VA^s (X^s)^{-1}$，则完全增加值系数为：

$$
VB = \begin{bmatrix} V^s \\ V^r \\ V^t \end{bmatrix}^T \begin{bmatrix} B^{ss} & B^{sr} & B^{st} \\ B^{rs} & B^{rr} & B^{rt} \\ B^{ts} & B^{tr} & B^{tt} \end{bmatrix} = \begin{bmatrix} V^s B^{ss} + V^r B^{rs} + V^t B^{ts} \\ V^s B^{sr} + V^r B^{rr} + V^t B^{tr} \\ V^s B^{st} + V^r B^{rt} + V^t B^{tt} \end{bmatrix}^T
$$

任一单位的最终产品都可以据此完全分解，以 S 国为例则有式（4-4）所示：

$$
V^s B^{ss} + V^r B^{rs} + V^t B^{ts} = u, \quad u = (1, 1, 1, \cdots, 1) \qquad (4-4)
$$

S 对 R（或 T）的出口 E^{sr} 包括中间品和最终品出口两个部分，则 S 的总出口可以表示为：$E^s = E^{sr} + E^{st} = A^{sr} X^r + A^{st} X^t + Y^{sr} + Y^{st}$，$E^r$、$E^t$ 与之类似，由此上述式（4-1）可调整为式（4-5）所示：

$$\begin{bmatrix} A^{ss} & 0 & 0 \\ 0 & A^{rr} & 0 \\ 0 & 0 & A^{tt} \end{bmatrix}\begin{bmatrix} X^s \\ X^r \\ X^t \end{bmatrix} + \begin{bmatrix} Y^{ss}+E^s \\ Y^{rr}+E^r \\ Y^{tt}+E^t \end{bmatrix} = \begin{bmatrix} X^s \\ X^r \\ X^t \end{bmatrix} \qquad (4-5)$$

可以看出国外需求 E 作为中间及最终使用的一部分，通过扩大一国产出规模，带动经济增长。由 $L^{ss}=(I-A^{ss})^{-1}$ 为 S 国内里昂惕夫逆矩阵（L^{rr}、L^{tt} 与 L^{ss} 类似），且基于产业部门间后向联系可得式（4-6）所示：

$$\begin{bmatrix} X^s \\ X^r \\ X^t \end{bmatrix} = \begin{bmatrix} L^{ss}Y^{ss}+L^{ss}E^s \\ L^{rr}Y^{rr}+L^{rr}E^r \\ L^{tt}Y^{tt}+L^{tt}E^t \end{bmatrix} \xRightarrow{Z^{sr} \equiv A^{sr}(\hat{X}^r)} Z^{sr}=A^{sr}L^{rr}Y^{rr}+A^{sr}L^{rr}E^r \qquad (4-6)$$

下面将根据上述投入产出分析方法，同时结合现有文献提及的理论框架，进一步考察全球价值链与国内价值链的分解及位势测度，以便更为全面地剖析国内各区域参与国内外分工的程度与演变。

4.1.2 全球价值链与国内价值链的分解框架

除了价值链分工过程中的中间品关联关系，对于全球价值链与国内价值链双重价值链的进一步解构主要依托于投入产出模型，较为具有代表性的有：库普曼等（2014）从供给方出发，运用前向分解法，将一国总出口分解为包含国内、国外增加值和纯重复计算等9个部分的分析框架，简称 KWW（Koopman，Wang & Wei）分解法。但由于模型限于一国加总贸易的分解，而无法用于分解双边或各行业的贸易增加值（王直等，2015）。王直等（2013）从需求方出发测度行业出口，按照后向分解法将一国总出口分解成被国外吸收的国内增加值（DVA）、返回并被本国吸收的国内增加值（RDV）、国外增加值（FVA）及纯重复计算（PDC）四部分，并根据价值来源、最终吸收地和吸收渠道的不同进一步分解成 16 个更细的部分，这种分解方法简称 WWZ 分解法，被广泛运用于全球价值链相关文献中（裴长洪等，2014；谢锐和郭欢，2016），以及国内价值链的研究中（李跟强和潘文卿，2016；黎峰，2016a）。随后，王直等（2017）在 WWZ 基础上，扩展了 KWW 分解法，并进一步完善了全球价值链位置与长度的测算方法。因而，本研究借鉴王直等（2017）的分解思路，对全球价值链与国内价值链进行增加值分解，考察国内各区域在价值链分工中的地位与变动趋势。

（1）出口贸易分解。

相比于传统贸易，增加值贸易以国际专业化分工为基础，侧重于隐含在出口中并被国外吸收的国内增加值，对于增加值贸易的分解更有利于贴近全球价值链与国内价值链分工的现实。因循王直等（2017）的分解思路，同时结合式（4-3）、式（4-4）、式（4-6），可将国内各区域对外出口贸易分解为：最终被国外吸收的区域内增加值（GRVA），包括最终出口的区域内增加值（GRVA_FIN）、被直接进口国吸收的中间出口（GRVA_INT）、被直接进口国生产向第三国出口所吸收的中间出口（GRVA_INTREX）；返回并被本区域吸收的区域内增加值（GRRV），即该部分增加值先被出口至国外，又隐含在本区域的进口中，并最终被本区域吸收；国外增加值（GFVA），包括出口中隐含的进口国增加值（GMVA）、出口中隐含的第三国增加值（GOVA）；纯重复计算（GPDC），包括国内纯重复计算（GDDC）和国外重复计算（GFDC），之所以产生重复计算问题，主要是由于中间品贸易多次往返跨越国界而引起的。GRVA和 GRRV 共同构成了出口贸易中区域内增加值部分（GVAX），国外增加值（GFVA）和纯重复计算（GPDC）则共同反映了该区域在全球价值链中的垂直专业化程度（GVS），如式（4-7）所示。

$$E^{sr}\begin{cases}(V^sB^{ss})'\#Y^{sr} & \text{GRVA\_FIN}\\(V^sB^{ss})'\#(A^{sr}B^{rr}Y^{rr}) & \text{GRVA\_INT}\\(V^sB^{ss})'\#(A^{sr}B^{rt}Y^{tt}) & \\(V^sB^{ss})'\#(A^{sr}B^{rr}Y^{rt}) & \text{GRVA\_INTREX}\\(V^sL^{ss})'\#(A^{sr}B^{rt}Y^{tr}) & \\(V^sL^{ss})'\#(A^{sr}B^{rr}Y^{rs}) & \\(V^sL^{ss})'\#(A^{sr}B^{rt}Y^{ts}) & \text{GRRV}\\(V^sL^{ss})'\#(A^{sr}B^{rs}Y^{ss}) & \text{GMVA}\\(V^rB^{rs})'\#Y^{sr} & \\(V^rB^{rs})'\#(A^{sr}B^{rr}Y^{rr}) & \text{GOVA}\\(V^tB^{ts})'\#Y^{sr} & \\(V^tB^{ts})'\#(A^{sr}B^{rr}Y^{rr}) & \\(V^sL^{ss})'\#[A^{sr}B^{rs}(Y^{sr}+Y^{st})] & \text{GDDC}\\(V^sB^{ss}-V^sL^{ss})'\#(A^{sr}X^r) & \\(V^rB^{rs})'\#(A^{sr}L^{rr}E^r) & \text{GFDC}\\(V^tB^{ts})'\#(A^{sr}L^{rr}E^r) & \end{cases}\qquad(4-7)$$

其中，$s=s_1$，s_2，s_3。同样地，按照上述逻辑，国内不同区域之间的贸易额 $E^{s_is_j}$（i，$j=1$，2，3 且 $i\neq j$）亦可以分解为：最终被其他区域吸收的本区域内增加值（NRVA），包括最终流出的区域内增加值（NRVA_FIN）、被直接购买区域吸收的中间流出（NRVA_INT）、被直接购买区域生产并向其他区域出售所吸收的中间流出（NRVA_INTREX）；返回并被本区域吸收的区域内增加值（NRRV），即该部分增加值先被出售至区域外，又隐含在本区域的购买中，并最终被本区域吸收；区域外增加值（NFVA），包括贸易流出中隐含的流入区域增加值（NMVA）、贸易流出中隐含的第三区域增加值（NOVA）；纯重复计算（NPDC），包括区域内纯重复计算（NDDC）和区域外重复计算（NFDC），此处的重复计算主要是由于中间品区域间贸易多次往返跨越区域边界而引起的。NRVA 和 NRRV 共同构成了区际贸易中区域内增加值部分（NVAX），区域外增加值（NFVA）和纯重复计算（NPDC）则共同反映了该区域在国内价值链中的垂直专业化程度（NVS）。计算公式与式（4-7）类似，但不再是国内不同区域与其他国家之间的出口贸易，而是各个区域之间的贸易流，因此 r 将被替换成国内其他区域。

（2）增加值分解。

基于产业前向关联，王直等（2017）将一国生产的增加值分解为：由国内生产并消耗的增加值部分；隐含在最终品出口中的增加值；参与全球价值链的增加值，其中包括参与简单全球价值链的增加值及参与复杂全球价值链的增加值，如式（4-8）所示。其区分简单全球价值链与复杂全球价值链的关键在于增加值跨越关境的次数，如果隐含在中间品出口中的国内增加值跨越关境的次数在两次以上则为复杂全球价值链，否则为简单全球价值链。

$$\hat{V}B\hat{Y} = \begin{bmatrix} \hat{V}^s L^{ss} \hat{Y}^{ss} & 0 \\ 0 & \hat{V}^r L^{rr} \hat{Y}^{rr} \end{bmatrix} + \begin{bmatrix} \hat{V}^s L^{ss} \hat{Y}^{sr} & 0 \\ 0 & \hat{V}^r L^{rr} \hat{Y}^{rs} \end{bmatrix}$$

$$+ \begin{bmatrix} 0 & \hat{V}^s L^{ss} A^{sr} L^{rr} \hat{Y}^{rr} \\ \hat{V}^r L^{rr} A^{rs} L^{ss} \hat{Y}^{ss} & 0 \end{bmatrix}$$

$$+ \begin{bmatrix} \hat{V}^s L^{ss} A^{sr} (B^{rs} \hat{Y}^{ss} + B^{rr} \hat{Y}^{rs}) & \hat{V}^s L^{ss} A^{sr} [(B^{rr} - L^{rr}) \hat{Y}^{rr} + B^{rs} \hat{Y}^{sr}] \\ \hat{V}^r L^{rr} A^{rs} [(B^{ss} - L^{ss}) \hat{Y}^{ss} + B^{sr} \hat{Y}^{rs}] & \hat{V}^r L^{rr} A^{rs} (B^{sr} \hat{Y}^{rr} + B^{ss} \hat{Y}^{sr}) \end{bmatrix}$$

$$(4-8)$$

按照类似的逻辑，区域增加值亦可分解为：由区域内生产并消耗的增加值部分；隐含在最终品流出及出口中的增加值；参与国内价值链的增加值，其中包括参与简单国内价值链的增加值及参与复杂国内价值链的增加值；参与全球价值链的增加值，其中包括参与简单全球价值链的增加值及参与复杂全球价值链的增加值，如式（4-9）所示：

$$RVa' = \hat{V}B\hat{Y} = \underbrace{\hat{V}L\hat{Y}^D}_{(i)} + \underbrace{\hat{V}L\hat{Y}^F}_{(ii)} + \underbrace{\hat{V}LA^{Fr}L\hat{Y}^{Dr}}_{(iiia)} + \underbrace{\hat{V}LA^{Fr}[B\hat{Y} - L\hat{Y}^{Dr}]}_{(iiib)}$$

$$+ \underbrace{\hat{V}LA^F L\hat{Y}^D}_{(iva)} + \underbrace{\hat{V}LA^F[B\hat{Y} - L\hat{Y}^D]}_{(ivb)} \qquad (4-9)$$

其中，$Y^D = [\, Y^{11} \quad Y^{22} \quad \cdots \quad Y^{GG} \,]$，$(s, r) \in G$ 表示国家，$\hat{Y}^D$ 表示将矩阵 Y^D 进行对角化，$Y = [\, \sum_r^G Y^{1r} \quad \sum_r^G Y^{2r} \quad \cdots \quad \sum_r^G Y^{gr} \,]'$，由此 $Y^F = Y - Y^D$；A^D 为直接消耗系数矩阵 A 的对角块状矩阵，即

$$\begin{bmatrix} A^{11} & 0 & \cdots & 0 \\ 0 & A^{22} & \cdots & 0 \\ \vdots & \vdots & \ddots & \vdots \\ 0 & 0 & \cdots & A^{GG} \end{bmatrix}$$，对应地，$A^F = A - A^D$，表示由矩阵 A 中非对角

线元素构成的矩阵，$L = (I - A^D)^{-1}$，表示本地里昂惕夫逆矩阵。参与全球价值链的增加值在增加值总额中占比表示为 GVC_Pat_f，其中，参与简单全球价值链的增加值所占比重表示为 GVC_Pat_S，参与复杂全球价值链的增加值占比用 GVC_Pat_C 表示，类似的有 NVC_Pat_f、NVC_Pat_S 和 NVC_Pat_C。

4.1.3　全球价值链与国内价值链产业微笑曲线的检验

传统意义上讲，微笑曲线源自产业价值链中的经济活动与其所获得的附加值之间对应所形成的 "U" 形抛物线。在产业经济学的研究中，学者们纷纷运用微笑曲线理论解释不同生产链条及生产环节增加值的动态变化。本研究对于全球价值链与国内价值链分工中微笑曲线的检验，主要借鉴倪红福（2016）的做法，构建增加值贡献率、价值链长度指标，分析特定产业的价值链地位及演变。

（1）增加值贡献率。

$$VB = \begin{bmatrix} V^s \\ V^r \\ V^t \end{bmatrix}^T \begin{bmatrix} B^{ss} & B^{sr} & B^{st} \\ B^{rs} & B^{rr} & B^{rt} \\ B^{ts} & B^{tr} & B^{tt} \end{bmatrix} = \begin{bmatrix} V^s B^{ss} + V^r B^{rs} + V^t B^{ts} \\ V^s B^{sr} + V^r B^{rr} + V^t B^{tr} \\ V^s B^{st} + V^r B^{rt} + V^t B^{tt} \end{bmatrix}^T$$

为便于理解，将前文式（4-4）再次列出。任一单位的最终产品都可以据此完全分解，以 S 国为例则有：

$$V^s B^{ss} + V^r B^{rs} + V^t B^{ts} = u, \ u = (1, \ 1, \ 1, \ \cdots, \ 1)$$

根据前面所述的分解框架，式（4-4）表示最终品生产过程中来源于各国各部门的直接和间接增加值，其列向数值表示生产 1 单位该列向对应部门的最终产品需要的其他部门的增加值投入，行向数值则表示生产 1 单位最终品来自该行对应部门的增加值，即该部门对于其他部门的增加值贡献率（value added contribution，VAC）。

（2）生产链长度。

生产链长度表示从初级投入到最终产品过程中，增加值被视为产出重复计算的次数，度量了行业 i 在供给链上的嵌入位置，或者该行业与最终消费者间的平均"距离"，反映了该行业在中间产品供给关联上的强度大小和复杂程度。关于生产链长度的测度，法利（2012）、安特拉斯等（2012）、安特拉斯和佐（2013）先后提出了平均阶段数和上游度指标；艾斯克斯和伊诺马塔（2017）修正了代耶尔岑巴奇尔等（2005）的平均传递步长法（APL）；王直等（2017）用生产长度法（the length of production，PL）反映了行业的价值链位置。相比之下，王直等（2017）的算法不依赖于行业划分而改变，且可以将生产链长度分解为不同的部分，故而结合本研究的目的，采用 PL 指标测度单个部门在国内价值链与全球价值链分工中的生产链长。

具体而言，根据投入产出模型，可知 $VA' \equiv \hat{V}BY$，由最初 s 国 i 部门直接或间接获得增加值并最终体现在 r 国 j 部门的生产过程为：

$$\underbrace{\delta_{ij}^{sr} v_i^s y_j^r}_{\text{第一阶段增加值}} + \underbrace{v_i^s a_{ij}^{sr} y_j^r}_{\text{第二阶段的增加值}} + \underbrace{v_i^s \sum_{t,k}^{G,N} a_{ik}^{st} a_{kj}^{tr} y_j^r}_{\text{第三阶段的增加值}} + \cdots = v_i^s b_{ij}^{sr} y_j^r \ \cdots$$

$$\underbrace{\delta_{ij}^{sr} v_i^s y_j^r}_{\text{第一阶段总产出}} + \underbrace{2 v_i^s a_{ij}^{sr} y_j^r}_{\text{第二阶段的总产出}} + \underbrace{3 v_i^s \sum_{t,k}^{G,N} a_{ik}^{st} a_{kj}^{tr} y_j^r}_{\text{第三阶段的总产出}} + \cdots = v_i^s \sum_{t,k}^{G,N} b_{ik}^{st} b_{kj}^{tr} y_j^r \ \cdots$$

其中，当 $i=j$ 且 $s=r$ 时 $\delta_{ij}^{sr}=1$，否则为零。用矩阵形式表示则分别为式（4-10）和式（4-11）所示：

$$\hat{V}\hat{Y}+\hat{V}A\hat{Y}+\hat{V}AA\hat{Y}+\cdots=\hat{V}(I+A+AA+\cdots)\hat{Y}=\hat{V}(I-A)^{-1}\hat{Y}=\hat{V}B\hat{Y}$$

$$(4-10)$$

$$\hat{V}\hat{Y}+2\hat{V}A\hat{Y}+3\hat{V}AA\hat{Y}+\cdots=\hat{V}(I+2A+3AA+\cdots)\hat{Y}$$
$$=\hat{V}B(I-A)^{-1}\hat{Y}=\hat{V}BB\hat{Y} \quad (4-11)$$

据此，增加值由 s 国 i 部门到 r 国 j 部门的平均生产长度（PL）可以表示为：

$$PLv=\frac{\hat{V}BB\hat{Y}}{\hat{V}B\hat{Y}}$$

将 r 国所有产品 j 的各个阶段的增加值和总产出加总，即按照行业前向关联计算，可得到总的平均生产长度为式（4-12）所示：

$$APLv=\frac{Xv}{Va}=\frac{\hat{V}BB\hat{Y}\mu'}{\hat{V}B\hat{Y}\mu'}=\frac{\hat{V}BX}{\hat{V}X}=\hat{X}^{-1}BX=\hat{X}^{-1}B\hat{X}\mu'=H\mu'$$

$$(4-12)$$

其中，μ 为 $1\times GN$ 维单位矩阵，H 表示高斯逆矩阵。而后，以增加值贡献率为纵轴，生产链步长为横轴检验双重价值链分工中微笑曲线的存在性。接下来将按照 WIOT 构建的逻辑将 CMRIO 中我国各省份之间的投入产出关系纳入全球投入产出的生产网络系统之中，得到的投入产出表称为 WIOT-CMRIO。这样处理的一个较为明显的优点在于上述相对成熟的运用 WIOT 的核算方法都可加以拓展成为分析全球价值链与国内价值链分工的理论框架。

4.2　投入产出数据整合及说明

在按照 WIOT 构建的逻辑将 CMRIO 中我国各省份之间的投入产出关系纳入全球投入产出网络之后，得到的 WIOT-CMRIO 与 WIOT

本质上是一样的，细微的不同之处在于 WIOT 内我国各个省份是作为一个整体参与国际投入产出关系的，而 WIOT – CMRIO 将各省份之间及与其他国家的投入产出关系进行了详细的阐述，同时将除主要的贸易伙伴以外的其他国家进行了归并，以便于计算。在此之前，本研究先对世界投入产出数据库不同国家的投入产出表整合逻辑尤其是国际供需关系的构建方法、数据处理与潜在假设进行简要阐述，以便于理解 WIOT 与 CMRIO 数据的归整与处理。

4.2.1 多国（区域）投入产出表的整合

（1）供给 – 使用表（SUT）的协调。

供给 – 使用表如表 4 –4 所示：

表 4 –4 供给 – 使用表

供给	产品	部门	最终使用	存货	出口	合计
产品		U	Y	s	e	q
部门	V_b					x_b
进口	m'					m
增加值		w'_b				w_b
报酬	t'_m					t_m
净税	t'_n					t_n
总计	q'	x'_b	y'	s	e	

其中，U 为按照购买者价格计算的 59（产品种类数）×35（部门数）的使用表；Y 为 59×4（最终使用部门，包括家庭最终消费支出、非营利部门最终消费支出、政府最终消费支出与总资本形成）按照购买者价格计算的最终使用表；s 为 59×1 产品层面的存货变动，总计用 s 表示；e 为 59×1 产品层面的出口（按照 FOB 价格计

算），总计用 e 表示；q 为 59×1 产品层面按照购买者价格计算的总使用；V_b 为 35×59 按照基价计算（用下标 b）的供给表；x_b 为 35×1 产业层面按照基价计算的总产出；m' 为 1×59 产品进口（按 CIF 价格计算），总计用 m 表示；w'_b 为 1×35 产业层面增加值，总计用 w_b 表示；t'_m 为 1×59 产品层面贸易或运输的利润或报酬，总计用 t_m 表示；t'_n 为 1×59 产品层面的净税额，总计用 t_n 表示；y' 为 1×4 最终使用向量，q' 为 1×59 按照购买者价格计算的总供给。$\iota'V_b + m'$ 表示按照基价计算的总供给，其中，ι 表示适当长度的求和向量。表 4 − 4 的各个部分将根据国民账户（National Accounts，NA）的数据进行再次估计（来自 NA 的数据均加上划线表示，如总出口 $\bar{e}$、总进口 $\bar{m}$、按照基准价格的部门总产出 $\bar{x}_b$、部门增加值 $\bar{w}_b$、按照购买者价格计算的最终使用总计 $\bar{y}'$、存货变动 $\bar{s}$、总报酬 $\bar{t}_m$ 和总净税收 $\bar{t}_n$）。

对于基准年的进口和出口向量（分别为 $\hat{m}$ 和 $\hat{e}$）均按照式（4 − 13）进行估计：

$$\bar{m}_i = m_i (\bar{m}/m)，\bar{e}_i = e_i (\bar{e}/e) \tag{4 − 13}$$

考虑到税率在预测公共税率系统变化效应方面的重要性，产品层面的净税率来自供给表并且尽可能地保留。报酬数据的获得运用两步残差法：首先报酬与净税额之和等价于国民账户中相应数据的总计，如式（4 − 14）所示：

$$\hat{t}_i = \frac{(t_i^m + t_i^n)(\bar{t}_m + \bar{t}_n)}{t_m + t_n} \tag{4 − 14}$$

其中，下标 i 表示产品，t_i^m 表示产品 i 的贸易和交通运输企业的利润，t_i^n 表示产品 i 的净税额，对于后者的估算主要采用从 SUT 中得到的净税率即 $\tau_i = t_i^n/q_i$。对于没有企业利润的（以服务业为主），以 $\tilde{t}_i^n = \hat{t}_i$ 为初始估计；而对于存在企业利润的，则令 $\tilde{t}_i^n = \tau_i q_i$。根据上述估计得到的净税额总和并不等于 $\bar{t}_n$，因此，下一步需要进行标准化处理。对于不存在企业利润的产品，令 $\hat{t}_i^n = \tilde{t}_i^n = \hat{t}_i$，当企业利润为 0 时，该等式仍旧成立，因而并不会受标准化处理的影响；对于存在企业利润的产品，则有式（4-15）：

$$\hat{t}_i^n = \tilde{t}_i^n \frac{\bar{t}_n - \sum_{i \in \{no\ margin\}} \tilde{t}_i^n}{\sum_{i \in \{margin\}} \tilde{t}_i^n} \quad\quad (4-15)$$

根据式（4-15），可以得到企业利润的估计值 $\hat{t}_i^n = \hat{t}_i - \hat{t}_i^n$。为了最终得到投入产出表，供给表和使用表均需要按照统一的价格计算。利用上述估计得到的企业利润和净税额，可将使用表中按照购买者价格计算的数据转换为基价数据。首先，计算产品层面的企业利润率和税率，并假设这些比率并不适用于出口（Dietzenbacher et al.，2013），进而对于产品 i 则有式（4-16）：

$$\hat{\tau}_i^n = \hat{t}_i^n / (\hat{q}_i - \hat{e}_i) , \quad \hat{\tau}_i^m = \hat{t}_i^m / (\hat{q}_i - \hat{e}_i) \quad\quad (4-16)$$

将 $\hat{\tau}_i^n$ 和 $\hat{\tau}_i^m$ 同时乘以中间使用表（U）、最终使用矩阵（Y）和 s_i 的第 i 行，这也为净税额和企业利润提供了评价矩阵。从 U、Y 和 s 中提取估值矩阵，可以得到按照购买价格的使用表和最终使用矩阵的初始估计，分别记为 $\hat{U}_b^0$ 和 $\hat{Y}_b^0$。根据国民账户估计的国家使用-供给表（SUT）如表4-5所示：

表4-5　　　根据国民账户估计的国家使用-供给表（SUT）

供给	产品	部门	最终使用	存货	出口	合计
产品		$\hat{U}_b^0$	$\hat{Y}_b^0$	$\hat{s}$	$\hat{e}$	…
部门	V_b					$\bar{x}_b$
净税		$\hat{t}_{ind}'$	$\hat{t}_{fin}'$	t_{inv}		$\bar{t}_n$
进口	m'					$\bar{m}$
增加值		$\bar{w}_b'$				$\bar{w}_b$
总计	…	$\bar{x}_b'$	$\bar{y}'$	$\bar{s}$	$\bar{e}$	

此外，产品层面的存货变动并非由国家统计部门进行年度统计，而是作为一项残差用于平衡产品的供给和使用。鉴于官方统计的不确

定性，我们决定采用一种相对行之有效且不会影响表中其他项的方法，即根据国民账户中存货的总体变动，可以得到式（4 - 17）：

$$\hat{s}_i = s_i + \frac{|s_i|}{\sum_i |s_i|(\bar{s} - s)} \qquad (4-17)$$

值得注意的一点，国民账户中存货总变动（$\bar{s}$）与 SUT 中存货总变动（s）之差是根据产品存货变动的绝对份额进行分摊，而非等比例。这是因为存货变动可正可负，如果等比例进行分摊将可能导致巨大波动。采用估计值时，表 4 - 4 将变成表 4 - 5 的形式，估值矩阵中净税额的列项加总成为单独一列，即 $\hat{t}'_{ind}$、$\hat{t}'_{fin}$ 和 t_{inv}，表 4 - 5 中的列项和并不等于其行项和，只是表述现阶段可获得的相关信息，其中加上划线标注部分的分块矩阵元素是可以直接从国民账户中获得的，或者包含根据国民账户进行校正之后的估计值（加 ^ 表示）。此外，还有待估计的矩阵有 $\hat{U}_b$、$\hat{Y}_b$ 和 $\hat{V}_b$ 使得表 4 - 5 保持一致，估计方法主要采用特姆晓夫和提莫尔（2011）提出的所谓 SUT - RAS 法。这种方法与著名的 IOT 双比例更新法即 RAS 非常类似，适用于更新 SUT 而且优于其他创建时间序列 SUT 的方法。SUT - RAS 方法需要初始估计值，此处用 $\hat{U}_b^0$、$\hat{Y}_b^0$ 和 V_b^0 表示，并且用迭代法根据表格中的已知信息找到最优解。需要注意的是，SUT - RAS 并不需要按照基价的供给或使用的外生信息。SUT - RAS 程序产生的估计结果均为按照基价进行计算的结果，而后根据基价的供给和使用估计值加总后可得到 $\hat{q}_b$。

（2）构建时序的国家 SUTs。

这部分将重点阐述如何根据已知的国家 SUT 估计任意中间年份的 SUT，如已知 b_1 和 b_2 年份的国家 SUT，求任意 t 年的 SUT，其中 $b_1 < t < b_2$。t 年，表 4 - 5 中所有最后一行和最后一列的数据信息均加上划线的表示来自国民账户。如前文所述，在采用 SUT - RAS 方法之前，需要先估计产品层面的进出口、存货变动、企业利润和净税额。

对于 b_1 和 b_2 年的出口，根据式（4 - 6）结合国家 SUTs 表中的信息可以得到 $\hat{e}_i^{(b_1)}$ 和 $\hat{e}_i^{(b_2)}$。对于中间的年份，产品层面的出口数据需要进行插值法替换，则主要是基于国际贸易统计数据（international trade statistics，ITS）。插值时采用产品层面 ITS 的年度增长率。为了适应年度波动同时保持 b_1 和 b_2 年份的水平，我们采用 ITS 数据变动与对应的年度平均增长率的变动进行调整，用 $ew_i^{(t)}$ 表示产品 i 在 t 年的出口，则有式（4-18）所示：

$$\hat{e}_i^{(t)} = \hat{e}_i^{(t-1)} \cdot \frac{ew_i^{(t)}}{ew_i^{(t-1)}} \cdot \sqrt[b_2-b_1]{\frac{\hat{e}_i^{(b_2)}/\hat{e}_i^{(b_1)}}{ew_i^{(b_2)}/ew_i^{(b_1)}}} \qquad (4-18)$$

而后，将这些估计值进行标准化并加到国民账户的总出口 $\bar{e}^{(t)}$ 中，得到式（4-19）：

$$\hat{\hat{e}}_i^{(t)} = \bar{e}^{(t)} \frac{\hat{e}_i^{(t)}}{\sum_i \hat{e}_i^{(t)}} \qquad (4-19)$$

按照上述同样的方法进行估计产品层面的进口。对于企业利润和净税额，可以根据式（4-14）、式（4-15）和式（4-16）进行估算，此时如果采用两个起始点 b_1 和 b_2，对于 t 年基价使用表的估计将会存在两个初始结果。假设分别用 $\hat{U}_b^{(b_1-based)}$ 和 $\hat{U}_b^{(b_2-based)}$ 表示，SUT-RAS 法的平均初始值如式（4-20）所示：

$$\hat{U}_b^{(t)} = \frac{(b_2-t)\hat{U}_b^{(b_1-based)} + (t-b_1)\hat{U}_b^{(b_2-based)}}{b_2-b_1} \qquad (4-20)$$

对最终使用矩阵 $\hat{Y}_b^{(t)}$ 和供给表矩阵 $\hat{V}_b^{(t)}$ 亦是如此处理：

$$\hat{Y}_b^{(t)} = \frac{(b_2-t)\hat{Y}_b^{(b_1-based)} + (t-b_1)\hat{Y}_b^{(b_2-based)}}{b_2-b_1} \qquad (4-21)$$

$$\hat{V}_b^{(t)} = \frac{(b_2-t)V_b^{(b_1)} + (t-b_1)V_b^{(b_2)}}{b_2-b_1} \qquad (4-22)$$

其中，$V_b^{(b_1)}$ 表示 b_1 年的供给表。针对存货变动，估计过程与式（4-17）相同。从国民账户可以得到存货变动总额（$\bar{s}^{(t)}$），从公布的 SUT 中可得到产品层面的存货变动，分别为 $s_i^{(b_1)}$ 和 $s_i^{(b_2)}$，及它们的和 $s^{(b_1)}$ 和 $s^{(b_2)}$，代入式（4-23a）和式（4-23b）可得到 i 产品 t 年的存货变动 $\hat{s}_i^{(t)}$：

$$\hat{s}_i^{(t)} = s_i^{(b_1)} + \frac{|s_i^{(b_1)}|}{\sum_i |s_i^{(b_1)}|}(\bar{s}^{(t)} - s^{(b_1)}) \qquad (4-23\mathrm{a})$$

$$\hat{s}_i^{(t)} = s_i^{(b_2)} + \frac{|s_i^{(b_2)}|}{\sum_i |s_i^{(b_2)}|}(\bar{s}^{(t)} - s^{(b_2)}) \qquad (4-23\mathrm{b})$$

采用将两个结果的简单平均作为 t 年份的估计值。

（3）基于双边贸易数据构建国际 SUTs。

如前所述，在国家 SUTs 中，中间使用和最终使用矩阵包括进口的产品和服务，这部分将介绍如何将进口从中抽离，以及如何进一步根据来源国进行分解（此处将世界其他国家视为单独的一个国家，即 RoW）。具体的数据主要来自双边贸易数据库（Foster et al.，2012），如从联合国商品贸易统计数据库（UN Comtrade）中下载 HS编码的 6 分位代码产品，涵盖 40 个 WIOD 国家 1995～2010 年的相关数据。大部分国家的数据是根据 HS1996 进行统计的。针对缺失的数据，将从其他渠道如国家统计部门获得。对于涉及部分国家保密问题的数据，将根据其贸易伙伴国公布的数据进行归并。HS6 分位的统计数据提供了大约 5000 种产品的双边贸易流，根据 HS6 分位与 BECrev.3 的对照表将各种产品贸易流分别归并到"中间消费""最终消费"和"资本品"中，对照表来自 UN，关于最终使用细节的对照表来自 OECD。大约 700 种具有特殊用途的产品，将按照上述分类进行重新划分。但是这种分类并没有解决一种特定产品具有多种用途的情况，对此我们采用简单的赋权法（比如 1/3－2/3 或者 1/2－1/2）将其进行归并。此外，将 HS6 分位的相关数据归并到 NACE（rev.1）2分位，对照表来自欧盟统计局（Eurostat），然后与国家 SUTs 中的CPA 分类相对应。

国家 SUTs 中的双边进口流的估计过程如下：来自 h 国的 j 产品被用于三种用途的份额表示为 $\alpha_{jh}^{(interm)}$、$\alpha_{jh}^{(finalcons)}$ 和 $\alpha_{jh}^{(gfcf)}$，主要来自国际贸易统计（ITS），用 m_j^{ITS} 表示 ITS 中产品 j 的总进口，以区别于国

家 SUTs 中的进口（表示为 m_i^{SUT}），则得到式（4 – 24）所示：

$$m_{jh}^{interm} = \alpha_{jh}^{interm} m_j^{ITS} \; ; \; m_{jh}^{finalcons} = \alpha_{jh}^{finalcons} m_j^{ITS} \; ; \; m_{jh}^{gfcf} = \alpha_{jh}^{gfcf} m_j^{ITS}$$

（4 – 24）

其中，$\sum_h (\alpha_{jh}^{interm} + \alpha_{jh}^{finalcons} + \alpha_{jh}^{gfcf}) = 1$，接下来按照 WIOD 中的产品分类归并为 59 种，假设每种 WIOD 产品 i 由 $1, \cdots, n_i$ 个 HS6 分位产品构成，$i = 1, \cdots, 59$，则得到式（4 – 25）：

$$m_{ih}^{interm} = \sum_{j=1}^{n_i} m_{jh}^{interm} \; ; \; m_{ih}^{finalcons} = \sum_{j=1}^{n_i} m_{jh}^{finalcons} \; ; \; m_{ih}^{gfcf} = \sum_{j=1}^{n_i} m_{jh}^{gfcf}$$

（4 – 25）

对于每一类 WIOD 产品有 $m_i^{ITS} = \sum_{j=1}^{n_i} m_j^{ITS}$，则每类从 h 国进口的产品归并到三种用途上的份额为式（4 – 26）所示：

$$\alpha_{ih}^{interm} = m_{ih}^{interm} / m_i^{ITS} \; ; \; \alpha_{ih}^{finalcons} = m_{ih}^{finalcons} / m_i^{ITS} \; ; \; \alpha_{ih}^{gfcf} = m_{ih}^{gfcf} / m_i^{ITS}$$

（4 – 26）

对于服务贸易的双边数据，主要采用 WTO 服务贸易总协定（general agreement on trade in services，GATS）中的第一类模式，即跨越边界准则，双边服务贸易的数据主要来自 UN、Eurostat 和 OECD。

（4）SUTs 中进口投入的估计。

接下来进一步说明如何将国家 SUTs 与双边贸易数据结合得到国际 SUTs。首先，将所有的数据均转换为 US $ 现价。采用的年平均汇率主要来自国际货币基金组织（IMF）的国际金融统计数据库（IFS），转换后可得到 40 个国家 1995 ~ 2009 年按照美元（百万美元）现价的 SUTs，这样做的主要原因是大部分的贸易统计数据均是美元，但是其他的计价货币也可以使用而且这样也不会对后续操作产生影响。供给表提供了 59 种产品的进口信息（如表 4 – 4 中的 $\hat{m}'$ 行向量），用 m_i^{SUT} 表示产品 i 的进口，区别于 ITS 的进口数据 m_i^{ITS}，使

用表中 u_{ij} 为用于 j 部门的产品 i，即包括本国生产的也包括进口的，鉴于此，我们采用式（4–13）中的份额（$i = 1, \cdots, 59$；$j = 1, \cdots, 35$）得到式（4–27）：

$$u_{ij}^{IMP} = \frac{u_{ij}}{\sum\limits_{k=1}^{35} u_{ik}} \left(\sum\limits_h \alpha_{ih}^{interm} \right) m_i^{SUT} \qquad u_{ij}^{DOM} = u_{ij} - u_{ij}^{IMP} \qquad (4–27)$$

其中，h 表示来源国。同样地，对于最终消费支出（如家庭、非营利组织和政府）有（$i = 1, \cdots, 59$；$j = 1, 2, 3$），如式（4–28）所示：

$$y_{ij}^{IMP} = \frac{y_{ij}}{\sum\limits_{k=1}^{3} y_{ik}} \left(\sum\limits_h \alpha_{ih}^{finalcons} \right) m_i^{SUT} \qquad y_{ij}^{DOM} = y_{ij} - y_{ij}^{IMP} \qquad (4–28)$$

对于总固定资本形成（表4–4中 Y 矩阵的第四列，y_{i4}^{IMP}）则得到式（4–29）：

$$y_{i4}^{IMP} = \left(\sum\limits_h \alpha_{ih}^{gfcf} \right) m_i^{SUT} \qquad y_{i4}^{DOM} = y_{i4} - y_{i4}^{IMP} \qquad (4–29)$$

其中，潜在的假设在于：存货变动仅与国内生产有关，类似地，我们假设出口仅来自国内生产。在一些特殊情况下会出现国家供给表中的进口（即 m_i^{SUT}，等同于表4–5中的 $\hat{m}_i$）大于国内的总投入 $\sum\limits_j u_{ij} + \sum\limits_k y_{ik}$。按照定义，这也意味着出口大于国内生产，这种情况下将复出口界定为 $m_i^{SUT} - (\sum\limits_j u_{ij} + \sum\limits_k y_{ik})$，即从总出口中提取出来的。因此，对于进口大于国内投入的，令每个部门的 $u_{ij}^{IMP} = u_{ij}$ 同时 $u_{ij}^{DOM} = 0$，四个最终使用部门的 $y_{ik}^{IMP} = y_{ik}$，且 $y_{ij}^{DOM} = 0$。总进口变为 m_i^{SUT} 减去复出口，即 $\sum\limits_j u_{ij} + \sum\limits_k y_{ik}$。需要注意的是，此处的复出口并不是国内生产的一部分。复出口占总出口的份额在不同的国家变动较大，如荷兰年平均为18%，塞浦路斯为14%，其他小国家如立陶宛、爱沙尼亚和卢森堡也具有较大的复出口份额，介于5%～10%。然而，在超过30个国家中该份额低于5%，且其中一般的国家低于2%，而在日本、中国和巴西复出口份额为0。总之，该份额随着时间而趋于增长。对于特殊的产品如矿业，复出口在某些国家占有较大份额。对于制造业部门，复出口份额较大的部门如斯洛文尼亚和斯洛伐克的烟草产品（CPA16），比利时、丹麦、卢森堡和荷兰的皮革制品（CPA19），塞浦路斯和斯洛文尼亚的煤炭和精炼石油制品（CPA23），以及一些国家的电子产品（CPA30～CPA33）。后面将根据来源国把进口品的使用进行区分。同样使用式（4-13）中的份额，可得到式（4-30）：

$$u_{ij}^h = \frac{\alpha_{ih}^{interm}}{\sum\limits_h \alpha_{ih}^{interm}} u_{ij}^{IMP} \qquad (4-30)$$

对于任意 WIOD 中的 40 个国家，上标 h 均包括其余的 39 个国家和 RoW。对于最终使用和总固定资本形成采取同样的做法，可得到式（4-31）：

$$y_{ij}^h = \frac{\alpha_{ih}^{finalcons}}{\sum\limits_h \alpha_{ih}^{finalcons}} y_{ij}^{IMP} \qquad y_{i4}^h = \frac{\alpha_{ih}^{gfcf}}{\sum\limits_h \alpha_{ih}^{gfcf}} y_{i4}^{IMP} \qquad (4-31)$$

这样做的主要优点在于进口产品不再依赖标准比例假定（Peters et al.，2011；Johnson and Noguera，2012）。此时，对于所有使用行的块状矩阵采用共同的进口比例，而不区别使用者。这个比例可以计算作为总供给中的进口份额。不难发现进口比例在不同的部门存在较大的差别，而且更重要的是，随着来源国的不同也有很大不同。而后，根据代耶尔岑巴奇尔等（2013）进一步将国际 SUTs 转变成为产业—产业层面系统的 WIOT。至此，我们对于 WIOT 中各国各产业部门之间供需依赖关系的构建思路及过程有了初步的了解和把握，后面将借鉴上述方法与逻辑将 CMRIO 归整到 WIOT 中。

4.2.2　投入产出数据归并及处理

现有文献对于价值链分工及增加值贸易的核算大多基于：（1）WIOD，如欧盟发布及美国 GTAP 数据库（Global Trade Analysis Project）发布的世界投入产出表，以 WIOD 2016 发布的 WIOT 为例，涵盖2000～2014年43个国家（或地区）、56个部门的中间品及最终品投入产出矩阵；（2）部分国家的区域性投入产出表，如日本亚洲经济研究所发布的亚洲国际投入产出表（Asian input-output table）；（3）某一国内不同区域之间的投入产出表，如中国八大区域投入产出表，更细分层面的还有CMRIO。其中，（1）和（2）类投入产出表侧重于不同国家不同部门之间的贸易往来，而第（3）类则侧重于国内不同区域不同部门之间的中间品供需关系。然而，在将全球价值链与国内价值链纳入同一个分析框架时，单独运用WIOD或CMRIO是无法同时反映国内各区域之间及与其他国家之间的分工协作关系及贸易关联。尤其是像中国这样的大国，各个区域之间存在较大差异，不同区域之间的价值链分工协作具有更为鲜明的特点（潘文卿和李跟强，2018）。因此，为从更为细分层面考察中国各区域在双重价值链分工中的地位，本部分将WIOT与CMRIO数据进行整合。

　　将WIOT与CMRIO两种投入产出数据进行链接的数据准备，不仅包括两类投入产出表，即WIOD发布的多国（或地区）投入产出表，以及中国科学院虚拟经济与数据科学研究中心发布的2002年、2007年和2010年的CMRIO，而且需要国内各地区各产业部门与世界主要国家之间的进出口贸易数据，主要来自中国海关进出口数据库发布的2000～2011年进出口贸易额。限于数据的可获得性，本研究仅对2002年、2007年和2010年的WIOT与CMRIO进行链接整合，链接方法与上述代耶尔岑巴奇尔等（2013）的思路基本一致，同时借鉴倪红福和夏杰长（2016）的做法。另外，考虑到不同年份的CM-RIO之间部门划分存在显著差异：2002年的CMRIO有且只有21个部门，2007年和2010年的CMRIO分别有55个和30个部门，且个别部门划分之间存在交叉。因此，本研究将存在重合的部门进行合并，将WIOT和CMRIO统一归并为20个部门以便于核算。此外，由于数据可获得性的限制，借鉴现有研究的做法（倪红福和夏杰长，2016），假设比例系数不变，对缺失的相关数据进行推算，如将WI-

OT - CMRIO 中各地区来自其他国家的个别中间投入品与 WIOT 中中国来自国外的中间投入品设定为相同的进口投入系数，将 WIOT - CMRIO 中各省份对国外的产品分配与 WIOT 中中国向国外的产品分配设定为相同的分配系数。事实上，这些比例系数不变的假定在现有研究构建非竞争性投入产出表或多区域投入产出表的过程中也时常用到，如约翰逊和诺格拉（2012）就采用固定比例系数的分配方法，将各国投入产出表整合编制成全球投入产出表。

　　下面将进一步论述将 CMRIO 整合到 WIOT 中的一些细节问题：（1）将 WIOT 中的 56 个部门归并为 20 个部门和 11 个国家，既包括德国、美国、英国、法国、日本、韩国等主要发达国家，也包括巴西、俄罗斯、印度、印度尼西亚等发展中国家，并将这些国家与中国以外的其他国家统一用"世界其他国家（RoW）"表示；（2）运用年平均汇率将涵盖我国 30 个省份（限于数据可获得性不包含西藏，也不包含港澳台地区，本章同此）和 20 个部门的 CMRIO 数据转为以美元计价；（3）在构建 WIOT - CMRIO 的过程中，直接输入已有数据，并将最终需求归并到最终消费、资本形成与存货三个账户中，同时将劳动与资本报酬等合并成一个增加值账户；（4）根据比例系数不变假设，利用 WIOT 中的投入产出数据和中国海关统计数据，推算国内各地区产品及服务的出口贸易在不同国家之间的分配状况；（5）调整 RoW 账户，当该账户出现负值时，将其调整为 0，使其他账户的增加值、总投入、总产出、中间投入及最终消费中的总消费支出等变量尽可能与原 WIOT 和 CMRIO 中的数值保持一致；（6）调整对应生产部门的库存，使得整合后得到的 WIOT - CMRIO 的行向之和与列向之和相等，即总投入与总产出相等。需要注意的是，在进行投入产出表整合的过程中，本研究以 CMRIO 的数据为不变量，不变比例系数的设定主要参照 WIOT 中的相关结构比例系数，在出现账户不平衡时，将 RoW 账户作为余项处理账户。这种数据处理方法主要是出于三个方面的考虑：一是在 WIOT 中，中国的投入产出数据包括中国香港和中国澳门的相关数据，在将 WIOT 中的中国替换为 30 个省份时，二者总量数不一致是必然的，因此本研究将 CMRIO 表中总量数据作为控制数，把由于中国香港、中国澳门和西藏数据引起的不平衡进行差额处理；二是在 WIOT 的编制过程中，也是把 RoW 作为余项处理，故本研究在调整平衡时，把账户误差项归到 RoW 账户也具有理论上的合理性和内在一致性；三是本研究重点研究中国各省份在全球价值链与国内价值链分工网络中的融入程度、嵌入位置，以及与主要贸易伙伴或主要国家之间的关系，因而将 RoW 作为余项处理也是可行和可取的。

4.3　国内各地区全球价值链与国内价值链分工测度

4.3.1　全球价值链与国内价值链中间品关联网络

随着经济全球化的深入和区域经济一体化的不断发展，一国或地区融入全球价值链分工的过程也是全球生产网络向该国或地区内部延伸的过程。生产环节的国际分割与区域间协作分工并存的背景下，一国内部不同区域之间的中间投入品流转促使形成国内分工体系的同时，也推动国内各区域之间形成的生产链条逐渐整合到全球价值链分工之中。国内不同区域对其他区域或其他国家中间投入品的供给和需求偏好在一定程度上反映了该国或该地区嵌入全球价值链过程中与其他地区或国家形成的经济联系与依赖特征（潘文卿和李跟强，2018）。在国内价值链框架下，国内各地区的中间品关联反映的是各省份之间的中间品供求关系，而在全球价值链分工中的中间品关联则是各省份与国外其他经济体之间的中间品贸易往来。具体测算主要参见潘文卿（2018）的做法，用各省份从国内其他地区的省际中间品调入占该省份总体中间品调入的比重表示国内价值链中间品关联，用各省份从其他国家或地区的中间品进口占该省中间品进口总额的比重表示全球价值链中间品关联①。2002～2010 年各地区参与全球价值链与国内价值链的中间品关联如表 4－6 所示：

表 4－6　　　　2002～2010 年各省份参与全球价值链与
国内价值链的中间品关联

省份	国内价值链			全球价值链		
	2002 年	2007 年	2010 年	2002 年	2007 年	2010 年
安徽	0.93	0.03	0.07	0.07	0.08	0.09
北京	0.69	0.97	0.93	0.31	0.92	0.91
重庆	0.85	0.62	0.63	0.15	0.25	0.34
福建	0.86	0.38	0.37	0.14	0.75	0.66
广东	0.65	0.07	0.06	0.35	0.03	0.05
甘肃	0.95	0.93	0.94	0.05	0.97	0.95
广西	0.95	0.29	0.33	0.05	0.10	0.13
贵州	0.96	0.71	0.67	0.04	0.90	0.87
河南	0.96	0.41	0.39	0.04	0.03	0.06
湖北	0.96	0.59	0.61	0.04	0.97	0.94
河北	0.98	0.21	0.05	0.02	0.02	0.03
海南	0.88	0.79	0.95	0.12	0.98	0.97
黑龙江	0.95	0.03	0.04	0.05	0.03	0.12
湖南	0.95	0.97	0.96	0.05	0.97	0.88
内蒙古	0.98	0.00	0.04	0.02	0.15	0.22
吉林	0.99	1.00	0.96	0.01	0.85	0.78
江苏	0.83	0.01	0.04	0.17	0.41	0.53

---

① 值得注意的一点，不论是 NVC 还是 GVC，中间品关联的比值均是相对于不同省份自身而言的变化，侧重于考察不同时间点的变动。某省份的中间品关联比值小并不代表中间品流入或者进口少，而是占其自身的流入总额或者进口总额的比重有所下降。

续表

省份	国内价值链			全球价值链		
	2002 年	2007 年	2010 年	2002 年	2007 年	2010 年
江西	0.94	0.99	0.96	0.06	0.59	0.47
辽宁	0.76	0.07	0.14	0.24	0.04	0.05
宁夏	0.95	0.93	0.86	0.05	0.96	0.95
青海	0.98	0.04	0.04	0.02	0.03	0.06
四川	0.91	0.96	0.96	0.09	0.97	0.94
山东	0.92	0.84	0.19	0.08	0.22	0.14
上海	0.75	0.16	0.81	0.25	0.78	0.86
陕西	0.94	0.11	0.07	0.06	0.05	0.05
山西	0.97	0.89	0.93	0.03	0.95	0.95
天津	0.80	0.02	0.08	0.20	0.03	0.07
新疆	0.83	0.98	0.92	0.17	0.97	0.93
云南	0.91	0.01	0.04	0.09	0.18	0.24
浙江	0.72	0.99	0.96	0.28	0.82	0.76

资料来源：作者计算得来。

从表 4-6 中可以看出，自 2001 年年底入世以后至 2010 年，部分省份参与国内价值链的中间品关联程度明显下降，尤其是东部地区，诸如江苏省、广东省、福建省、山东省，其次是中部的安徽省、河南省、湖北省，西部的内蒙古自治区、广西壮族自治区、重庆市、贵州省、云南省、陕西省、青海省等地区以及东北的黑龙江省和辽宁省。在对外开放早期，沿海地区的出口高度依赖内陆省份的原材料供给与中间品投入，因而不同地区之间的国内价值链中间品关联相对较高。但是随着我国改革开放的不断深化，一方面各省份的对外贸易规模迅速扩大，国际贸易日渐替代国内贸易（洪占卿和郭峰，2012），特别是在民营经济快速发展的东部沿海地区，这种"替代"效应更为明显；另一方面，东部沿海不同省份间贸易成本大幅上升，形成较为明显的"分割"现象，这在一定程度上也抑制了东部地区各省份之间的中间品关联（潘文卿和李跟强，2017）。

与国内价值链不同的是，部分省份的全球价值链中间品关联在此期间出现明显的增幅，而其余省份的全球价值链中间品关联仍旧保持在相对较低的水平。其中，增幅较大的主要有北京市、海南省、湖南省、上海市、浙江省、山西省，以及个别西部省份如四川省、新疆维吾尔自治区、甘肃省、宁夏回族自治区等。相比之下，安徽省、河南省、河北省、黑龙江省、陕西省、辽宁省、天津市、山东省、广东省等省份全球价值链中间品关联程度变化不大，甚至有所下降。对于个别的西部省份而言，全球价值链中间品关联比例的增加得益于西部省份开放程度的不断提升，而且一些实证研究表明较之于国内中间品，进口中间品具有更高的技术水平和附加值，对于促进中西部尤其西部省份的技术创新具有显著的溢出效应（陈勇兵等，2012），这就不难解释个别西部省份中间品投入中来自国外的比重提高的原因。然而，个别东部沿海省份如广东的全球价值链中间品关联程度下降，可能的解释在于东部沿海地区起初切入全球价值链分工主要依托于廉价劳动力比较优势，承接了大量来自发达国家的组装加工等环节，用于加工贸易的中间投入品进口规模迅速扩大，但是随着劳动成本的增长加上全球金融危机的冲击，沿海的加工贸易首当其冲，导致了全球价值链中间品关联的下降。

后面将运用社会网络分析，进一步反映不同时点不同省份在全球价值链与国内价值链中间品关联网络中的地位。如图 4-1 所示，2002 年江苏省、广东省、山东省、上海市、浙江省等东部省份在价值链分工的中间品贸易网络中的地位较为突出，其次是湖北省、河北省、河南省等中部省份。中部省份作为西部地区向东部地区转移原材料、劳动及中间投入品的"中转站"，在中间品关联网络中发挥了重要的衔接和桥梁作用，也在一定程度上促进了全国范围内的要素优化配置。有研究表明，中西部地区的国内价值链中间品投入率整体高于除北京市、天津市以外的东部沿海省份（孙久文等，2017）。入世初期，大部分省份尤其东部沿海地区通过扩大进出口贸易特别是加工贸易实现了经济的快速增长，中间品的进口规模不断扩大，种类也日渐多样化，且主要用于处于起步阶段的加工贸易出口，这与我国"外向型"的发展模式相契合。虽然大部分东部省份高度依赖欧美日韩等发达国家的中间投入品，但是各省份的中间品进口份额仍旧偏低，而且在亚洲中间关联网络中，上述省份与东亚国家如日本、韩国、印度尼西亚等国的中间品贸易份额较高（张会清和翟孝强，2017）。

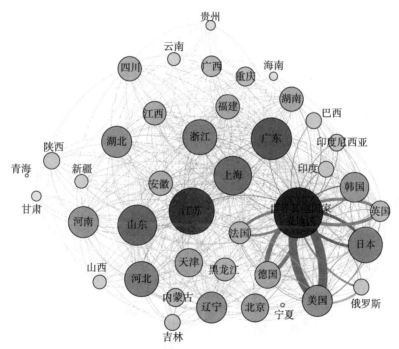

图 4-1 2002 年各地区参与价值链分工的中间关联网络

注：图中不同的节点表示不同的省份与国家，节点的大小取决于其与其他省份或国家之间中间品贸易量的相对规模，节点之间的连线表示中间品流入流出或进出口，线越粗表示贸易量相对越大。

资料来源：作者计算得来。

与 2002 年相比，2007 年国内各个省份参与双重价值链分工的中间品关联网络并未发生本质的变化。如图4-2所示，以江苏省、广东省、山东省为主的东部地区在关联网络中的地位依旧突出，而以河南省、河北省为代表的中部省份依然优势不减。不同的是，这些省份之间的对外中间品贸易规模的差距趋于缩小，且与世界其他国家中间品关联明显增强。2002年是改革开放以来我国从"局部开放"阶段向"全面开放"阶段转变的重要节点，这不仅意味着我国对外开放区域上的扩展，也预示着对外开放深度的提升。中西部地区充分利用中间品贸易自由化带来的便利及后发优势，加大中间品进口规模，以

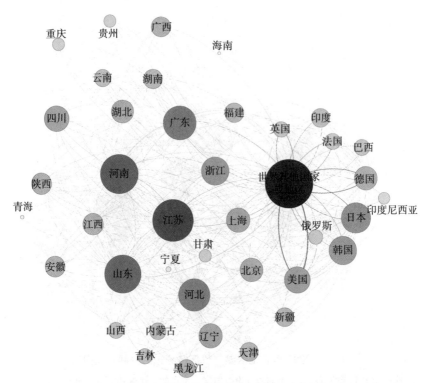

图4-2　2007年各地区参与价值链分工的中间关联网络

注：图中不同的节点表示不同的省份与国家，节点的大小取决于其与其他省份或国家之间中间品贸易量的相对规模，节点之间的连线表示中间品流入流出或进出口，线越粗表示贸易量相对越大。

资料来源：作者计算得来。

获得进口中间品中隐含的高技术与高附加值。与此同时，东部沿海地区发挥其所具有的对外开放区位优势，进一步增加中间品关联，提升全球价值链参与程度。在跨国生产环节高度分割与外包盛行的情况下，国内省份参与世界产品内专业化分工时形成一种较为独特而普遍的"三角贸易"，如从日本、韩国等东亚国家进口中间产品，经过加工组装之后，将最终品出售到美国、英国、德国等发达国家（王孝松等，2014）。

　　至 2010 年，如图 4-3 所示，中部与西部省份参与双重价值链分工的中间品关联差距进一步缩小，河南省、河北省等中部省份的"中转站"作用趋于削弱，而东部的江苏省、广东省在中间品关联网络中的地位有增无减，其中与东亚国家的中间关联尤为密切。在过去十多年间，我国与东亚国家的贸易总额中有一半以上是中间投入品贸易，其进出口额呈现年均 16.7% 的增长率水平，这意味着我国参与东亚地区分工网络的主要模式是产品内分工（刘中伟，2014）。而且，随着我国制造业行业技术水平的不断提升，个别大中型工业企业的技术水平与国外先进水平的差距日益缩小，我国作为"世界加工厂"的地位更加稳固，不仅对于国外中间投入品的进口依赖大幅降低，而且已经成为其他国家中间投入品的重要来源国。

　　2002～2010 年间，我国与"一带一路"沿线国家如俄罗斯、韩国、印度、印度尼西亚等之间的中间品关联网络也趋于密切。在全球价值链分工网络中，大部分"一带一路"沿线国家位于价值链相对上游的位置，而我国则位于靠近下游的制造环节，这在一定程度上说明我国与"一带一路"沿线国家之间的合作更多的是中间品供需关系，我国的下游制造厂商进口沿线国家的中间投入品进行加工制造。然而，由于我国与沿线国家之间分工的主要目的在于市场销售，而非产业转移或者生产环节外包，因而并未出现大规模中间产品跨境流动，换言之，以我国为主的区域价值链分工网络尚未形成。这也从侧

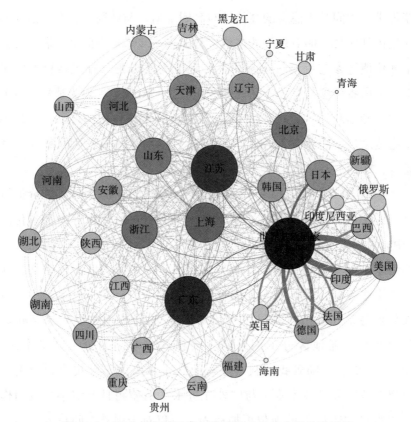

图 4 - 3 2010 年各地区参与价值链分工的中间关联网络

注：图中不同的节点表示不同的省份与国家，节点的大小取决于其与其他省份或国家之间中间品贸易量的相对规模，节点之间的连线表示中间品流入流出或进出口，线越粗表示贸易量相对越大。

资料来源：作者计算得来。

面说明我国对"一带一路"沿线国家直接投资规模的扩大并没有发挥促进我国全球价值链分工升级的作用，在一定程度上是由沿线国家的禀赋优势与所处的发展阶段决定的。此外，"一带一路"沿线以发展中国家居多，不同国家之间工业化水平差距较大，其制造业部门不具备承接大规模产业转移的生产制造及配套能力，为我国提供关键零部件和中间投入品就更无从谈起，而且我国对沿线国家的进口需求也主要集中在能源资源等初级产品领域。可见，就目前而言，依托

"一带一路"构建区域价值链分工网络，加快沿线国家之间的产业转移的条件尚不成熟，我国与沿线国家之间的经贸往来与分工合作有待进一步加深。

4.3.2　双重价值链分工的参与程度

全球价值链与国内价值链虽然在产业分工的区域范围、营销方式及渠道、价值链条治理结构等方面存在不同，但二者本质上都属于生产网络的价值链分工体系（刘志彪，2009a）。库普曼等（2010）从增加值贸易的角度提出了价值链参与度的概念，并用以测度不同国家或地区在全球价值链分工中的地位。类似地，按照上述逻辑，并根据本章第一节的分解框架，进一步考察国内各个省份在国内价值链与全球价值链双重价值链分工中的参与程度。

2010 年，我国各省份按照前向关联测算的增加值分解结果如表 4-7 所示。可以看出，广东省的增加值规模居于首位，其次是山东省和江苏省，相比之下，宁夏回族自治区和青海省的增加值规模较小，甚至不到广东省增加值总额的 5%，而同属于东部地区的海南省亦是如此。可见，不论是东部地区与西部地区，还是东部地区内部，不同省份之间的增加值规模均存在显著差异。根据增加值的去向可分解为用于本省内部生产消费的增加值、传统贸易内隐含的增加值、参与国内价值链的增加值及参与全球价值链的增加值。包括广东省在内的大部分省份 50% 以上的增加值用于本省内部的生产和消费，湖北省该比例甚至高达 71%；个别省份如江苏省、上海市、内蒙古自治区、黑龙江省、吉林省、重庆市和新疆维吾尔自治区用于本省内部的增加值占比稍低，介于 41% ~49%，而河北省、天津市、陕西省更低，介于 28.36% ~36.81%，这三个省份还有一个共同点是增加值中用于参与国内价值链的比重相对较高。

表 4 - 7　　　2010 年各省份按照前向关联计算的增加值分解　单位：百万美元

省份	总增加值	省份内部生产消费	传统贸易	参与国内价值链	参与全球价值链
北京	368046.12	194300.06	110819.47	27096.18	35830.40
天津	124695.38	44250.94	28813.31	40799.12	10832.02
河北	217961.51	80233.31	24937.07	100378.92	12412.22
山西	112536.68	68999.98	3991.90	34164.20	5380.60
内蒙古	122701.04	58536.13	5196.94	52006.19	6961.78
辽宁	260425.80	158480.55	50098.48	41256.78	10589.99
吉林	104381.97	50129.16	13440.28	34986.06	5826.48
黑龙江	110774.75	48870.01	14729.61	40860.10	6315.02
上海	352733.85	143114.71	137510.93	36259.39	35848.82
江苏	507497.49	248403.97	132677.52	79219.81	47196.19
浙江	375451.22	206745.97	90491.17	54635.41	23578.68
安徽	165443.54	92663.36	33436.00	33799.82	5544.37
福建	168865.67	97738.63	30072.55	26608.66	14445.83
江西	118549.84	70035.58	10806.77	32519.97	5187.53
山东	568146.67	331332.61	140305.31	70330.15	26178.60
湖南	297411.49	182615.26	31527.56	73938.77	9329.90
湖北	164640.25	116904.60	12977.41	27548.36	7209.88
河南	167315.60	107864.26	23863.13	29711.86	5876.36
广东	582298.92	298017.78	147814.56	79823.04	56643.54
广西	89837.36	50155.64	9203.88	26571.72	3906.12
海南	28830.92	19589.61	3137.21	4433.13	1670.97
重庆	81154.41	38894.17	12105.59	26395.34	3759.31
四川	211938.91	145914.91	24371.77	34191.79	7460.44
贵州	48493.19	24878.11	7229.52	14416.00	1969.56
云南	83222.79	57068.41	6552.51	16379.15	3222.72
陕西	113894.91	32301.22	15017.32	58058.97	8517.40

省份	总增加值	省份内部 生产消费	传统贸易	参与国内 价值链	参与全球 价值链
甘肃	46559.87	30950.81	770.82	12774.82	2063.42
青海	15222.16	8414.42	221.88	5796.38	789.49
宁夏	19861.26	12129.20	2513.51	4540.43	678.12
新疆	60984.68	25036.87	7464.66	25029.30	3453.85

资料来源：作者计算得来。

从表中也可以看出，以最终产品加工为主的传统贸易仍然在东部省份外向型经济发展模式中居于主体地位，主要表现在广东省、江苏省、上海市等大部分东部发达省份增加值中用于传统贸易的比重介于23.11%~38.98%，仅次于用于内部生产消耗的增加值比重。与之相反，多数中西部内陆省份的增加值除用于自身消费，主要用于参与国内价值链分工，如陕西省参与国内价值链的增加值占比远远超过东部省份，为50.98%，其次是河北省，为46.05%，以及大部分资源丰富的西部省份如内蒙古自治区（参与国内价值链的增加值比重为42.38%，下同）、新疆维吾尔自治区（41.04%）及青海省（38.08%）等。各省份增加值中用于参与全球价值链的比重相对较小，且除北京市以外，参与国内价值链的增加值占比均超过参与全球价值链的增加值占比。其中，上海市所产生的增加值中用于参与全球价值链的比重最高，为10.16%，其次是北京市和广东省，均为9.73%，大部分中西部省份该比例介于3.14%~4.78%。

后文将各省份在国内价值链分工中的参与情况及变动进一步展开分析。从图4-4中可以看出，2007年相比于2002年，除北京市、吉林省、上海市、浙江省、福建省、海南省以外的其他省份国内价值链参与率均呈现不同幅度的增长，其中增幅较大的属湖南省，国内价值链参与率由2002年的0.17增至2007年的0.70，增长了0.53，其次是贵州省，由 0.14 增至 0.46，然后是安徽省、陕西省、云南省等。此后至 2010 年，多数省份的国内价值链参与率稍稍有所回落，但除湖南省、安徽省等外，其余省份的国内价值链参与率回落幅度有限。2002～2007 年国内大部分地区尤其中西部省份国内价值链参与率的增长主要得益于国内由东部向中西部地区的产业转移，东部地区承接来自跨国公司的离岸外包业务，中西部地区分包其中劳动密集型和资源密集型的业务，从而形成多层次、全方位的开放型专业化分工体系。东部沿海地区的企业将一些劳动密集型及简单的生产工序外包给中部企业，如湖南衡阳市的一些加工企业承接广东制造业企业发包的配套中间投入品加工。这种垂直专业化及梯度产业转移模式在珠三角地区广泛存在，在促进区域之间的资源优化配置的同时也加强了不同地区之间的中间品联系与协作分工，有利于国内价值链的深化。

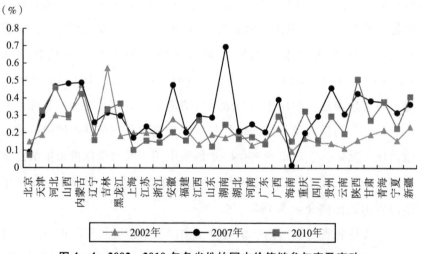

图 4-4　2002～2010 年各省份的国内价值链参与率及变动

资料来源：作者计算得来。

更进一步地，在国内价值链分工中，考察中间品穿越省份边界的次数时，可将国内价值链参与分解为简单国内价值链参与和复杂国内价值链参与，前者表示中间品仅在省际流动一次，后者则表示中间品在省际流动至少两次。关于这种价值链分工的分解逻辑借鉴了王直等（2017）的做法，在本章的一二节中已经有所阐述，此处不再赘述。从图4－5中可以看出，大部分省份参与简单国内价值链与复杂国内价值链的比重大体持平，这说明伴随着我国不同区域之间经济一体化的不断深入，产品的生产过程由越来越多的省份参与，省际中间品贸易规模日益扩大，且跨越省际的次数也越来越多，促使商品的生产地与消费地在空间上实现分离（夏炎和吴洁，2018）。

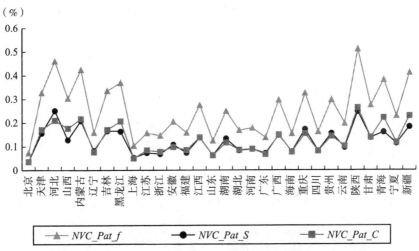

图4－5　2010年各省份的简单国内价值链参与率

与复杂国内价值链参与率

注：图中 *NVC_Pat_f*、*NVC_Pat_S* 和 *NVC_Pat_C* 分别表示总的 *NVC* 参与率，简单 *NVC* 参与率与复杂 *NVC* 参与率。

资料来源：作者计算得来。

同样地，从图4-6中可以看出2002~2010年各省份的全球价值链参与率及变动。2002年国内各地区全球价值链参与率最高的是广东省和浙江省，均为0.09，其次是北京市、辽宁省、上海市、天津市和江苏省，大部分中部和西部地区的全球价值链参与率处于较低水平。较之于2002年，2007年除辽宁省、浙江省、重庆市全球价值链参与率稍有下降外，其余省份的全球价值链参与率均呈现不同幅度的上升，其中以甘肃全球价值链参与率增幅最大，由2002年的0.02增至2007年的0.16，其次是北京市、天津市、上海市、福建省、山东省、广东省等东部省份，以及湖南省、河北省、山西省、陕西省等中西部省份。随后由于2008年金融危机的负面影响延续至2010年，大多数省份尤其东部省份的全球价值链参与率有所回落，而吉林省、黑龙江省、湖北省、重庆市和陕西省等省份的全球价值链出现了逆势的小幅增长。

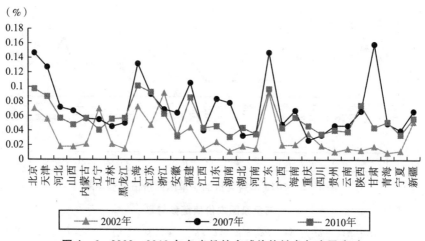

图4-6　2002~2010年各省份的全球价值链参与率及变动

资料来源：作者计算得来。

从 2010 年各省份的简单和复杂全球价值链参与率可以看出（如图 4 - 7 所示），只有北京市、上海市、广东省的复杂全球价值链参与率高于简单全球价值链参与率，其余大多省份的简单全球价值链参与率均低于复杂全球价值链参与率，且不论是简单还是复杂全球价值链参与率，东部省份一般高于西部及大部分中部省份。其中以天津市、江苏省、陕西省等省份的简单全球价值链参与率较高，而北京市、上海市、江苏省、广东省等东部省份的复杂全球价值链参与率较高。不同省份在参与全球价值链分工时，运用一种进口中间投入品生产加工成另一种中间品然后出口至国外，这种跨国产业间贸易促使我国各省份尤其东部沿海地区的复杂全球价值链参与程度不断提高。

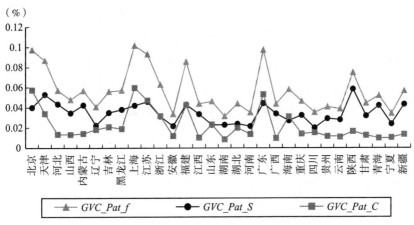

图 4 - 7　2010 年各省份简单全球价值链参与率

与复杂全球价值链参与率

注：图中 *GVC_Pat_f*、*GVC_Pat_S* 和 *GVC_Pat_C* 分别表示总的 *GVC* 参与率，简单 *GVC* 参与率与复杂 *GVC* 参与率。

资料来源：作者计算得来。

4.3.3 双重价值链的收益率与产业微笑曲线检验

2002～2010 年各省份的国内与国外增加值收益率如表 4 - 8 所示。可以看出，国内贸易增加值的收益率（PVA_Fs）明显高于国外贸易（DVA_Fs），且这种差距在 2007 年总体趋于扩大，2010 年除个别省份如北京市、天津市、河北省、黑龙江省、海南省及新疆维吾尔自治区以外，PVA_Fs 与 DVA_Fs 之差稍有缩小。从图 4 - 8 可以更加明显地看出两种贸易增加值收益率的差距及变动。单就 PVA_Fs 而言，2002 年内蒙古自治区、天津市、河北省、吉林省、浙江省、上海市等省份的 PVA_Fs 相对较高，其次是北京市、山西省、江苏省、安徽省、福建省、重庆市、广西壮族自治区等地。可以看出国内省际贸易附加值收益率较高的省份一般集中在资源或者技术相对密集的地区，这也符合微笑曲线的原理。至 2007 年，除北京市、吉林省、浙江省和海南省以外，其余省份的 PVA_Fs 均有所上升，增幅最大的是湖南省，从 2002 年的 0.266 增至 2007 年的 0.674，其次是贵州省和黑龙江省，增幅均在 0.38 以上。随后至 2010 年大部分省份的国内贸易增加值的收益率均有所回落，降幅最大的依然是湖南省。

表 4 - 8 　　　　　　　2002～2010 年各省份增加值收益率　　　　单位：%

省份	2002 年		2007 年		2010 年	
	PVA_Fs	DVA_Fs	PVA_Fs	DVA_Fs	PVA_Fs	DVA_Fs
北京	0.33	0.07	0.28	0.15	0.37	0.10
天津	0.51	0.06	0.52	0.13	0.56	0.09
河北	0.42	0.02	0.58	0.07	0.58	0.06
山西	0.35	0.02	0.55	0.07	0.34	0.05
内蒙古	0.53	0.02	0.58	0.06	0.47	0.06
辽宁	0.30	0.07	0.47	0.06	0.35	0.04

续表

省份	2002 年		2007 年		2010 年	
	PVA_Fs	DVA_Fs	PVA_Fs	DVA_Fs	PVA_Fs	DVA_Fs
吉林	0.49	0.02	0.47	0.05	0.46	0.06
黑龙江	0.00	0.01	0.38	0.05	0.50	0.06
上海	0.43	0.07	0.45	0.13	0.49	0.10
江苏	0.35	0.05	0.49	0.09	0.42	0.09
浙江	0.47	0.09	0.45	0.07	0.39	0.06
安徽	0.38	0.03	0.57	0.06	0.41	0.03
福建	0.35	0.04	0.42	0.11	0.34	0.09
江西	0.21	0.01	0.41	0.04	0.37	0.04
山东	0.26	0.02	0.46	0.08	0.37	0.05
湖南	0.27	0.01	0.67	0.08	0.35	0.03
湖北	0.29	0.02	0.40	0.03	0.25	0.04
河南	0.23	0.02	0.38	0.04	0.32	0.04
广东	0.30	0.09	0.45	0.15	0.39	0.10
广西	0.31	0.02	0.52	0.05	0.40	0.04
海南	0.20	0.02	0.12	0.07	0.26	0.06
重庆	0.33	0.04	0.38	0.03	0.47	0.05
四川	0.25	0.02	0.42	0.03	0.28	0.04
贵州	0.14	0.01	0.53	0.05	0.45	0.04
云南	0.16	0.02	0.42	0.05	0.28	0.04
陕西	0.23	0.01	0.59	0.07	0.64	0.07
甘肃	0.24	0.02	0.46	0.16	0.29	0.04
青海	0.25	0.01	0.41	0.05	0.40	0.05
宁夏	0.20	0.01	0.38	0.04	0.36	0.03
新疆	0.26	0.05	0.44	0.07	0.53	0.06

注：指标 PVA_Fs 表示各省区市之间增加值的收益率，DVA_Fs 表示国外（或境外）的增加值收益率。

资料来源：作者计算得来。

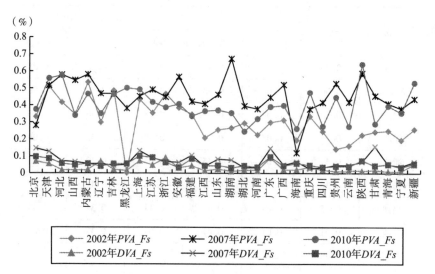

图 4 – 8　2002～2010 年各省份的贸易增加值收益率

资料来源：作者计算得来。

就 *DVA_Fs* 而言，2002 年国外贸易增加值收益率较高的是浙江省和广东省，与 *PVA_Fs* 类似，大多数省份在考察期间出现了先升后降的变动趋势，至 2010 年 *DVA_Fs* 较之于 2002 年总体有所提升，但收益率仍处于较低水平，平均仅为 0.057，最高是上海的 0.102。不可否认，东部地区在低端市场需求、工业基础设施与大规模加工制造等方面建立的"在位优势"，加之中部和西部产业大梯度优势，促使我国迅速发展成为全球最具竞争力的加工和代工服务平台（Gereffi，2004；张少军和刘志彪，2013）。然而，由于这种出口导向战略与代工战略的形成主要源自各个地区"以增长为竞争"的绩效激励，并没有从根本上促进技术进步和创新。相反，在金融危机等因素导致贸易条件恶化的情况下，盲目地增加出口还可能会对各地区的经济发展产生负面影响。而且，多年来在奉行的出口导向型代工战略下，我国制造业生产商在参与以发达国家跨国公司为主导的全球价值链分工时，被长期限制在传统以及新兴产品价值链生产的低附加值环节。

在考察价值链参与度与收益率之后，下面对各个省份的生产链长度进行测度，结果如表4-9所示。可以看出，2002年吉林省、内蒙古自治区、福建省、江苏省等地区的生产链相对较长，以吉林为代表的资源型省份，自然资源禀赋的比较优势突出，一般处于产品生产链的上游。除此之外，吉林省以生产链较长的汽车工业为支柱产业，不仅促进了吉林省内上下游产业的快速发展，而且也带动了相邻的黑龙江省和辽宁省汽车工业的发展，并进一步形成了以吉林为核心的汽车产业生产链条。其他东部发达地区的生产链并不长，可能的原因在于像上海市、广东省、浙江省、福建省等东部地区虽然自身具有相对完整的产业生产链条，但是在参与全球价值链分工时多集中在加工组装环节，出口的产品较多用于最终消费，在价值链上处于下游的位置，故而生产链条并不长。2007年，除北京市、江苏省、浙江省、福建省、海南省及个别中部省份如湖北省、湖南省等的生产链稍有缩短外，其他省份的生产链均有所延长。2010年的情形与2007年基本类似，即个别省份的生产链缩短而大部分地区的生产链不断延伸。当前全球化与区域一体化深入发展，产品生产链的延长意味着国际专业化分工体系日趋完善。产品价值链与生产链的分割与整合使得一些发达国家通过控制价值链的高端环节，将其他发展中国家限制在低附加值环节，榨取发展中国家企业的利润空间，用于其自身的"去工业化"（苏立君，2017）。因此，对于处于价值链低端的中国而言，在价值链分工中不断延长的生产链有利于提升本土企业的产品附加值和竞争力，这同时也是我国实现价值链升级的必然结果。

表 4 – 9　　　　　　　　2002 ~ 2010 年各省份市生产链长

省份	2002 年	2007 年	2010 年	省份	2002 年	2007 年	2010 年
北京	2.14	2.01	2.02	湖南	2.51	3.94	3.05
天津	2.27	2.75	3.08	湖北	2.69	2.36	2.95
河北	2.55	3.18	3.36	河南	2.40	2.27	2.64
山西	2.78	3.30	3.13	广东	2.61	2.87	2.58
内蒙古	2.87	3.41	3.54	广西	2.38	2.65	3.12
辽宁	2.60	2.63	2.53	海南	1.90	1.62	2.67
吉林	3.11	2.67	3.02	重庆	2.60	2.28	3.23
黑龙江	2.26	2.67	3.37	四川	2.46	2.59	2.83
上海	2.35	2.37	2.19	贵州	2.33	3.27	2.83
江苏	2.80	2.71	2.79	云南	2.17	2.55	2.47
浙江	2.78	2.49	2.51	陕西	2.13	3.24	3.79
安徽	2.46	3.02	2.37	甘肃	2.20	2.95	2.82
福建	2.86	2.68	2.73	青海	2.64	2.74	3.47
江西	2.17	2.51	3.35	宁夏	2.28	2.60	2.67
山东	2.69	3.17	3.11	新疆	2.69	3.29	3.39

注：此处的生产链长为全球价值链与国内价值链链条的和。

资料来源：作者计算得来。

　　基于上述增加值收益率与生产链长的分析，下面将以我国传统优势产业纺织业为代表，检验双重价值链分工下的产业微笑曲线是否存在。如图 4 – 9 所示，2002 年各省份的国内增加值收益率与价值链平均生产链长之间拟合的趋势线呈现开口向上，两端凸起而中间下凹的微笑曲线。其中，大部分地区处于微笑曲线的低端，从事附加值相对较低的生产制造环节，只有个别少数省份如广东省、浙江省、北京市等处于附加值相对较高的右端。2007 年我国纺织业微笑曲线向上移动，行业附加值收益率明显提升，但是各省份之间收益的差异也不断扩大，随后至 2010 年出现了"倒微笑曲线"或"武藏曲线"，产业的附加值收益率出现平衡化趋势，而且产业的生产链条也趋于延长。

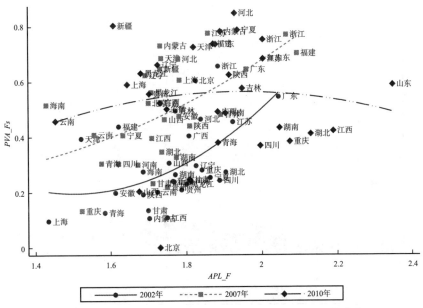

图 4 - 9　2002 ~ 2010 年各省份纺织业国内价值链微笑曲线

资料来源：作者计算得来。

从 2002 ~ 2010 年各省份的全球价值链微笑曲线可以看出（如图 4 - 10 所示），2002 年大部分省份纺织行业仍旧处于微利运营阶段，且低端集聚态势明显。2007 年这种情况稍有缓和，在全球价值链中的增加值收益率稍有上升，2010 年同样呈现出"倒微笑曲线"，生产链有所延伸，但是收益率呈现明显的下行趋势。纺织行业的产业链条是最能体现利润分配的不均衡特点。在纺织服装的生产成本中，劳工成本占比高达 60%，是典型的劳动密集型产业。不仅如此，自 20 世纪 60 年代纺织业全球产业链形成以来，其全球化程度日益提升，根据各国或地区的原料及劳动价格优势的变动进行全球布局，纺织行业的生产基地由最初的欧美发达国家先后转移到日本、韩国及中国香港和中国台湾地区，而后自 20 世纪 90 年代开始向具有廉价劳动优势的中国（不含港澳台地区）及其他亚洲和拉美国家进行转移。

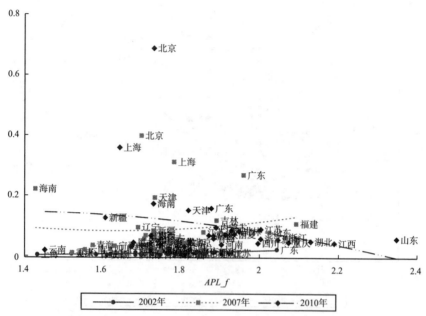

图 4 – 10　2002 ~ 2010 年各省份纺织业全球价值链微笑曲线

资料来源：作者计算得来。

就目前而言，欧盟、美国与日本等发达经济体在纺织业全球价值链分工格局中居于主导地位，占据着高附加值的价值链环节，如品牌设计、科技研发、原料供应及市场营销等，与此同时也控制着高科技含量及新兴产品的生产；作为新兴工业化国家或地区的韩国，以及中国香港与中国台湾地区通过加大科学技术和原料的研发力度，并对外转移纺织行业中的传统生产环节，不断地向"微笑曲线"两端转移，实现了纺织业产业链的升级和全球价值链分工中地位的提升；东欧国家、墨西哥及加勒比海地区凭借与欧盟、美国的自由贸易协定等区域安排获得了关税配额等相应的优惠条件，并借此大力发展服装加工业，开拓欧美市场，类似的还有非洲国家；中国、印度、越南、巴基斯坦等南亚及东亚国家，因具有相对娴熟的加工工艺和廉价劳动力等比较优势，出口中低档服装产品，因此在全球纺织服装产业链中扮演"世界工厂"的角色（查志强，2006）。

纺织服装产业不仅是我国的传统优势产业，而且随着全球纺织服装产业链的跨国转移，我国已经成为世界最大纺织服装生产国和出口国。我国纺织、棉纱、化纤、丝绸、服装等产品的生产量居于世界首位，纺织服装产品的出口额占全球出口总额的 1/6，我国对于纺织纤维的消费量占全球总消费量的 25% 左右（查志强，2006）。但是，即便如此，我国纺织服装在全球纺织服装产业链中仍旧居于附加值较低的低端环节。究其原因，我国出口的纺织产品虽然规模大，但是并没有自主品牌，大多是贴牌、定牌生产，档次低、价格低，在面对日益激烈的国际竞争时，只能打价格战，缺乏议价能力，其结果是面临陷入"贫困式增长"的困境。因此，亟须转变传统优势产业的发展模式，有效整合优化产业链条，积极培育产业发展的新动能。

4.4　本章小结

本章从改进的投入产出模型出发，基于现有的全球价值链理论及分解逻辑，从出口贸易分解、增加值分解、增加值贡献率、生产链长度等方面构建了全球价值链与国内价值链双重价值链分工的分析框架。然后，借鉴 WIOT 对于多国投入产出关系的整合逻辑及现有研究的做法，将 CMRIO 嵌入到 WIOT 中，最终得到涵盖我国 30 个省份（不包含西藏及港澳台地区），11 个世界主要国家（包括 RoW）及 20 个产业部门的 WIOT - CMRIO，以考察我国各省份在双重价值链分工的地位及演变。研究结果表明：

（1）从中间品关联网络来看，2002～2010 年部分省份参与国内价值链的中间品关联程度明显下降，尤其是东部地区；个别省份参与全球价值链的中间品关联在此期间呈现明显的增幅，而大部分省份的全球价值链中间品关联仍旧保持在相对较低的水平。以江苏省、广东省、山东省为主的东部地区在关联网络中的地位依旧突出，中部省份多数情况下作为西部地区向东部地区转移原材料、劳动及中间投入品的"中转站"。随着各省份制造业行业技术水平的不断提升，我国作为"世界加工厂"的地位更加稳固，不仅对于国外中间投入品的进口依赖大幅降低，而且已经成为其他国家中间投入品的重要来源国。与此同时，我国与"一带一路"沿线国家之间的中间品关联网络也日益密切。

（2）从价值链分工的参与程度方面，以最终品加工为主的传统贸易仍然在东部省份的外向型经济发展模式中占据主要地位；与之相反，多数中西部内陆省份的增加值除用于自身消费以外，主要用于参与国内价值链分工，且国内大部分地区尤其中西部省份国内价值链参与率的增长主要得益于国内自东部向中西部地区的产业转移。东部地区承接来自跨国公司的离岸外包业务，并将一些劳动密集型及简单的生产工序外包给中部企业。除此以外，中西部地区还分包了其中资源密集型的业务，从而形成多层次、全方位的开放型专业化分工体系。随着我国不同区域之间经济一体化的不断深入，产品的生产过程由越来越多的省份参与，省际中间品贸易规模日益扩大，且跨越省际的次数也越来越多，促使产品的生产地与消费地在空间上分离，同时加强了不同地区之间的中间品联系与分工协作。

（3）从双重价值链分工的微笑曲线检验方面，国内贸易增加值的收益率明显高于国外贸易，且这种差距在 2007 年总体趋于扩大，2010 年整体趋于缩小。国内省际贸易附加值收益率较高的省份一般集中在资源或者技术相对密集的地区，但在 2002～2010 年间有所下降。大多数省份的国外贸易收益率也出现了先升后降的变动趋势，但是始终处于较低水平，这也说明我国产业尤其低附加值制造业缺乏核心技术，也就无法掌握或控制产业链上的关键环节（王燕飞，2018）。因此，提升我国参与国际分工的增值能力，只能以培育核心技术、关键生产环节等高附加值生产要素为着眼点，而不能寄希望于产业链生产布局的转换。此外，我国个别省份的生产链缩短而大部分地区的生产链不断延伸。当前全球化与区域一体化深入发展，产品生产链的延长意味着国际专业化分工体系日趋完善。以传统优势产业纺织业为例的检验结果显示，各省份的国内增加值收益率与价值链平均生产链长之间拟合的趋势线呈现开口向上的微笑曲线，而后出现了"倒微笑曲线"或"武藏曲线"，而在全球价值链分工中我国纺织业的生产链条也趋于延长，但收益率呈现明显的下行趋势。大部分省份纺织行业在全球价值链分工中仍旧处于微利运营阶段，且低端集聚态势突出。

▶ 第 5 章 ◀

国内价值链分工对区域
经济差距的影响研究

　　基于我国各地区的经济差异及参与双重价值链分工的典型事实，本章将深入探究国内价值链分工对区域经济差距的影响及其异质性。具体而言，本章在经典的核心—边缘（CP）模型的基础上，考察国内价值链分工如何影响核心地区与边缘地区的收入差距，而后构建实证模型进行经验检验，并从地区异质性、产业结构、要素流动及市场一体化等方面考察其潜在的影响机制。系统把握国内价值链分工对区域经济差距的影响，有利于从投入产出层面揭示畅通国内大循环的重要堵点。

5.1　理　论　框　架

5.1.1　模型假设

　　假设两个同质①的地区北部和南部，均存在农业（A）、制造业（M）和资本创造部门（I）两个部门，资本（K）和劳动力（L）两

---

　　① 两个地区的同质性表现在偏好、禀赋、技术、交易水平等方面都相同。

种生产要素。为了简化分析并得到直观的经济学解释，本研究尽量避免大量技术性细节的考虑。假定农业部门规模收益不变，且生产同质产品 A，市场是完全竞争的且无贸易成本。制造业部门存在规模报酬递增和冰川交易成本 $\tau(\tau \geqslant 1)$，生产异质性产品 C，产品市场为垄断竞争。消费者总效用以柯布－道格拉斯（C－D）函数表示，工业品效用函数以不变替代弹性（CES）函数表示，如式（5－1）所示：

$$U = A^{1-\mu}C_M^{\mu}, \text{ 其中 } C_M = (\int_{k=0}^{n^w} (c_k)^{\frac{\sigma-1}{\sigma}} \mathrm{d}k)^{\frac{\sigma}{\sigma-1}} \qquad (5-1)$$

其中，μ 表示工业品的支出份额，$1-\mu$ 表示农产品的支出份额，σ 表示工业品之间的替代弹性，是决定空间集聚力的重要变量，且 $0<\mu<1<\sigma$；C 为制造业总和，c_k 表示对 k 类产品的需求，n^w 为制造业部门产品种类。同样地，复合消费者价格指数（P）可以表示为式（5－2）所示：

$$P = P_A^{1-\mu}P_M^{\mu}, \text{ 其中 } P_M = (\int_{k=0}^{n^w} (p_k)^{1-\sigma} \mathrm{d}k)^{\frac{1}{1-\sigma}} \qquad (5-2)$$

其中，P_A 表示农产品价格，P_M 表示所有工业品的价格，p_k 是 k 类工业品的价格。价格指数的倒数也被称为生活成本指数。

假定制造业部门每个企业投入的资本和劳动只生产一种异质性产品，且均以一单位的资本作为固定投入，每单位产出需 a_m 单位劳动力，则单个代表性企业的成本函数可以表示为 $\pi + wa_M x$。其中，π 为资本收益率，w 为劳动力的名义工资，x 为产品产量。假定资本创造部门只使用劳动力作为投入，以北部为例，创造一单位资本需要的劳动力为 a_I，则单位资本的创造成本可表示为 $F = wa_I$；支出为 E，占整个经济体总支出的份额为 s_E，企业或资本的数量为 K，占整个经济的份额为 s_n。对应的南部地区各变量均以"$*$"加以区分，则南部地区单位资本创造成本为 $F^* = wa_I^*$，支出为 E^*，占比为 s_E^*，企业或资本的数量为 K^*，占比为 s_n^*，则有 $s_E + s_E^* = 1$ 且 $s_n + s_n^* = 1$。

假定资本创造部门的成本函数是以"可用总资本存量"为分母的

"反比例函数"形式，以北部地区为例，则有 $a_I = 1/[K + f(\phi)K^*]$，其中 $f(\phi)$ 为开放度 ϕ 的增函数。为简化分析，令 $f(\phi) = (1+\phi)/2$，则北部和南部资本创造成本分别为式（5-3）所示：

$$a_I = 1/[K + (1+\phi)K^*/2] \quad a_I^* = 1/[K^* + (1+\phi)K/2]$$

$$(5-3)$$

在规模报酬递增的情况下，由于资本积累的外部性，制造业部门的生产效率将随着可用总资本存量的增加而增加。新经济地理学中用产品劳动边际投入（a_M）的倒数表示生产效率，因此构建 a_M 与"可用总资本存量"之间的"负幂函数"函数，假定 a_M 是"可利用总资本存量" $K + (1+\phi)K^*/2$ 的 $1/(1-\sigma)$ 次幂，则北部和南部地区产品的边际投入可分别表示为式（5-4）所示：

$$a_M = [K + (1+\phi)K^*/2]^{1/(1-\sigma)} \quad a_M^* = [K^* + (1+\phi)K/2]^{1/(1-\sigma)}$$

$$(5-4)$$

由于本研究构建的模型为包含区位因素的内生增长模型，涉及消费者的跨期效用最大化问题，效用函数仍以 C-D 函数表示。为便于分析，假设消费者的跨期替代弹性为 1，并将各期现值效用函数 $\mu(C)$ 表示为对数形式 $\ln C$，则有式（5-5）：

$$\mu(C) = \int_{t=0}^{\infty} e^{-\rho t}\ln C \mathrm{d}t, \ U = A^{1-\mu}C_M^{\mu}, \ C = \left(\int_{k=0}^{n^w}(c_k)^{\frac{\sigma-1}{\sigma}}\mathrm{d}k\right)^{\frac{\sigma}{\sigma-1}}$$

$$(5-5)$$

其中，ρ 为消费者的时间偏好率，即消费者的效用折现率。

5.1.2 均衡分析

均衡条件一：农业部门完全竞争与规模收益不变。对于农业部门而言，由于是完全竞争市场且不存在贸易成本，因此两地区的产品价格和劳动力工资均相等，为简单起见，以农业部门单位劳动投入 a_A 为计价物，则有 $p_A = p_A^* = w = w^* = 1$。

均衡条件二：工业部门消费者效用最大化与收入约束。以北部地区为例，可得出工业品支出为 μE，其中北部地区支出 E 为要素收益扣除资本创造支出，要素收益包括劳动力收入和资本收益，资本创造支出既包括资本折旧 δKa_I，也包括保持资本存量以 g 净增长的支出 gKa_I，南部地区与之类似，因此北部和南部地区的支出如式（5-6）所示：

$$E = s_l L^w + \pi K - (\delta + g) Ka_I \quad E^* = (1 - s_l) L^w + \pi^* K^* - (\delta + g) K^* a_I^*$$

$$(5-6)$$

根据工业品效用最大化的一阶条件，可得到某一工业品的消费量 c_j，如式（5-7）所示：

$$c_j \equiv \mu E \frac{p_j^{-\sigma}}{P_M^{1-\sigma}} = \mu E \frac{p_j^{-\sigma}}{\Delta n^w}, \text{ 其中 } \Delta n^w = \int_{i=0}^{n^w} p_i^{1-\sigma} \mathrm{d}i \quad (5-7)$$

其中，p_j 为工业品 j 的价格，n^w 为企业总数或者工业品种类总数。工业品需求包括本地市场需求和外地市场需求，基于冰川交易成本假设，均衡时产品 j 的产量可表示为：$x_j = c_j + \tau c_j^*$。

均衡条件三：垄断竞争均衡时，企业的净利润为零。产品的最优定价即根据边际成本加成定价法定价。由于存在冰川交易成本，北部产品在南部的出售价格与北部之比为 τ，如式（5-8）所示：

$$p = \frac{wa_M}{1 - 1/\sigma} \quad p^* = \frac{\tau wa_M}{1 - 1/\sigma} \quad (5-8)$$

从式（5-8）中可以看出，单位价格中可变劳动力投入成本 wa_M 占比为 $1-1/\sigma$，而固定的资本投入成本占比为 $1/\sigma$。由此结合均衡时产品产量可得到资本收益的表达式为式（5-9）所示：

$$\pi = \frac{p}{\sigma} x = \frac{\mu p^{1-\sigma}}{\sigma} \Big[\frac{E}{n^w p^{1-\sigma} (\chi s_n + \phi(1 - s_n))} + \frac{E^* \phi}{n^w p^{1-\sigma} (\chi \phi s_n + (1 - s_n))} \Big] \chi$$

$$(5-9)$$

其中，$\chi = (a_m/a_m^*)^{1-\sigma} = [s_n + (1 + \phi)(1 - s_n)/2]/[(1 - s_n) + (1 + \phi) s_n/2]$。为便于分析，将北部地区本地消费的产品价格标准化为 1，且用符号表示北部和南部地区的工业品价格指数：$\Delta = \chi s_n +$

$\phi(1 - s_n)$，$\Delta^* = \chi\phi s_n + (1 - s_n)$，再令 $b = \mu/\sigma$。至此，北部和南部地区的资本收益率可分别表示为式（5 – 10）所示：

$$\pi = bBE^w/K^w，\text{其中} B = \left(\frac{s_E}{\Delta} + \phi\frac{1 - s_E}{\Delta^*}\right)\chi$$

$$\pi^* = bB^* E^w/K^w，\text{其中} B^* = \left(\phi\frac{s_E}{\Delta} + \frac{1 - s_E}{\Delta^*}\right)\chi \qquad （5 – 10）$$

均衡条件四：根据托宾 q 理论，资本成本等于资本价值时，经济系统实现均衡。CP 均衡状态下，所有资本均集中于核心区，边缘区则因不满足条件而停止资本创造，假设北部地区为核心区，则用公式可表示为式（5 – 11）所示：

$$q = \frac{v}{F} = 1，\quad q^* = \frac{v^*}{F^*} < 1，\quad s_n = 1 \qquad （5 – 11）$$

其中，q 表示资本价值（v）与资本成本（F）的比率，即托宾 q。均衡条件下，假设资本存量的增长率为 g，资本的增加意味着工业品种类的增加，而单位资本的收益则以 g 的速率下降，即 $\pi(t) = \pi e^{-gt}$，$\pi^*(t) = \pi^* e^{-gt}$。资本还面临一个固定的折旧率，单位资本在未来仍可使用的资本量变为 $e^{-\delta t}$，再加上资本未来收益的折现 $e^{-\rho t}$，则单位资本在当期的价值可表示为式（5 – 12）所示：

$$v = \int_0^\infty e^{-\rho t} e^{-\delta t} (\pi e^{-gt}) \, \mathrm{d}t = \frac{\pi}{\rho + \delta + g} = F，\text{同理} v^* = \frac{\pi^*}{\rho + \delta + g} = F^*$$

$$（5 – 12）$$

当 $s_n = 1$ 时，$K = K^w$ 且 $K^* = 0$，由式（5 – 4）和式（5 – 10）可得 $B = 1$，$Ka_I = KF = 1$，将结果代入式（5 – 6），整理可得到整个经济体的总支出 $E^w = L^w + \pi K - (\delta + g) Ka_I$，根据式（5 – 11）和式（5 – 12），$\pi K = (\rho + \delta + g) FK$，进一步简化得到 $E^w = L^w + \rho$。此时，北部地区的名义收入为 $L^w/2 + \rho$，南部地区为 $L^w/2$，表明一个区域资本份额或产业份额越多，名义收入越高。

随着资本份额的增加，产品种类也在增加，从而降低了区域的生活成本指数，提高实际收入水平。根据上述假定，$\dot{K}^w/K^w = g$ 等价于

$K^w(t) = K^w(0)e^{gt}$，等价于 $n^w(t) = n^w(0)e^{gt}$，且农产品价格设定为 1，结合式（5 – 2）可得北部地区的总价格指数为 $P(t) = P_M^{-\mu}(t) = P_M^{-\mu}(0)e^{-\mu gt/(1-\pi\sigma)}$，同理可得到南部地区的价格指数 $P^*(t) = (P_M^*)^{-\mu}(t) = (P_M^*)^{-\mu}(0)\phi^{\mu/(\sigma-1)}e^{-\mu gt/(1-\pi\sigma)}$，为简化考虑，设北部地区价格指数 $P = 1$，南部地区的价格指数则为 $P^* = \phi^{\mu/(\sigma-1)} > 1 = P$。这表明北部地区的实际收入水平为 $L^w/2 + \rho$，显然高于南部地区的 $L^w/2\phi^{\mu/(\sigma-1)}$，两地区的收入差距将随着资本份额或产业份额差距的扩大而扩大。

5.1.3　存在国内价值链分工的情形

在参与国内价值链分工的过程中，北部地区在既有较高的产业份额与购买力的情况下，从南部地区购买更多的初级加工中间品、劳动及其他能源资源，以进一步扩大生产规模，实现规模经济，这会在一定程度上带动南部地区的经济发展，但是也会提高南部地区的产品价格水平而降低北部地区价格水平，扩大两地区的收入差距。我国东部与中西部地区发展日益突出的不平衡问题也印证了这一点。中国凭借国内巨大的市场规模及廉价的劳动力比较优势，通过全球贸易投资一体化战略，迅速成为"世界工厂"（张少军，2009）。尤其东部沿海地区，凭借其地理区位优势和制度优势参与国际专业化分工，一方面集聚了大量的国内外资本和高级生产要素，吸引了中西部地区的能源资源、劳动力和粗加工品的不断涌入；另一方面，将部分初级产品的加工环节分包给中西部地区的企业，使得中西部地区特别是西部地区在国内分工网络中处于外围和初级地位（刘志彪，2013）。这种模式下国内价值链分工致使东部沿海地区与中西部内陆地区之间的经济增长差异和收入分配差异逐渐扩大，不利我国区域经济的协调发展。

但是，国内价值链分工体系的进一步深化和完善则有利于协调我国区域经济差距，一个典型的例子是长三角地区（刘志彪和郑江淮，2012；刘志彪，2013）。长三角各地区之间所形成的国内价值链分工体系以上海为主，以江苏省和浙江省为辅，前者主要提供高端生产性服务业，后者则将获得的生产性服务投入到生产制造过程中。长三角地区不仅内部形成了经济协调发展的协作分工模式，同时也成为全国经济发展和现代化的引领者。这种分工格局的构建，一方面得益于上海配置全球创新资源的能力，另一方面也离不开江浙两省坚实的制造业基础和雄厚的经济实力。相比之下，我国其他地区如京津冀各地区之间并未实现有效的协同合作，且存在诸多的功能性重复建设，致使京津冀内部没有形成像长三角地区那样的具有国内价值链分工特征的区域经济协调发展机制。由此可见，通过构建以我国本土企业为主导的国内价值链分工体系，促进不同地区之间产业的协同发展，是缩小区域经济差距的可行途径和有效对策。首先，以本土企业为主导的国内价值链分工网络，有利于将企业的经营利润更多地留在国内，而并非流向国外。同时，国内价值链分工中所包含的高附加值生产环节有利于本土企业获得更多的资本利得，这些收益就为进一步投资及缩小区域经济差距奠定了重要基础和物质保障。其次，深化并完善国内价值链分工体系的过程中，不仅可以充分整合国内不同地区之间的能源资源和生产要素，协调区域之间的经济差异，而且还可以将非核心的生产环节外包给国外企业，主动整合全球资源，并集中优势力量破除阻碍我国经济发展的关键问题和技术瓶颈。最后，完善国内价值链分工体系有利于促进不同地区之间产业的循环联动发展，盘活上下游产业与资源，以弥补国内全球价值链分工链条过短的不足，同时加快全球价值链与国内价值链产业链条的对接互动，推进国内生产网络的逐步完善与延伸，通过国内外专业化分工的深化和生产的迂回化，实现范围经济与规模经济，增加人力资本与知识等高端生产要素及的积累。由此可见，区域间存在国内价值链分工的情形，依托于国际专业化与国际产业转移不仅对我国各地区之间的分工格局产生了深刻的影响，而且也扩大了区域经济差距。但是，随着国内分工体系的不断完善和深化，国内价值链将有利于缩小区域经济差距，这也是我国未来实现区域经济协调发展的必然选择。

5.2　模型设定与数据说明

5.2.1　计量模型构建

为检验国内价值链分工对于区域经济差距的影响，下面以各地区 GDP 增长率的离差表示地区经济差距，具体计算公式为 GDP 增长率离差 = 某一地区 GDP 增长率 - 全国 GDP 增长率的平均值；以第 4 章测算的国内价值链参与度为核心解释变量，并纳入其他可能影响区域经济差距的控制变量，考察各区域参与简单或复杂国内价值链分工对于经济差距的影响。构建的计量模型如式（5 - 13）所示：

$$Eco\_dis_{it} = \alpha_0 + \alpha_1 NVC\_Pat\_f_{i,t} + \alpha_2 X_{it} + \mu_i + \delta_t + \varepsilon_{it}$$

$$(5 - 13)$$

其中，下标 i 代表地区，t 表示年份，Eco_dis_{it} 表示不同地区之间的经济差距，NVC_Pat_f 为国内价值链参与程度指数，可进一步细分为简单国内价值链参与指数（NVC_Pat_S）和复杂国内价值链参与指数（NVC_Pat_C）。X 表示影响区域经济差距的其他因素，借鉴现有研究（刘修岩等，2017）主要包括对外开放水平（$Open$）、外商直接投资（FDI）、物质资本投入（$Invest$）、政府干预（$Fiscal$）和人力资本水平（$Humcap$）。α_0 为常数项，μ_i 和 δ_t 分别表示地区不可观测的个体效应和时间效应，ε_{it} 表示随机干扰项。

5.2.2 数据来源及说明

测算国内价值链分工指数所需数据的来源已经在第 4 章详细阐述，此处不再赘述。除此以外，本章中用到的其他数据主要来自历年中国统计年鉴、中国劳动统计年鉴及各地区的统计年鉴。各控制变量的具体含义及测算如下：对外开放水平（Open），用进出口贸易额占 GDP 的比值表示；外商直接投资（FDI），用外商直接投资与 GDP 的比值衡量；物质资本投入（Invest），用固定资产投资占 GDP 的比重衡量；政府干预（Fiscal），用政府财政支出与 GDP 的比值衡量政府对经济活动的干预；人力资本水平（Humcap），用 6 岁及 6 岁以上居民的平均受教育年限与总人口的比重衡量，根据中国的实际情况，以 6 年、9 年、12 年及 16 年分别计为小学到大专及以上的受教育年限，则人力资本可表示为：（小学 ×6 + 初中 ×9 + 高中 ×12 + 大专及以上 ×16）/ 总人口。

在进一步分析的过程中，对于东部、中部和西部三大区域的划分具体为：东部地区包括北京市、上海市、天津市、江苏省、河北省、浙江省、山东省、福建省、广东省、海南省、吉林省、黑龙江省和辽宁省等 13 个省份；中部地区包括安徽省、河南省、湖北省、山西省、湖南省和江西省等 6 个省份；西部地区包括四川省、重庆市、云南省、广西壮族自治区、贵州省、蒙古壮族自治区、青海省、甘肃省、陕西省、宁夏回族自治区和新疆维吾尔自治区等 11 省份[①]。对于国内价值链分工影响区域经济差距深层机制的论证用到的变量主要有第二产业（Secondary）、第三产业（Tertiary）、客流量、货流量及市场一体化程度。其中，第二产业和第三产业分别用二、三产业产值在 GDP 中的比重表示，用以衡量产业结构的变化或优化程度；客运量与货运量的相关数据也来源于《中国统计年鉴》，主要

---

① 此处限于数据的可获得性，未包括西藏自治区，且不含港澳台地区。

用以反映要素流动情况；市场一体化指数的测算主要借鉴盛斌和毛其淋（2011）的做法，以各类产品的市场分割指数加权平均值的倒数表示。

模型中各个变量的描述性统计如表 5 – 1 所示。

表 5 – 1　　　　　　　　　描述性统计

变量	样本	平均值	标准差	最小值	最大值
Eco_dis	90	0.00	1.54	– 3.26	4.65
NVC_Pat_f	90	0.26	0.12	0.02	0.70
NVC_Pat_S	90	0.14	0.07	0.01	0.53
NVC_Pat_C	90	0.12	0.07	0.01	0.34
$Open$	90	0.19	0.23	0.02	0.99
FDI	90	0.00	0.01	0.00	0.06
$Invest$	90	0.53	0.17	0.28	0.93
$Fiscal$	90	0.18	0.01	0.08	0.55
$Humcap$	90	8.14	0.85	6.12	11.09

5.3　实证检验与估计结果

5.3.1　散点图趋势分析

在进行实证检验之前，首先绘制国内价值链分工与区域经济差距的散点图，对二者之间的关系及变动趋势进行初步判定。如图 5 – 1 所示，NVC_Pat_f 与区域经济差距散点的拟合曲线呈现明显的正相关关系，这意味着国内价值链分工有可能扩大区域经济差距。图 5 – 2

中 NVC_Pat_S 和 NVC_Pat_C 与区域经济差距的散点图也再次印证了这一点，且 NVC_Pat_S 图中拟合曲线的斜率稍大于 NVC_Pat_f 与 NVC_Pat_C 图中拟合线的斜率，即较之于复杂国内价值链分工，简单的国内价值链分工对于区域经济差距的扩大作用更为明显。下面运用更为严谨的计量方法进行实证验证。

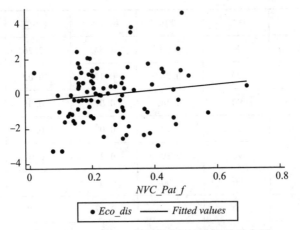

图 5 - 1　NVC_Pat_f 与区域经济差距的散点图

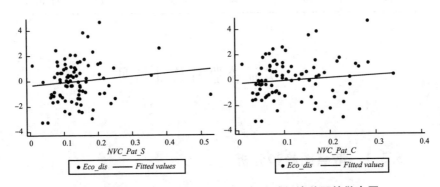

图 5 - 2　NVC_Pat_S、NVC_Pat_C 与区域经济差距的散点图

5.3.2　基准估计

国内价值链分工影响区域经济差距的基准估计结果如表 5 - 2

所示，包括控制变量在内的各个变量的共线性检验结果表明方差膨胀因子（variance inflation factor，VIF）为 2.04，远低于 10 的经验值，说明变量之间不存在多重共线性的问题。豪斯曼检验结果显示固定效应模型优于随机效应模型，极大似然估计（LR）显示增加控制变量的估计结果显著优于不含控制变量的模型，因此接下来的分析主要围绕模型（5-2）、模型（5-4）和模型（5-6）的估计结果展开。值得注意的是，在加入控制变量之前，国内价值链分工指数的参数不显著，而加入控制变量之后变得显著，排除国内价值链分工指数与控制变量之间存在多重共线性问题后，可能的原因是国内价值链分工指数本身对于区域经济差距的解释力有限，不含控制变量的模型存在遗漏重要变量的问题，使得模型误差项的方差比较大，t 值的测算主要是统计变量的系数与误差项方差的比值，误差项方差的增加将降低 t 值，导致参数不显著。在加入控制变量之后，在一定程度上解决了遗漏变量问题，降低了误差项的方差，使得解释变量的 t 值增加，从而估计系数变得显著。拟合优度（R2）的变化也正说明了这一点。

表 5-2　　　　　　　　　基准估计结果

变量	模型 (5-1)	模型 (5-2)	模型 (5-3)	模型 (5-4)	模型 (5-5)	模型 (5-6)
NVC_Pat_f	0.233 (1.046)	0.416 * (1.855)				
NVC_Pat_S			0.035 (0.092)	0.631 * (1.822)		
NVC_Pat_C					0.454 (1.434)	0.545 (1.258)
Open		0.258 *** (3.039)		0.246 *** (2.952)		0.242 *** (2.813)

续表

变量	模型 (5-1)	模型 (5-2)	模型 (5-3)	模型 (5-4)	模型 (5-5)	模型 (5-6)
FDI		0.109 (1.584)		0.111 (1.606)		0.101 (1.454)
Invest		0.436*** (3.913)		0.474*** (4.142)		0.397*** (3.439)
Fiscal		-0.553*** (-2.863)		-0.626*** (-3.262)		-0.519** (-2.520)
Humcap		0.024 (0.114)		0.012 (0.057)		0.043 (0.204)
Cons	0.955*** (15.738)	-0.695 (-0.942)	1.011*** (17.810)	-0.959 (-1.268)	0.961*** (22.774)	-0.449 (-0.584)
时间效应	Yes	Yes	Yes	Yes	Yes	Yes
地区效应	Yes	Yes	Yes	Yes	Yes	Yes
Hausman	6.2**	40.72***	6.83**	41.43***	6.9**	39.04***
LR Test	—	38.86***	–	40.31***	—	34.42***
Observations	90.000	90.000	90.000	90.000	90.000	90.000
Adj-R2	0.018	0.362	0.02	0.361	0.034	0.341
Log Likelihood	47.388	66.820	46.568	66.724	48.103	65.314

注：括号中为 t 值；*、** 和 *** 分别表示 10%、5% 和 1% 的显著水平。

表 5-2 中模型（5-2）和模型（5-4）的估计结果基本一致，国内价值链分工指数前的估计结果为正，且通过了 10% 的显著性检验，而且简单国内价值链分工指数的系数稍大于总体的国内价值链分工指数，模型（5-6）的估计结果显示复杂国内价值链分工指数的参数估计虽然也为正值，但是并不显著。这说明国内价值链分工尤其国内各区域之间的简单国内价值链分工在一定程度上会扩大区域经济差距，而复杂国内价值链分工对于区域经济差距的影响在统计上并不

显著。国内价值链分工下，可将中间投入品视为类似劳动、原材料等生产要素，按照新经济地理的理论逻辑，国内中间投入品的省际流动将沿着当前已经形成的地理格局惯性，向具有初始优势的地区不断集聚，形成一种自我强化与锁定，从而加剧地区之间的经济差异。从我国的实际情况来讲，不论是国内还是国外，市场导向下的产业主要分布并集聚在东部沿海的发达地区，这一方面是由于我国"东部率先发展"的区域发展战略；另一方面也受益于中部与西部地区大量能源资源与劳动力供给。优质资源和生产要素在东部发达地区的高度集中，迫使传统产业部门与制造工厂迁移至外围地区，而核心地区仅保留了大型企业的总部功能，进而在空间上分离了国内企业的总部经济与工厂经济。居于主导地位的总部经济负责企业的营业收入及财税核算，而工厂经济仅处于辅助生产的地位，这种模式下的国内分工不可避免地扩大了核心区域与外围区域的差距。

除核心解释变量外的其他控制变量的估计结果近似，其中，对外开放水平（$Open$）的参数估计结果介于 0.242～0.258 之间，且通过了 1% 的显著性水平检验，表明对外开放扩大了区域经济差距，这与现有文献的结论一致。可能的原因主要有两个方面：其一，国内不同省份之间的对外开放水平差异较大，总体呈现从东部向中西部地区逐渐减弱的态势，其对经济的促进作用存在明显的地区差异，从而扩大了地区差距；其二，对外开放促使能源资源、劳动、资本等要素不断地进行空间集聚，以资本为例，落后地区资本的配置效率低，对资本缺乏吸引力，开放水平的不断增加，将促使资本进一步向发达地区集聚，扩大发达地区与落后地区之间的经济差异。类似地，物质资本投资（$Invest$）的估计系数也显著为正，且介于 0.397～0.474 之间，意味着物质资本投资的增加，将显著扩大区域经济差距，可能的解释是国内不同区域之间的物质资本投资差异较大，加之资本收益率的差异，导致其对经济的促进作用产生较大的差别，从而加剧了地区差距。政府干预（$Fiscal$）变量的估计系数显著为负，且介

于 − 626 ~ − 0.519 之间，表明政府干预有利于缩小区域经济差距。适当积极的政府干预在一定程度上有助于弥补市场失灵。相比之下，FDI 与人力资本变量的估计参数亦均为正，但是在统计上并不显著。

5.3.3 倒 "U" 形及全球价值链调节效应检验

赵勇和魏后凯（2015）发现我国各个城市群之间在空间上的功能分工的深化将加剧地区差距，这与本研究的结论不谋而合。此外，他们还指出随着功能分工的继续深化并超过某一转折点后，城市群功能分工将有利于缩小地区之间的经济差距。受此启发，下面将进一步考察国内价值链分工与区域经济差距之间是否也存在倒 "U" 形关系。与此同时，考虑到东部沿海核心地区在国内价值链分工中扮演着 "总部经济" 的角色，而在全球价值链中则仍处于 "工厂经济" 的被动地位，这是在国内专业化分工与价值链全球化治理背景下不可避免的结果。因此，本研究也将考虑全球价值链分工是否在国内价值链分工影响区域经济差距的过程中存在着调节效应。估计结果如表 5 − 3 所示，各个模型均为包括控制变量、同时控制了时间效应和地区效应的双重固定效应模型。在估计之前，为避免多重共线性问题，对国内价值链分工指数的二次项进行标准化处理，而后引入式（5 − 13）进行计量分析。模型（5 − 7）显示，NVC_Pat_f 前的系数为正，且通过了 5% 的显著性检验，NVC_Pat_f 二次项前的系数为 − 0.839，且在 10% 的水平上显著。类似地，简单国内价值链分工指数前系数显著为正，其二次项前系数则显著为负，而复杂国内价值链分工指数及其二次项前的系数仍不显著，这一方面验证了基准估计结果的稳健性，另一方面也说明国内价值链分工指数主要是简单国内价值链分工与区域经济差距之间确实存在倒 "U" 形关系，即起初简单国内价值链分工的深入发展将扩大区域经济差距，而随着简单国内价值链分工的进一步深化并达到某一转折点时，其将有利于缩小区域经济差距。在这一转折点处，简单国内价值链分工指数为 0.85，而目前各省份简单国内价值链分工指数的最大值仅为 0.53，说明需要进一步深化国内价值链分工。

表 5 – 3　　　　国内价值链对区域经济差距影响的倒 "U" 形
检验及全球价值链调节效应

变量	模型 (5 – 7)	模型 (5 – 8)	模型 (5 – 9)	模型 (5 – 10)	模型 (5 – 11)	模型 (5 – 12)
NVC_Pat_f	1.679** (2.156)			0.302 (0.902)		
$NVC\_Pat\_f \times$ NVC_Pat_f	-0.869* (-1.691)					
NVC_Pat_S		2.881** (2.312)			0.352 (1.535)	
$NVC\_Pat\_S \times$ NVC_Pat_S		-1.691** (-2.555)				
NVC_Pat_C			1.642 (1.085)			0.632 (1.466)
$NVC\_Pat\_C \times$ NVC_Pat_C			-0.366 (-0.756)			
$NVC\_Pat\_f \times$ GVC_Pat_f				0.088 (0.459)		
$NVC\_Pat\_S \times$ GVC_Pat_f					0.210 (1.220)	
$NVC\_Pat\_C \times$ GVC_Pat_f						-0.165 (-0.589)
控制变量	Yes	Yes	Yes	Yes	Yes	Yes
时间效应	Yes	Yes	Yes	Yes	Yes	Yes

变量	模型 (5-7)	模型 (5-8)	模型 (5-9)	模型 (5-10)	模型 (5-11)	模型 (5-12)
地区效应	Yes	Yes	Yes	Yes	Yes	Yes
Observations	90.000	90.000	90.000	90.000	90.000	90.000
Adj - R2	0.396	0.367	0.348	0.365	0.380	0.367
Log Likelihood	69.229	68.715	65.807	67.002	68.090	67.119

注：括号中为 t 值；*、** 和 *** 分别表示10%、5%和1%的显著水平。

国内价值链分工缩小区域经济差距背后的逻辑在于，一方面东部地区在国内价值链分工网络中处于主导地位，同时中部和西部地区也凭借自身的禀赋优势和比较优势更多地参与到国内价值链分工中，居于国内价值链高端的东部地区可将其自改革开放以来学到的国际经验和具体实践适度、有效地传递并延伸到中部和西部地区的企业，以促进落后地区企业尤其劳动密集型企业的发展；另一方面，在国内价值链分工网络中，东部沿海发达地区的发包者与落后地区的承包方或代工企业可能同样有产品升级或工艺升级的迫切需求，故而双方完全可以通过优势互补实现协作分工和良性互动，这将有利于缩小地区差距（刘志彪和张少军，2008）。但是，就目前而言，我国国内价值链分工尚且处于初级发展阶段，不同区域企业之间的合作并未形成良性互动的发展态势，加之地区之间分割明显，且低端竞争大量存在，这显然不利于区域经济协调发展，反而会加剧地区之间经济发展的不平衡。

表5-3中模型（5-10）至模型（5-12）全球价值链分工指数与国内价值链分工指数的交互项用于检验全球价值链在国内价值链对区域经济差距的影响中是否存在调节效应。为了避免多重共线性问题，对二者的交互项进行标准化处理，而后引入式（5-13）进行计量分析。从估计结果来看，全球价值链与国内价值链分工指数尤其简

单国内价值链分工指数的交互项参数估计结果为正，而与复杂国内价值链的交互项系数为负，但是在统计上均不显著，表明全球价值链分工在一定程度上可能加剧简单国内价值链分工对于区域经济差距的扩大作用，而削弱复杂国内价值链对于区域经济差距的扩大作用，这种调节效应在本研究的计量结果中并未通过显著性检验，可能的原因在于全球价值链与国内价值链之间并未形成链条对链条或者生产环节对生产环节的有效、良性衔接，因此二者的交互项对于区域经济差距的影响并不确定。

5.3.4 内生性检验

在存在内生性的情况下，上述估计结果将会是有偏的。为避免估计结果有偏及不一致的问题，下面将进行内生性检验。内生性的产生主要归因于两个方面的问题：一是模型中的解释变量与残差项之间存在相关关系；二是国内价值链分工影响区域经济差距的同时，也受到区域经济差距的影响，也即本研究的核心解释变量国内价值链分工指数与被解释变量区域经济差距之间存在双向因果关系（张瑜等，2014）。针对第一个问题，将模型中各个变量均滞后一期以替代当期变量，而后代入式（5-13），采用双重固定效应模型进行估计，结果如表5-4中的模型（5-13）至模型（5-15）所示，总体的国内价值链分工指数及简单国内价值链分工指数前系数仍显著为正，而复杂国内价值链分工指数的参数仍不显著，这与基准估计的结果大体一致，说明简单国内价值链分工将扩大区域经济差距。针对第二个内生性问题，首先进行杜宾-吴-豪斯曼检验，结果拒绝了国内价值链分工指数是外生的原假设，因此以核心解释变量国内价值链分工指数的滞后一期为工具变量，采用两阶段最小二乘（2SLS）工具变量法，同时控制地区效应和时间效应进行估计。结果如表5-4中的模型（5-16）至模型（5-18）所示，统计量Cragg-Donald F在1%的显著水平上拒绝了弱相关性的原假设，表明本研究选取的工具变量和内生变量之间存在较强的相关性，同时，Hansen 检验的概率 P 值均大于 0.1，也表明所选取的工具变量是有效的，再次确认了工具变量的合理性。估计结果显示，采用工具变量法的估计结果与变量滞后一期的估计结果基本一致，国内价值链分工指数尤其简单国内价值链分工指数对于区域经济差距具有显著的扩大作用，而复杂国内价值链分工的扩大作用在统计上不显著，这也再次印证了基准估计的稳健性。

表 5 - 4　　　　国内价值链对区域经济差距影响的内生性分析

变量	固定效应（变量滞后一期）			2SLS		
	模型 (5 - 13)	模型 (5 - 14)	模型 (5 - 15)	模型 (5 - 16)	模型 (5 - 17)	模型 (5 - 18)
$L.NVC\_Pat\_f$	0.358 * (1.979)			0.338 * (1.710)		
$L.NVC\_Pat\_S$		0.836 ** (2.230)			0.971 * (1.652)	
$L.NVC\_Pat\_C$			0.371 (1.332)			1.090 (1.217)
控制变量	Yes	Yes	Yes	Yes	Yes	Yes
时间效应	Yes	Yes	Yes	Yes	Yes	Yes
地区效应	Yes	Yes	Yes	Yes	Yes	Yes
Observations	60.000	60.000	60.000	60.000	60.000	60.000
Adj - R2	0.510	0.530	0.466	0.541	0.468	0.439
D - W - H	—	—	—	37.193 ***	47.504 ***	38.881 ***
Cragg - Donald	—	—	—	22.025 **	25.313 ***	16.809 *
Hansen（P value）	—	—	—	0.409	0.379	0.262

注：括号中为 t 值或 z 值；*、** 和 *** 分别表示 10%、5% 和 1% 的显著水平。

5.4　进一步分析及检验

根据上述的实证分析基本可以得出：国内价值链分工尤其是简单国内价值链分工扩大了区域经济差距，而且就目前来说，我国各地区之间的经济差异将随着国内分工网络的不断发展而进一步扩大，这种局面直至国内价值链分工深化到一定程度，才会有所改变。那么我们不禁要思考国内价值链影响区域经济差距的具体机制是什么。为回答这一问题，下面将从地区经济增长率、产业结构、要素流动及市场一体化等方面着手，探寻国内价值链分工对区域经济差距的影响机制。

5.4.1　对不同区域 GDP 增长的影响

在检验国内价值链分工对不同地区 GDP 增长率的影响时，将式（5－13）中的被解释变量替换为各地区的 GDP 增长率，然后运用双重固定效应模型进行估计。估计结果如表 5－5 所示，模型（5－19）至模型（5－22）中总体国内价值链分工在全国样本和东部地区的估计参数为正，且通过了 10% 的显著性检验，而在中部和西部地区的面板估计中参数为负，但是在统计上不显著。这说明国内价值链分工整体上将提升我国 GDP 增长率，对东部地区经济增长率的提升作用尤为明显，对于相对落后的中西部地区的经济增长可能产生负面影响。与之相类似的，模型（5－23）至模型（5－26）中简单国内价值链分工指数在全国样本和东部地区的估计结果亦为正，但是前者不显著，而后者仍旧显著，且在中部地区的参数估计显著为负，这进一步说明国内价值链分工尤其是简单国内价值链分工对于发达的东部地区产生正的经济效应，而对相对落后的中部地区产生了负的经济效应，这显然会扩大了区域之间的经济差异。

表 5 - 5　　分区域估计

变量	模型 (5-19) 全国	模型 (5-20) 东部	模型 (5-21) 中部	模型 (5-22) 西部	模型 (5-23) 全国	模型 (5-24) 东部	模型 (5-25) 中部	模型 (5-26) 西部
NVC_Pat_f	0.055* (1.948)	0.327* (2.096)	-0.054 (-0.252)	-0.078 (-0.280)				
NVC_Pat_S					0.263 (1.588)	0.856* (2.170)	-0.098* (-2.077)	-0.595 (-1.375)
控制变量	Yes	Yes	Yes	Yes	Yes	Yes	Yes	Yes
时间效应	Yes	Yes	Yes	Yes	Yes	Yes	Yes	Yes
地区效应	Yes	Yes	Yes	Yes	Yes	Yes	Yes	Yes
Observations	90.000	39.000	18.000	33.000	90.000	39.000	18.000	33.000
Adj - R2	0.988	0.991	0.993	0.994	0.988	0.991	0.993	0.994
Log Likelihood	134.958	57.160	41.619	57.902	134.748	57.801	41.642	60.044

注:括号中为 t 值;*、**和***分别表示10%、5%和1%的显著水平;NVC_Pat_C 与 NVC_Pat_f 和 NVC_Pat_S 估计结果的不同之处在于西部地区样本的系数为正,但是各种样本的参数估计上均统计上不显著,故而此处不再列出。

5.4.2 对产业结构的影响

更进一步地，考察国内价值链分工对国内各地区产业结构的影响，同样将式（5－13）中的被解释变量分别先后替换为各地区的第二产业占 GDP 的比重及第三产业占 GDP 的比重，然后运用双重固定效应模型进行估计。估计结果如表 5－6 所示，总体国内价值链分工指数对第二产业的作用系数为正，且在 5% 的水平上显著，而对第三产业的作用系数显著为负，简单国内价值链分工指数的估计结果与之类似，但是数值较大且显著水平有所提高；复杂国内价值链分工指数前系数符号与简单国内价值链相同，但是并未通过显著性检验。上述结果表明国内价值链分工特别是简单国内价值链分工有利于第二产业的发展，而降低第三产业的比重。有研究表明，第二产业比重过高且过度向东部发达地区集聚是导致 20 世纪末以来我国地区差距不断扩大的重要原因（范剑勇和张雁，2009）。因此，随着简单国内价值链分工的不断发展，第二产业份额逐渐增加，这将不利于缩小区域经济差距。与之相对应的，主流学者一致认为第三产业是带动中西部落后地区经济发展，缩小东中西经济差异的重点产业和发展方向（朱玉春和黄增健，2008）。然而，不同地区第三产业发展差距的不断扩大，使得其对于区域经济增长差异的正向作用日渐受到质疑。

表 5－6　　　　　　　　　国内价值链分工与产业结构

变量	模型 (5－27)	模型 (5－28)	模型 (5－29)	模型 (5－30)	模型 (5－31)	模型 (5－32)
	第二产业	第三产业	第二产业	第三产业	第二产业	第三产业
NVC_Pat_f	0.358 ** (2.380)	− 0.205 * (− 1.937)				
NVC_Pat_S			0.719 *** (2.644)	− 0.487 ** (− 2.573)		

续表

变量	模型 (5-27)	模型 (5-28)	模型 (5-29)	模型 (5-30)	模型 (5-31)	模型 (5-32)
	第二产业	第三产业	第二产业	第三产业	第二产业	第三产业
NVC_Pat_C					0.383 (1.514)	-0.156 (-0.883)
控制变量	Yes	Yes	Yes	Yes	Yes	Yes
时间效应	Yes	Yes	Yes	Yes	Yes	Yes
地区效应	Yes	Yes	Yes	Yes	Yes	Yes
Observations	90.000	90.000	90.000	90.000	90.000	90.000
Adj-R2	0.404	0.575	0.413	0.588	0.380	0.559
Log Likelihood	45.873	77.713	46.548	79.195	44.108	76.126

注：括号中为 t 值；*、** 和 *** 分别表示 10%、5% 和 1% 的显著水平。

5.4.3 对要素流动及市场一体化的影响

同样地，将式（5-13）中的被解释变量依次替换成货运量、客运量及市场一体化指数，而后运用双重固定效应模型进行实证分析，考察国内价值链分工对于区域要素流动及市场一体化水平的影响，以探索国内专业化分工对于区域经济差距的影响机制。估计结果如表5-7所示，总体国内价值链分工指数和简单国内价值链分工指数的估计结果大体不差，对于客运量及货运量的作用系数均为正，且至少在10%的水平上显著，而对市场一体化的作用系数虽然为正，但是并不显著；复杂国内价值链分工指数前系数在三个模型中的估计结果均不显著。上述结果表明，国内价值链分工主要是简单国内价值链分工有利于提高货运量和客运量，增加区域之间的要素流动，这在一定程度上有利于资源要素的优化配置，但是在集聚经济与路径依赖的多重作用下，区域之间的要素更偏向于流向发达地区（张萃和赵伟，2011），强化发达地区因初始优势所形成的循环累积因果效应，从而扩大发达地区与落后地区之间的经济差距。

表 5 - 7　国内价值链分工与要素流动、市场一体化

变量	模型 (5-33) 货运量	模型 (5-34) 客运量	模型 (5-35) 市场一体化	模型 (5-36) 货运量	模型 (5-37) 客运量	模型 (5-38) 市场一体化	模型 (5-39) 货运量	模型 (5-40) 客运量	模型 (5-41) 市场一体化
NVC_Pat_f	2.234** (2.507)	1.334* (1.840)	0.161 (0.804)						
NVC_Pat_S				5.160*** (3.526)	2.759** (2.448)	0.485 (1.346)			
NVC_Pat_C							0.940 (0.694)	0.028 (0.028)	-0.026 (-0.086)
控制变量	Yes	Yes	Yes						
时间效应	Yes	Yes	Yes						
地区效应	Yes	Yes	Yes						
Observations	90.000	90.000	90.000	90.000	90.000	90.000	90.000	90.000	90.000
Adj - R2	0.598	0.651	0.356	0.636	0.689	0.365	0.556	0.653	0.195
Log Likelihood	-58.972	-46.570	20.443	-55.963	-40.291	21.075	-60.810	-43.563	29.476

注：括号中为 t 值；*、** 和 *** 分别表示10%、5% 和1% 的显著水平。

5.5 本 章 小 结

本章基于新经济地理理论,将国内专业化分工问题纳入经典的CP分析框架之中,探究了国内价值链分工对于区域经济差距的影响。然后,构建了实证模型,运用我国30个省份的面板数据进行经验检验,并从区域异质性、产业结构、要素流动及市场一体化等方面考察了国内价值链分工对于地区差距的作用机制。主要得出以下结论:

(1)国内价值链分工尤其国内各区域之间的简单国内价值链分工在一定程度上会扩大区域经济差距,国内价值链分工下,国内中间投入品不断流向具有初始优势的沿海地区,使得东部地区集聚了大量的优质资源和生产要素,迫使传统产业部门与制造工厂迁移至外围地区,进而形成以核心地区为总部而外围地区为工厂的分工模式,这种模式下的国内分工不可避免地扩大了核心区域与外围区域的经济差距。各区域间的分工仍停留在初级层面和水平上,复杂国内价值链分工的技术溢出渠道与溢出机制尚未形成,因而对区域经济差距的作用并不显著。国内不同省份之间的对外开放水平差异较大,促使能源资源、劳动、资本等要素不断地进行空间集聚,进一步扩大了区域经济差距。物质资本投资的增加,也将显著扩大区域差距,而适当积极的政府干预则可以弥补市场失灵,有利于缩小区域经济差距。

(2)简单国内价值链分工将扩大区域经济差距,但是当简单国内价值链分工深化到一定程度时,将有利于缩小区域经济差距。可能的解释在于随着国内专业化分工体系的日趋完善和深入,东部地区与中西部地区可以通过先进经验共享和优势互补实现协作分工和良性互动,这将有利于缩小地区差距。就目前而言,我国国内价值链分工尚且处于初级发展阶段,不同区域之间并未形成良性互动的发展态势,且存在大量的过度集聚与低端竞争,这会加剧地区之间经济发展的不平衡。此外，由于全球价值链与国内价值链之间并未形成链条对链条或者生产环节对生产环节的有效、良性衔接，使得全球价值链分工的调节效应并不确定。

（3）国内价值链分工特别是简单国内价值链分工有利于提升我国 GDP 增长率，对东部地区经济增长率的提升作用尤为明显，而对于相对落后的中西部地区可能产生负面影响，这将扩大区域经济发展差距。而且，简单国内价值链分工对于第二产业的偏向性使得第三产业的比重不断下降，也不利于产业结构的优化和升级。简单国内价值链分工倾向于提高货运量和客运量，增加区域之间的要素流动，这在一定程度上有利于资源要素的优化配置，然而在集聚经济与路径依赖的双重影响下，优质要素更偏向于发达地区，这就强化了发达地区因初始优势所形成的循环累积因果效应，从而扩大了发达地区与落后地区之间的经济差距。

第 6 章

全球价值链分工对区域
经济差距的影响研究
——基于中间品关联视角

在分析国内价值链分工对于区域经济差距的影响之后，接下来将考察全球价值链分工对于区域经济差距的影响及作用机制。较之于最终品，各产业之间的中间品前后向关联关系更为紧密，某一部门不仅使用本部门的中间投入，而且对其他上下游部门的中间品也存在一定的需求。在全球价值链分工快速发展的背景下，中间品关联深刻地影响着国内各产业部门之间的联动关系。因此，本章基于新经济地理的理论逻辑，首先分析全球价值链分工过程中的中间品关联对于区域经济差距的影响机理，然后构建计量模型对相关假设进行验证，最后运用中介效应模型检验中间品关联影响区域经济差距的作用机制。

6.1 作用机理与假设分析

在诸多研究中间品贸易与地理区位或价值链分工的理论框架中，均将中间品等同于劳动、资本等生产要素进行均衡分析（Waene，1971；Ethier，1982；Melitz，2003）。故而，本书根据新经济地理的分析逻辑，以国内对国外的中间品进口需求为前向联系，以国内对国外的中间品出口供给为后向联系（Krugman，1991）。前后向关联关系反映在中间品既可以作为可变生产要素投入影响要素市场，也可改变中间产品市场的均衡条件，还可以通过关联效应的自我强化影响经济活动的区位选择。因此，从中间品关联视角研究全球价值链分工对区域经济差距的影响，关键在于探究核心—边缘的非对称均衡下，以中间品为主要特征的全球价值链分工如何影响经济活动的区位选择，进而影响区域非对称均衡的收入分配格局。

6.1.1 中间品关联对区域经济差距的影响机理

新经济地理理论将传统的区位理论与一般均衡方法相结合，研究资源的空间分布及区域非对称均衡（Krugman，1979；Fujita et al.，2001；安虎森，2009），认为由于历史偶然、区位因素所获得的初始发展优势在本地市场效应和生活成本效应的循环累积因果机制下形成空间集聚，从而产生区域经济差距。中间品前向关联，一方面增加了中间品供给市场的竞争，部分地替代了国内中间品生产，使得生产厂商获得更为多样的中间投入，降低了中间品价格和投入成本，同时也提高了产品质量，这种竞争效应和技术溢出效应将促使经济活动的区位分布呈现发散的趋势（Schmitz，2004；Javorcik，2004；王俊，2013；孙元元，2015），从而缩小区域经济差距。另一方面，结合实际情况而言，我国各地区通过加工贸易参与全球价值链的分工模式具有"两头在外"的特征（裴长洪，2013；覃毅，2018），即将进口的原材料、机器设备及半成品进行简单的加工组装之后，复出口到其他国家的一种贸易模式。这种加工模式下本土代工企业仅仅从事其中附加值较低的加工组装环节，而并未对上下游产业形成供需关联，在一定程度上弱化了国内各地区各产业部门之间的前后向关联关系（李瑞琴和孙浦阳，2018），从而降低了经济活动空间集聚的向心力，缩小了区域经济差距，但是也致使全球价值链在该区域的产业链条过短，本地化生产网络的发展受到限制。

中间品后向关联，促使企业充分利用规模收益递增扩大生产规模以满足国外中间品需求，本地市场效应的强化使得核心区域的劳动力份额和产业份额进一步增加，从而扩大了地区之间的收入差距。此外，国内各地区凭借自身的廉价劳动力比较优势，从事全球价值链中的初级加工组装环节，附加值和技术含量均比较低，且生产链条较短，既不利于生产的迂回化和柔性化，也不利于高级生产要素的积累与培育。在国际专业化分工中，生产的迂回化及柔性化程度越高，其所产生的循环累积效应也就越强，这有利于提高生产效率。相反，较短的生产链条及长期处于低附加值的低端分工地位不利于延长国内经济循环累积的因果链条，无法为不同区域之间展开分工协作提供必要的微观支撑，更不利于发挥发达区域的"增长溢出效应"（张少军和刘志彪，2013）。在克鲁格曼（1991）的 CP 模型中，中间品关联效应的作用在某种程度上亦可等价于一定量劳动力要素的流动：进口中间投入的前向关联所产生的竞争效应替代了国内中间品投入，减少了进口部门及其上下游部门所需的劳动投入（Hsieh and Woo，2005），从而在一定程度上抑制了劳动力的流入；而中间品后向关联强化了区域外劳动力流入的向心力，增加了核心区的资本或企业份额，进而增加了区域之间的不对称。据此提出：

H6 − 1：随着价值链分工的深入，中间品前向关联将缩小区域经济差距，而后向关联将扩大区域经济差距。

6.1.2　中间品关联影响区域经济差距的中介效应

发达地区与落后地区的收入差异很大程度上归因于生产率的区域差异（周黎安等，2013）。谢和克莱诺（2009）将这种生产率差异定义为"资源错配"，认为在静态的经济系统中，假定所有企业都具有"凸"的生产技术水平，那么生产要素配置效率在各企业的边际产出相等时达到最优，否则就存在"资源错配"，需要通过纠正错配扩大产出。中间品关联通过影响企业的运营成本及劳动力、资本等要素的配置状况而影响资源配置效率，进而使得产出水平和产出效率呈现区域性变化（Restuccia and Rogerson，2013）。通过中间品前向关联参与价值链分工，国内生产商可以充分利用和借鉴进口中间品中的专业技术与科技成果提高生产率、节约研发成本，提升资源配置效率（许家云和毛其淋，2016；邹文英和陈爱贞，2017）。这种溢出效应是相对落后地区技术获取的重要渠道，有助于缩小地区生产率差异（刘维刚等，2017），通过纠正资源错配促进区域经济协调发展。

出口中间品的后向关联对区域经济差距的影响方面，理论上，以梅利兹（2003）为代表的异质性企业理论强调出口的"自主选择效应"①，认为"出口中学"效应有助于提升企业的生产率（Damijan and Kostevc，2010；林伯强和刘泓汛，2015），从而使得出口企业的平均生产率高于内销企业。但是实际上，我国并不存在"自主选择效应"，反而存在出口"生产率悖论"，即出口企业的平均生产率反而低于内销企业（李春顶，2010；汤二子，2017；刘竹青和佟家栋，2017）。此时，中间品后向关联程度越高，低生产率企业的集聚特性越明显，将加剧资源错配导致区域经济差距进一步扩大。据此提出：

H6-2：资源错配在中间品前后向关联影响区域经济差距的过程中存在中介效应。

跨国流动的中间品既可作为最终品也可以作为中间投入，不仅影响国内产品市场化进程，而且影响要素市场化进程。由于要素市场化进程滞后于产品市场化进程而产生的要素市场扭曲是我国市场化改革过程中存在的一个较为突出的问题（张杰等，2011）。要素市场扭曲主要是由于地方政府对劳动力、土地、环境及资本等要素市场的一系列政策干预和控制。有研究表明经济发展越落后的地区，企业越有动机与当地政府建立政治联系，通过政治寻租获得某种政策优惠或者要

---

① 梅利兹（Melitz，2003）构建的产业内贸易如何影响行业总体生产率的一般均衡模型，认为高生产率企业出口，低生产率企业内销，最低生产率企业则随着出口市场的开放而逐渐退出市场。

素资源分配倾斜（Khwaja and Mian，2005；余明桂等，2010）。这就加剧了要素市场扭曲，长此以往将不利于落后地区的经济发展。中间品进口的前向关联在降低企业生产成本的同时，有利于提高国内产品市场和要素市场的竞争程度，而且我国近年来出台的"促进口"政策鼓励、引导企业进口高端设备和技术①，这显然有助于矫正要素市场扭曲，缩小地区差距。中间品出口的后向关联对于要素市场扭曲的影响相对复杂，一方面，随着中间品后向关联程度的提升，高生产率企业内销、低生产率企业出口将加剧低端集聚与全球价值链低端锁定的恶性循环，由于长期奉行"鼓励出口、限制进口"的贸易战略和产业政策，对于出口企业给予一系列的出口退税和出口补贴（范子英和田彬彬，2014），导致高效率企业进入机制及低效率企业退出机制扭曲；另一方面，发达地区通过中间品出口嵌入全球价值链分工的低端位置，出口市场份额扩大带来的经济增长并没有产生经济发散和溢出效应，反而由于低附加值制造业的集聚大量吸纳落后地区的廉价资源和劳动力，这在一定程度上将加剧要素市场扭曲，扩大发达地区与落后地区的经济差异。据此提出：

H6-3：要素市场扭曲在中间品前后向关联影响区域经济差距的过程中存在中介效应。

6.2 模型设定与指标说明

6.2.1 基准模型设定

为验证国内各地区通过中间品关联融入全球价值链分工对于区域

---

① 资料来源：中国商务部（www.mofcom.gov.cn/article/h/zongzhi/201411/20141100791717.shtml）。

经济差距的影响，本章以各地区运用夜间灯光数据计算的基尼系数为被解释变量，以中间品前后向关联指数为核心解释变量，并纳入其他可能影响区域经济差距的控制变量，构建如下计量模型，如式（6－1）所示：

$$Gini_{it} = \alpha_1 + \alpha\, Rfw\_int_{i,t} + \alpha_3\, Rbw\_int_{i,t} + \alpha_4 X_{it} + \mu_i + \delta_t + \varepsilon_{it}$$

$$(6-1)$$

其中，下标 i 代表地区，t 代表年份，$Gini$ 表示各地区的经济差异，Rfw_int 与 Rbw_int 分别为中间品前向关联指数和后向关联指数，从中间品关联视角衡量的各地区融入全球价值链分工的程度。X 表示其他影响区域经济差距的控制变量，与第 5 章类似，主要包括对外开放水平（$Open$）、外商直接投资（FDI）、物质资本投入（$Invest$）、政府干预（$Fiscal$）和人力资本水平（$Humcap$）。α_1 为常数项，μ_i 和 δ_t 分别表示地区不可观测的个体效应和时间效应，ε_{it} 表示随机干扰项。

6.2.2　中间品前后向关联测度

此处，借鉴安特尔等（2013）的做法，运用 WIOT 与国内各地区各产业的就业人口分布测算中间品关联指数，一方面可以更为细致地考察各地区各产业部门在全球价值链分工中的中间品关联，补充并完善第 4 章的测度结果，另一方面也能够扩大样本容量，提高估计结果的准确性。首先，测度我国各部门在参与全球价值链分工的过程中，与世界其他国家及地区的中间品前后向关联。以某一年为例，设定在 N 个经济体（s，$t=1$，2，$\cdots$，n，以上标表示）M 个部门（i，$j=1$，2，$\cdots$，m，以下标表示）的非竞争型世界投入产出表中，根据研究目的将 N 个经济体归并为两个经济体，中国和世界其他国家及地区（即 CHN 和 RoW，上标分别为 c 和 r，世界其他国家及地区在下文中统一用 RoW 表示），则跨国的投入—产出关系可表示为式（6-2）所示：

$$\begin{bmatrix} x^1 \\ x^2 \\ \vdots \\ x^n \end{bmatrix} = \begin{bmatrix} z^{11} & z^{12} & \cdots & z^{1n} \\ z^{21} & z^{22} & \cdots & z^{2n} \\ \vdots & \vdots & \ddots & \vdots \\ z^{n1} & z^{n2} & \cdots & z^{nn} \end{bmatrix} + \begin{bmatrix} y^1 \\ y^2 \\ \vdots \\ y^n \end{bmatrix} \longrightarrow \begin{bmatrix} x^c \\ x^r \end{bmatrix} = \begin{bmatrix} z^{cc} & z^{cr} \\ z^{rc} & z^{rr} \end{bmatrix} + \begin{bmatrix} y^c \\ y^r \end{bmatrix}$$

$$(6-2)$$

其中，x^s 表示 s 国总产出的 $M \times 1$ 列向量，y^s 表示 s 国最终需求的 $M \times 1$ 列向量，z^{st} 表示 t 国对 s 国的中间投入需求，当 $s = t$ 时，z^{ss} 或 z^{tt} 表示一国内部的中间投入矩阵，中间品需求与最终品需求之和即为总产出。将经济体进行合并处理之后，重点考虑 RoW 对中国的中间品投入需求（z^{cr}）及中国对 RoW 的中间品投入需求（z^{rc}），从而探究中国与 RoW 之间、前后向关联产业之间的中间品供需依赖关系。

对于中间品前后向关联的测度，主要参照现有研究的做法（Kletzer，2011；Krishna and Senses，2014），用贸易渗透或贸易份额衡量中间品贸易规模，计算中间品进出口份额① （分别记为 *Imshare_int*、*Exshare_int*），同时为进一步反映国家间中间品的关联关系，运用中间投入关联矩阵对进出口份额进行赋权（程大中，2015），以测度中间品前后向关联指数，进而从中间品关联视角考察我国各部门对全球价值链分工的融入程度。首先，将矩阵 z^{rc} 和 z^{cr} 分别进行行向归一处理，得到中间投入的前向（*fw*）和后向（*bw*）关联矩阵 W^{fw} 和 W^{bw}，矩阵元素分别记为 w^{rc}_{ij} 与 w^{cr}_{ij}，表示中国（RoW）j 部门从 RoW（中国）i 部门进口的中间投入占该部门中间投入进口总额的比重，如式（6-3）所示：

---

① 进口份额指数或进口渗透指数用总进口额与国内总支出（即消费、投资与政府支出之和）的比值来表示，出口份额同样地可表示为总出口额与国内总支出之比。

$$W^{fw} = \left(\frac{1}{\sum_i Z^{rc}_{i,j,t}} \right) \times (z^{rc})^T = \begin{bmatrix} \dfrac{1}{\sum_i Z^{rc}_{i,1,t}} & 0 & \cdots & 0 \\ 0 & \dfrac{1}{\sum_i Z^{rc}_{i,2,t}} & \cdots & 0 \\ \vdots & \vdots & \ddots & \vdots \\ 0 & 0 & \cdots & \dfrac{1}{\sum_i Z^{rc}_{i,m,t}} \end{bmatrix}$$

$$\begin{bmatrix} z^{rc}_{11} & z^{rc}_{21} & \cdots & z^{rc}_{m1} \\ z^{rc}_{12} & z^{rc}_{22} & \cdots & z^{rc}_{m2} \\ \vdots & \vdots & \ddots & \vdots \\ z^{rc}_{1m} & z^{rc}_{2m} & \cdots & z^{rc}_{mm} \end{bmatrix}$$

$$= \begin{bmatrix} w^{rc}_{11} & w^{rc}_{21} & \cdots & w^{rc}_{m1} \\ w^{rc}_{12} & w^{rc}_{22} & \cdots & w^{rc}_{m2} \\ \vdots & \vdots & \ddots & \vdots \\ w^{rc}_{1m} & w^{rc}_{2m} & \cdots & w^{rc}_{mm} \end{bmatrix}$$

$$W^{bw} = \left(\frac{1}{\sum_i Z^{cr}_{i,j,t}} \right) \times (z^{cr})^T = \begin{bmatrix} \dfrac{1}{\sum_i Z^{cr}_{i,1,t}} & 0 & \cdots & 0 \\ 0 & \dfrac{1}{\sum_i Z^{cr}_{i,2,t}} & \cdots & 0 \\ \vdots & \vdots & \ddots & \vdots \\ 0 & 0 & \cdots & \dfrac{1}{\sum_i Z^{cr}_{i,m,t}} \end{bmatrix}$$

$$\begin{bmatrix} z^{cr}_{11} & z^{rc}_{21} & \cdots & z^{cr}_{m1} \\ z^{cr}_{12} & z^{rc}_{22} & \cdots & z^{cr}_{m2} \\ \vdots & \vdots & \ddots & \vdots \\ z^{cr}_{1m} & z^{cr}_{2m} & \cdots & z^{cr}_{mm} \end{bmatrix}$$

$$
=\begin{bmatrix}
w_{11}^{cr} & w_{21}^{cr} & \cdots & w_{m1}^{cr} \\
w_{12}^{cr} & w_{22}^{cr} & \cdots & w_{m2}^{cr} \\
\vdots & \vdots & \ddots & \vdots \\
w_{1m}^{cr} & w_{2m}^{cr} & \cdots & w_{mm}^{cr}
\end{bmatrix} \tag{6-3}
$$

结合中间品进出口份额，并加入时间维度（下标为 t）计算中间品前后向关联指数，如式（6-4）所示：

$$
fw\_int_t = \begin{bmatrix}
Imsh\_int_{1t} & 0 & \cdots & 0 \\
0 & Imsh\_int_{2t} & \cdots & 0 \\
\vdots & \vdots & \ddots & \vdots \\
0 & 0 & \cdots & Imsh\_int_{mt}
\end{bmatrix} \times \begin{bmatrix}
w_{11}^{rc} & w_{21}^{rc} & \cdots & w_{m1}^{rc} \\
w_{12}^{rc} & w_{22}^{rc} & \cdots & w_{m2}^{rc} \\
\vdots & \vdots & \ddots & \vdots \\
w_{1m}^{rc} & w_{2m}^{rc} & \cdots & w_{mm}^{rc}
\end{bmatrix}^T
$$

$$
= \begin{bmatrix}
w_{11}^{rc} \times Imsh\_int_{1t} & w_{12}^{rc} \times Imsh\_int_{1t} & \cdots & w_{1m}^{rc} \times Imsh\_int_{1t} \\
w_{21}^{rc} \times Imsh\_int_{2t} & w_{22}^{rc} \times Imsh\_int_{2t} & \cdots & w_{2m}^{rc} \times Imsh\_int_{2t} \\
\vdots & \vdots & \ddots & \vdots \\
w_{m1}^{rc} \times Imsh\_int_{mt} & w_{m2}^{rc} \times Imsh\_int_{mt} & \cdots & w_{mm}^{rc} \times Imsh\_int_{mt}
\end{bmatrix}
$$

$$
bw\_int_t = \begin{bmatrix}
Exsh_{int_{1t}} & 0 & \cdots & 0 \\
0 & Exsh_{int_{2t}} & \cdots & 0 \\
\vdots & \vdots & \ddots & \vdots \\
0 & 0 & \cdots & Exsh_{int_{mt}}
\end{bmatrix} \times \begin{bmatrix}
w_{11}^{cr} & w_{21}^{cr} & \cdots & w_{m1}^{cr} \\
w_{12}^{cr} & w_{22}^{cr} & \cdots & w_{m2}^{cr} \\
\vdots & \vdots & \ddots & \vdots \\
w_{1m}^{cr} & w_{2m}^{cr} & \cdots & w_{mm}^{cr}
\end{bmatrix}
$$

$$
= \begin{bmatrix}
w_{11}^{cr} \times Exsh\_int_{1t} & w_{21}^{cr} \times Exsh\_int_{1t} & \cdots & w_{m1}^{cr} \times Exsh\_int_{1t} \\
w_{12}^{cr} \times Exsh\_int_{2t} & w_{22}^{cr} \times Exsh\_int_{2t} & \cdots & w_{m2}^{cr} \times Exsh\_int_{2t} \\
\vdots & \vdots & \ddots & \vdots \\
w_{1m}^{cr} \times Exsh\_int_{mt} & w_{2m}^{cr} \times Exsh\_int_{mt} & \cdots & w_{mm}^{cr} \times Exsh\_int_{mt}
\end{bmatrix}
$$

$$\tag{6-4}$$

其中，fw_int_t 和 bw_int_t 分别表示 t 时间点我国各产业部门与 RoW 各产业部门之间的中间品前后向关联指数矩阵，将两个矩阵分别进行列向加总即可得到第 j 个部门 t 时点的中间品前后向关联指数：

$$fw\_int_{jt} = \sum_i^m w_{ijt}^{rc} \times Imshare\_int_{it}$$

$$Bw\_int_{jt} = \sum_i^m w_{jit}^{cr} \times Exshare\_int_{it} \qquad (6-5)$$

为进一步考察我国各个地区融入全球价值链的前后向关联指数，本研究借鉴图尔伯特和赛瑟尔（1996）、安特尔等（2013）的做法，将各地区视为通勤区，利用 p 地区 i 部门从业人员区位商（$Lq_{i,p,t}$）测算各地区的中间品关联指数。区位商是用于反映某一部门在某地区是否具有外向功能或集聚程度的重要指标（李俊峰等，2010；李佳洺等，2016）。将各地区各部门的前向关联指数（即 $SRfw\_int_{i,p,t}$）分别经部门汇总可得到该地区的中间品前向关联指数（即 $Rfw\_int_{p,t}$），如式（6-6）所示。这种处理方式的优点在于不仅扩大了样本量，而且还考虑到了各地区产业集聚所产生的劳动力集中程度的影响。

$$Lq_{i,p,t} = (L_{i,p,t}/L_{p,t})(L_{i,t}/L_t)$$

$$Rfw\_int_{p,t} = \sum_i SRfw\_int_{i,p,t} = \sum_i Lq_{i,p,t} \times fw\_int_{i,t} \qquad (6-6)$$

其中，$L_{i,p,t}$ 表示 p 地区 i 部门 t 时间点的从业人员，$L_{p,t}$ 表示 t 时点 p 地区的总从业人员，$L_{i,t}$ 为 t 时点 i 部门总从业人员，L_t 为 t 时点全国的总从业人员数。同样地，可计算 p 地区 j 部门从业人员区位商（$Lq_{j,p,t}$），从而得到各地区各部门的中间品后向关联指数（即 $SRbw\_int_{j,p,t}$），并经过部门汇总得到该地区的中间品后向关联指数（即 $Rbw\_int_{p,t}$），如式（6-7）所示：

$$Rbw\_int_{p,t} = \sum_j SRbw\_int_{j,p,t} = \sum_j Lq_{j,p,t} \times bw\_int_{j,t}$$

$$(6-7)$$

6.2.3 数据来源及描述性统计

本章采用的数据主要来自 WIOD 2016 年发布的 2000～2014 年

WIOT，涵盖43个国家或地区，并根据国际标准 ISIC Rev.4 分为 56 个部门。中国各地区（不包含西藏及港澳台地区，本章同）、各部门的从业人员数据来主要自于历年中国劳动统计年鉴与各地区的统计年鉴，但是由于国内统计数据的行业划分是按照 GB/T 4754—2011 标准，为保持部门划分口径的一致和对应，本研究统一参照 ISIC Rev.4，借鉴盛斌（2002）的做法，同时利用《国民经济行业分类》与《国际标准产业分类》对照表，将国内部门数据细分为 56 个部门，从而计算各地区、各部门的就业人员区位商。

　　除了上述主要变量以外，主要控制变量与第 5 章基本一致，因此不再赘述。各相关变量的描述统计如表 6 – 1 所示：

表 6 – 1　　　　　　　　　　描述性统计

变量	Obs	Mean	Std. Dev.	Min	Max
Gini	364	0.1657	0.0685	0.0494	0.4566
Theil	364	0.0541	0.0569	0.0042	0.3563
CV	364	0.2144	0.0904	0.0646	0.5969
Atkinson	364	0.0913	0.0752	0.0086	0.4607
Rfw_int	420	0.0506	0.0169	0.0217	0.1007
Rbw_int	420	0.1783	0.1019	0.0536	0.6521
Open	420	0.1987	0.2400	0.0190	1.5266
FDI	420	0.0045	0.0057	0.0005	0.0571
Invest	420	0.5316	0.1843	0.2536	1.1126
Fiscal	420	0.1817	0.0819	0.0691	0.6121
Humcap	420	0.2959	0.2957	0.0671	2.4835

　　根据图 6 – 1 和图 6 – 2 可初步把握各地区、各部门在全球价值链分工中的中间品前后向关联程度及差异。如图 6 – 1 所示，2000 年中间品进口的前向关联程度较高的部门主要有会计法律等专业服务

（Leg）、计算机、电子及光学设备制造业（Opt）、建筑业（Con）、纺织服装业（Tex）及采矿业（Min）等，大多集中在北京市、广东省、上海市等东部地区，以及安徽省、黑龙江省等个别中部地区。2013年，

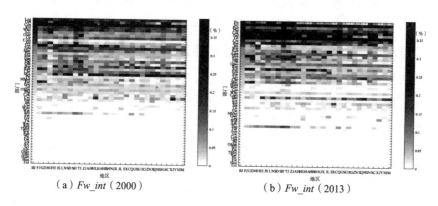

（a）*Fw_int*（2000）　　　　　（b）*Fw_int*（2013）

图6-1　中国各地区各部门参与全球价值链分工的

中间品前向关联指数

注：中国各地区字母简称：北京（BJ），安徽（AH），广西（GX），福建（FJ），黑龙江（HL），贵州（GZ），广东（GD），河南（HA），宁夏（NX），海南（HI），湖北（HB），青海（QH），河北（HE），湖南（HN），陕西（SN），江苏（JS），江西（JX），四川（SC），辽宁（LN），吉林（JL），山东（SD），山西（SX），新疆（XJ），上海（SH），重庆（CQ），云南（YN），天津（TJ），甘肃（GS），内蒙古（IM），浙江（ZJ）。56个部门及简称：农牧产品及相关活动（Cro），林业（For），渔业（Fis），采矿业（Min），食品、饮料及烟草制品（Foo），纺织服装业（Tex），木材及木、竹、藤及棕制品（Woo），造纸及纸制品（Pap），印刷及记录媒介的复制（Pri），石油加工、炼焦及核燃料加工（Cok），化学原料及化学制品（Che），医药制品（Pha），塑料及橡胶制品（Rub），非金属矿物制品（OMin），基础金属（Bas），除机械设备外的金属制品（Met），计算机、电子及光学设备制造业（Opt），电气机械及器材制造业（Equ），机械设备等制造业（Mac），机动车辆及挂车制造业（MMot），其他运输设备制造业（Oth），家具制造及其他（Fur），机械设备安装维修（Rep），电力、热力及煤气生产及供应（Gas），水生产及供应（Wat），废弃资源和废旧材料回收（Was），建筑业（Con），机动车辆等的批发零售及维修（TMot），其他产品批发（Who），其他产品零售（Ret），陆运及管道运输（Ltr），水上运输（Wtr），航空运输（Atr），仓储及其他运输服务业（War），邮政业（Pos），住宿及餐饮业（Acc），出版业（Pub），电影、电视、音乐、广播及音像业（Pic），电信业（Tel），计算机编程、信息咨询等相关服务（Com），除保险养老金外的金融服务（Fin），保险业（Ins），其他金融活动（Fse），房地产业（Est），法律、会计、管理、咨询（Leg），建筑工程及科技测试活动（Arc），科学研究与发展（Sci），广告及市场调研（Adv），其他专业、科学技术活动（Opro），管理与辅助活动（Adm），公共管理及社会组织（Pad），教育（Edu），卫生、社会保障及福利（Hum），其他服务业（Oser），非雇佣的家庭活动（Hou），国际组织（Ext）。下同。

随着中间品进口多样性的增加，各地区各部门的中间品前向关联指数总体明显增加，对于科学研发（Sci）、医药制品（Pha）、公共管理及社会组织（Pad）、电信业（Tel）等生产性服务业的进口增幅显著，而与国外传统服务业如其他产品批发（Who）、其他产品零售（Ret）的中间品前向关联趋于弱化。中西部地区，尤其中部地区在承接东部地区转移的过程中，各部门通过中间前向关联融入全球价值链的程度日益加深。

相比之下，各地区中间品出口的后向关联程度较高，但是也更为集中（如图6-2所示）。2000年主要集中在计算机、电子及光学设备制造业（Opt）、化学原料及化学制品（Che）、采矿业（Min）和基础金属（Bas），其中法律、会计、管理、咨询（Leg）、纺织服装业（Tex）、机械设备等制造业（Mac）部门，以东部和中部地区为主。至2013年，各地区中间品出口的集中度有增无减，化学原料及化学制品（Che）、家具制造及其他（Fur）、采矿业（Min）和基础金属（Bas）等传统劳动、资源密集部门的中间品出口关联程度依旧较高，得益于西部开放战略的不断推进，西部地区也逐渐通过中间品出口的后向关联融入全球价值链分工。

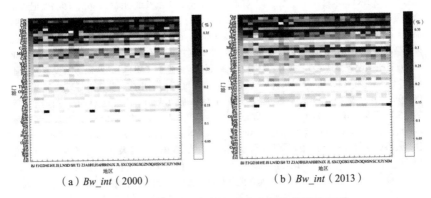

（a）*Bw_int*（2000）　　　　　（b）*Bw_int*（2013）

图6-2　中国各地区各部门参与全球价值链分工的
中间品后向关联指数

6.3　实证结果分析与检验

6.3.1　基准回归

各地区中间品关联指数影响区域经济差距的估计结果如表 6－2 所示。其中，模型（6－1）至模型（6－4）为单独考虑中间品前向或后向关联指数的情况，模型（6－5）和模型（6－6）为既考虑前向关联指数又考虑后向关联指数的估计结果。LR 检验的结果显示纳入控制变量的模型（6－2）和模型（6－4）优于仅考虑核心解释变量的模型（6－1）和模型（6－3），且联合考虑前后向关联指数并纳入其他控制变量时的拟合效果较好，因此本研究将重点考虑模型（6－6）的估计结果。可以看出，中间品前向关联指数 Rfw_int 对区域经济差距的影响系数为－0.084，后向关联指数 Rbw_int 对区域经济差距的影响系数为 0.671，且均通过了显著水平为 1% 的统计检验，表明中间品进口的前向关联有利于缩小区域经济差距，而中间品出口的后向关联将显著扩大区域经济差距。中间品进口关联一方面增加了中间品市场竞争，产生的价格指数效应降低了中间品价格和生产成本（钱学锋等，2016），弱化了经济活动的空间集聚效应，另一方面进口中间品的技术溢出效应有助于提高企业生产效率，尤其欠发达地区，从而有助于缩小区域差异。与之相反，中间品出口带来的市场份额进一步扩大本地市场效应，强化了经济集聚的累积循环机制，扩大了区域经济差距。

表 6 - 2　　　　　　　　　　　　估计结果

变量	模型 (6-1)	模型 (6-2)	模型 (6-3)	模型 (6-4)	模型 (6-5)	模型 (6-6)
Rfw_int	-0.068 *** (-3.425)	-0.085 *** (-3.866)			-0.066 *** (-3.421)	-0.084 *** (-3.881)
Rbw_int			0.750 *** (3.802)	0.681 *** (3.263)	0.737 *** (3.797)	0.671 *** (3.282)
Open		0.054 *** (3.071)		0.032 * (1.664)		0.031 (1.641)
FDI		0.170 (0.804)		0.135 (0.635)		0.190 (0.914)
Invest		0.046 *** (4.123)		0.033 *** (3.102)		0.046 *** (4.255)
Fiscal		-0.056 * (-1.853)		-0.099 *** (-3.456)		-0.061 ** (-2.052)
Humcap		-0.010 (-0.981)		-0.008 (-0.821)		-0.011 (-1.126)
Constant	0.167 *** (38.620)	0.165 *** (13.421)	0.128 *** (16.291)	0.136 *** (9.890)	0.140 *** (16.524)	0.144 *** (10.576)
时间效应	Yes	Yes	Yes	Yes	Yes	Yes
地区效应	Yes	Yes	Yes	Yes	Yes	Yes
Hausman	27.57 ***	40.55 ***	5.58 *	30.33 ***	19.67 ***	39.32 ***
LR Test	42.68 ***	12.12 ***	39.74 ***	16.84 ***	26.78 ***	—
Observations	364.000	364.000	364.000	364.000	364.000	364.000
Adj - R2	0.290	0.347	0.296	0.339	0.321	0.369
Log Likelihood	1058.222	1073.500	1059.692	1071.140	1066.171	1079.561

注：括号中为 t 值；***、** 和 *** 分别表示 10%、5% 和 1% 的显著水平；表中所有检验均控制了时间固定效应和地区固定效应。

其他控制变量的估计结果显示，对外开放程度（*Open*）与 FDI 估计系数为正，人力资本（*Humcap*）系数为负，但是统计上均不显著；物质资本投资（*Invest*）的估计结果显著为正，表明固定资产投资扩大了区域经济差距，原因在于虽然固定资产投资对经济的促进作用显著，但是其空间分布、投资回报率呈现出明显的地区差异，因而加剧了区域经济差距，这与现有研究的估计结果基本一致（王少剑等，2013）。政府干预（*Fiscal*）对区域经济差距的影响系数为 - 0.061，在5%水平上显著，说明政府财政支出有助于缩小区域经济差距。虽然早期的财政支出政策存在严重的区域偏向性，但是自分税制改革以来，尤其2004年之后地区人均财政支出均等化程度不断提高，这有利于缩小区域经济差距（付文林和沈坤荣，2012）。

6.3.2　稳健性检验

为检验上述模型的稳健性，以当期及滞后一期的前后向关联指数作为核心解释变量，如表6-3中模型（6-7）和模型（6-8）所示，并采用泰尔指数、变异系数和阿特金森指数衡量区域经济差距，如表中模型（6-9）至模型（6-11）所示，分别进行估计。双重固定效应下，各个模型的估计结果显示 *Rfw_int* 前系数虽稍有差异，但均显著为负，*Rbw_int* 前系数仍显著为正，验证了上述结果的稳健性，即通过中间品前向关联嵌入全球价值链有利于缩小区域差异，而后向关联倾向于扩大区域经济差距。

表6-3　　　　　　　　　　　稳健性检验

变量	模型（6-7）FE_Lag1	模型（6-8）FE_Lag2	模型（6-9）FE_Theil	模型（6-10）FE_CV	模型（6-11）FE_Atkinson
Rfw_int	- 0.080 *** （- 3.758）	- 0.060 *** （- 2.734）	- 0.096 *** （- 6.026）	- 0.107 *** （- 3.614）	- 0.136 *** （- 6.019）
Rbw_int	0.719 *** - 3.492	0.721 *** - 3.482	0.323 ** - 2.14	0.832 *** - 2.962	0.972 *** - 4.559
控制变量	Yes	Yes	Yes	Yes	Yes
时间效应	Yes	Yes	Yes	Yes	Yes

续表

变量	模型 (6-7)	模型 (6-8)	模型 (6-9)	模型 (6-10)	模型 (6-11)
	FE_Lag1	FE_Lag2	FE_Theil	FE_CV	FE_Atkinson
地区效应	Yes	Yes	Yes	Yes	Yes
Observations	338	312	364	364	364
Adj-R2	0.376	0.380	0.346	0.372	0.355
Log Likelihood	1027.580	971.897	1189.557	963.941	1064.072

注：括号内的值为 t 统计量，*、** 和 *** 分别表示 1%、5% 和 10% 的显著水平。

6.3.3 内生性检验

为尽可能地排除一些不可观测的因素对研究结果的影响，本研究加入了时间固定效应、地区固定效应及一系列控制变量，以缓解内生性问题。然而，各地区的经济差异在一定程度上可能会影响中间品的出口供给及进口需求，导致区域经济差距与中间品前后向关联之间的反向因果。为准确把握核心解释变量与被解释变量之间的因果关系，参照安特尔等（2013）的做法，以与中国所处经济周期大体一致的其他金砖国家（BRICs）如巴西、俄罗斯、印度（张兵和李翠莲，2011）的前后向关联指数为工具变量。具体而言，将金砖三国看作一个整体，根据本章第二部分计算金砖三国的中间品前后向关联指数，同样运用地区就业人员区位商将国家层面的关联指数分解到地区层面，得到 $IVRfw\_int\,I$ 和 $IVRbw\_int$，而后采用工具变量的两阶段最小二乘法（2SLS），同时考虑异方差的情况下，进行稳健标准误估计。从表 6-4 中可以看出，第一阶段中工具变量的估计系数大多显著，KP-Wald-F 统计值为 29.24 且在 1% 的统计水平上拒绝了存在弱工具变量的原假设。又因工具变量的个数与内生变量的个数相同，故而不存在过度识别的问题。第二阶段的估计结果显示，Rfw_int 前系数为 -0.117，Rbw_int 的估计系数为 0.89，且均在 1% 的水平上显著，与前文基本一致，表明上述估计结果是稳健的，不存在内生性的问题。至此假设 H6 - 1 得以验证，即通过中间品进口加强与全球价值链链条上其他国家的前向关联，有助于缓解国内区域经济差距，而通过中间品出口的后向关联将扩大区域经济差距。

表 6 - 4　　　　　　　　　　　IV 估计结果

因变量	OLS	2SLS：第一阶段	
		Rfw_int	*Rbw_int*
IVRfw_int	—	0. 745 *** (9. 25)	- 0. 003 (0. 686)
IVRbw_int	—	- 1. 690 *** (- 3. 75)	0. 664 *** (16. 68)
KP F - Statistic	—	29. 24 ***	
因变量	OLS	第二阶段	
		Gini	
Rfw_int	- 0. 084 *** (- 3. 98)	- 0. 117 *** (- 4. 19)	
Rbw_int	0. 671 *** (3. 72)	0. 890 *** (3. 23)	
控制变量	Yes	Yes	
时间效应	Yes	Yes	
地区效应	Yes	Yes	
Observations	364	364	

注：括号内的值为 *t* 或 *z* 统计量，*、** 和 *** 分别表示 1%、5% 和 10% 的显著水平；KP F - statistic 表示 Kleibergen - Paap rk Wald F statistic，用于反映第一阶段是否存在弱识别问题。

6.4　作 用 机 制

接下来主要运用中介效应模型从资源错配和要素价格扭曲两个方

面，探究中间品前后向关联对于区域经济差距的影响机制。根据谢和克莱诺（Hsieh and Klenow，2009）对资源错配的定义及测度制造业资源错配的做法，用省内各地级市以上城市间的TFP[①]离散程度即标准差衡量各地区的资源错配程度（Mis_tfp）。对于要素市场扭曲的衡量则借鉴张杰等（2011）的做法，即 $Dis\_fm=$（产品市场化进程指数－要素市场化进程指数）/产品市场化进程指数，相应的市场化进程指数均来自王小鲁等的《中国分省份市场化指数报告（2016）》[②]，用以反映要素市场化滞后于产品市场化的程度。

对于 Mis_tfp 和 Dis_fm 中介效应的检验，主要采用温忠麟和叶宝娟（2014）提出的中介效应模型和检验路径，结合研究目的，将各变量进行中心化处理后，依次检验回归系数，并结合 Sobel 检验，以提高判断的准确性。用式（6-1）、式（6-8）和式（6-9）检验路径"前向关联—资源错配—区域经济差距"：

$$Mis\_tfp_{it}=\beta_1+\beta\,Rfw\_int_{i,t}+\beta_3X_{it}+\mu_i+\delta_t+\varepsilon_{it} \qquad (6-8)$$

$$Gini_{it}=\gamma_1+\gamma'Rfw\_int_{i,t}+\gamma\,Mis\_tfp_{it}+\gamma_2\,Rbw\_int_{i,t}+\gamma_3X_{it}+\mu_i+\delta_t+\varepsilon_{it} \qquad (6-9)$$

用式（6-1）、式（6-10）和式（6-9）检验路径"后向关联—资源错配—区域经济差距"：

$$Mis\_tfp_{it}=\beta_1+\beta\,Rbw\_int_{i,t}+\beta_3X_{it}+\mu_i+\delta_t+\varepsilon_{it} \qquad (6-10)$$

同样地，将上述模型中 Mis_tfp 换成 Dis_fm，检验要素市场扭曲的中介效应，具体的检验路径如图 6-3 所示。首先，检验系数 α 是否显著，如果显著，则接着检验 β 和 γ，否则终止检验；若 β 和

---

① 各地级市的 TFP 主要借助随机前沿（SFA）模型，以生产总值为产出、以固定投资总额核算的资本存量及年末城镇单位就业人员为投入，进行测度得到。

② 《中国市场化指数：各地区市场化相对进程报告》中产品市场发育程度主要反映价格由市场决定的程度，社会零售商品、生产资料、农产品中价格由市场决定的部分所占比重，减少商品市场上的地区贸易壁垒，市场垄断和价格协议是妨碍市场公平竞争的一个重要因素，实际采用的是销售产品遇到的贸易壁垒与相应的 GDP 之比。要素市场的发育程度主要衡量金融业的市场化、金融业的市场竞争、用非国有金融机构吸收存款占全部金融机构吸收存款的比重、信贷资金分配的市场化。

γ 同时显著，则表示存在中介效应，即中间品前后向关联指数对区域经济差距的影响部分通过影响资源错配或要素市场扭曲来实现；若 β 和 γ 中至少有一个显著，则需进行 Sobel 检验，检验统计量 $Z = \beta\gamma / \sqrt{\beta^2 \times S_\beta^2 + \gamma^2 \times S_\gamma^2}$，其中，$S_\beta$、$S_\gamma$ 分别为 β 和 γ 的标准差，如果 Z 检验显著，则表示存在中介效应，否则反之。

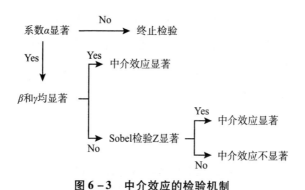

图 6 – 3　中介效应的检验机制

表 6 – 5 列出了以资源错配（*Mis_tfp*）为中介变量的估计和检验结果。在"前向关联—资源错配—区域经济差距"的中介效应检验中，模型（6 – 12）中系数 α 显著为负，模型（6 – 13）和模型（6 – 14）中 β 和 γ 的系数分别 – 0.026 和 1.685，且通过了 1% 的显著水平，表明资源错配在前向关联影响区域经济差距的过程中存在中介效应，其占总效应比重为 52.15%，即中间品前向关联通过"去错配"效应缩小了区域经济差距。中间品前向关联的不完全替代互补效应不仅体现在进口部门产品质量的提升，而且体现在中间品进口特别是生产性服务业进口所产生的技术溢出对于企业生产率的提升，这种技术溢出效应在相对落后的地区尤为明显（Acharya and Keller，2009；Topalova and Khandelwal，2011）。通过缩小发达地区与落后地区的生产率差异，改善资源错配，推进实现适度性收入差距的"橄榄型"分配格局。在"后向关联—资源错配—区域经济差距"的中介效应机制

检验中，模型（6－15）系数 α 显著为正，模型（6－16）和模型（6－17）中 β 和 γ 分别为 0.110 和 1.685，且通过了 1% 的显著水平，此时系数 γ' 显著为正，表明资源错配在中间品后向关联对区域经济差距的影响中存在中介效应，其占总效应的比重为 30.04%，即后向关联对省份内资源错配具有显著的提升作用，降低了资源配置效率，进而扩大了区域经济差距。在通过中间品出口日益融入全球价值链的过程中，由于"生产率悖论"的存在，大量低生产率企业出口而高生产率企业内销，中间品出口规模的扩大强化了低生产率企业经济活动的集聚效应，加之中间品出口结构的不合理和过度集中，降低了区域间资源配置效率，导致了区域经济差距的进一步扩大。至此假设 H6－2 得到验证。

表 6－5　　　　　　　　中介效应及检验：资源错配效应

因变量	模型 (6－12)	模型 (6－13)	模型 (6－14)	模型 (6－15)	模型 (6－16)	模型 (6－17)
	Gini	Mis_tfp	Gini	Gini	Mis_tfp	Gini
Rfw_int	－0.084 *** (－3.881)	－0.026 *** (－9.946)	－0.032 (－1.255)	－0.084 *** (－3.881)		－0.032 (－1.255)
Rbw_int	0.671 *** (3.282)		0.489 ** (2.373)	0.671 *** (3.282)	0.110 *** (4.402)	0.489 ** (2.373)
Mis_tfp mediation effect			1.685 *** (3.764)			1.685 *** (3.764)
Constant	0.144 *** (10.576)	0.021 *** (17.814)	0.114 *** (7.236)	0.144 *** (10.576)	0.015 *** (9.002)	0.114 *** (7.236)
Observations	364.000	420.000	364.000	364.000	420.000	364.000
Adj－R2	0.369	0.947	0.396	0.369	0.936	0.396
Log Likelihood	1079.561	2092.736	1087.521	1079.561	2053.791	1087.521
控制变量	Yes	Yes	Yes	Yes	Yes	Yes
时间效应	Yes	Yes	Yes	Yes	Yes	Yes
地区效应	Yes	Yes	Yes	Yes	Yes	Yes

续表

因变量	模型 （6－12）	模型 （6－13）	模型 （6－14）	模型 （6－15）	模型 （6－16）	模型 （6－17）
	Gini	*Mis_tfp*	*Gini*	*Gini*	*Mis_tfp*	*Gini*
影响机制		*Mis_tfp* 中介效应显著，占 比52.15% *Rfw_int* ⟶ *Gini*			*Mis_tfp* 中介效应显著，占 比30.04% *Rfw_int* ⟶ *Gini*	

注：括号内的值为 t 统计量，*、**、*** 分别表示1%、5%、10%的显著水平；模型（6－12）至模型（6－14）为书中式（6－1）、式（6－8）和式（6－9）的估计结果；模型（6－15）至模型（6－17）为式（6－1）、式（6－10）和式（6－9）的估计结果。

要素市场扭曲（Dis_fm）的中介效应检验结果如表6－6所示，在"前向关联—要素市场扭曲—区域经济差距"的检验路径中，模型（6－18）、模型（6－19）和模型（6－21）中 α、β 和 γ 的估计系数均在1%的水平下通过了显著性检验，表明要素市场扭曲在前向关联影响区域经济差距的过程中存在中介效应，其占总效应的比重为18.45%，即中间品进口的前向关联通过纠正要素市场扭曲而缩小了区域经济差距。作为一种生产要素投入，进口中间品增加了中间品市场的供给和种类，进口竞争效应有利于生产要素的高效流动，从而降低了要素市场的扭曲，缩小了区域经济差距。"后向关联—要素市场扭曲—区域经济差距"路径的检验结果显示，模型（6－18）和模型（6－21）中 α 和 γ 的系数显著，而 β 不显著，Sobel检验的 $Z=1.174$，大于5%的临界值0.97，表明要素市场扭曲的中介效应显著，即中间品出口的后向关联通过影响要素市场扭曲，扩大了地区差距。模型中后向关联对于要素市场扭曲的影响系数为负，且并未通过显著性检验，可能的原因在于中间品出口规模扩大伴随着要素市场的扭曲（白俊红和刘宇英，2018），而中间品后向关联并不足以解释要素市场扭曲的变化。由于要素市场扭曲对于区域经济差距的影响较弱（影响系数介于 0.008~0.009 之间），所以其中介效应在中间品前后向关联影响区域经济差距总效应中的占比较小，分别为 18.45% 和 9.38%。模型（6-22）将要素市场扭曲和资源错配一并考虑，估计结果与表6-5模型（6-14）和模型（6-15）及表6-6模型（6-21）的估计结果大体一致，并不影响上述结论。至此假设 H6-3 得到验证。

表6-6　中介效应及检验：要素市场扭曲效应及纳入资源配置效应

因变量	模型 （6-18）	模型 （6-19）	模型 （6-20）	模型 （6-21）	模型 （6-22）
	Gini	*Dis_fm*	*Dis_fm*	*Gini*	*Gini*
Rfw_int	-0.084 *** （-3.881）	-1.722 *** （-4.024）		-0.069 *** （-3.182）	-0.019 （-0.751）
Rbw_int	0.671 *** （3.282）		-6.430 （-1.688）	0.729 *** （3.614）	0.550 *** （2.705）
Dis_fm mediation effect				0.009 *** （3.483）	0.008 *** （3.428）
Mis_tfp mediation effect					1.635 *** （3.712）
Observations	364.000	420.000	420.000	364.000	364.000
Adj-R2	0.369	0.208	0.179	0.392	0.417
Log Likelihood	1079.561	-51.798	-59.161	1086.395	1094.164
控制变量	Yes	Yes	Yes	Yes	Yes
时间效应	Yes	Yes	Yes	Yes	Yes
地区效应	Yes	Yes	Yes	Yes	Yes
影响路径	*Rfw_int* → *Dis_fm* → *Gini*，中介效应显著，占比18.45%			*Rbw_int* → *Dis_fm* → *Gini*，中介效应显著，占比9.38%	

注：括号内的值为 t 统计量，*、**、*** 分别表示1%、5%、10%的显著水平；表中模型（6-19）、模型（6-20）至模型（6-21）为将式（6-8）、式（6-9）和式（6-10）中的 *Mis_tfp* 改为 *Dis_fm* 的估计结果。

6.5　本章小结

中间品贸易日趋扩大，逐步取代最终品而在全球价值链分工中发挥越来越重要的作用，其对于区域经济差距的影响也是亟须关注的重要议题。本章基于中间品关联影响区域经济差距的机理分析，测度了我国各省份各产业部门的中间品前向及后向关联指数，检验了全球价值链中间品关联对区域经济差距的影响及作用机制，主要得出以下结论。

（1）在全球价值链分工中，我国中间品前后向关联程度不断加深，但结构过于单一且呈现较为明显的区域差异和部门差异。其中，东部个别省份的中间品关联程度较高，其次是中部地区，西部地区少数省份的中间品前向关联较弱，后向关联日趋增强；生产性服务业的前向关联逐渐增强，传统劳动、资源密集部门的后向关联程度依旧较高。

（2）固定资产投资，作为经济增长的主要驱动力，多集中在投资回报率较高的发达地区，这种空间分布的不均衡加剧了地区差距；而财政支出作为为政府干预市场收入分配的主要形式，由于其时效性和针对性而有效地缩小了区域经济差距。

（3）中间品前向关联的竞争效应和技术溢出效应，一方面体现在进口中间品降低了企业的生产成本和要素市场扭曲，弱化了经济的空间集聚；另一方面体现在提升欠发达地区企业的生产率，通过改善资源错配，缩小区域差距。但是由于全球价值链分工下，各地区中间品关联程度较低、结构不合理，而且中间品进口多以加工贸易出口为导向，致使国内产业链条相对较短且关联较弱，溢出效应有限。

（4）中间品后向关联程度的加深扩大了出口市场份额，强化了本地市场效应，由于制造业"生产率悖论"的存在，加之一系列地方补贴、出口退税等政策干预，低生产率出口企业得以不断增加和集聚，而不利于形成出口"自主选择效应"的淘汰机制，降低了资源利用率，加剧了要素市场扭曲，进而扩大区域经济差距。因此，需进一步减少中间品出口企业的市场进入及退出机制中的非市场化因素，完善低生产率企业退出的保障机制和强制退出机制，同时优化中间品出口贸易结构。

第 7 章

新发展格局下双重价值链
对接缩小区域经济差距的
作用路径

对于国内价值链分工影响区域经济差距的研究反映出我国国内价值链分工网络存在的问题，如垂直专业化分工发育不足，同质化、低效竞争凸显，深层次的区域间协作格局尚未形成；而对于全球价值链分工影响区域经济差距的研究也反映出在全球价值链中面临的被俘获困境与贫困增长加剧了产能过剩和低端集聚，严重抑制了我国价值链升级及区域之间的经济扩散效应，这些问题都在一定程度上阻碍了我国区域经济的协调发展。鉴于我国地区经济差异的内生性特点，从全球价值链逐步向国内价值链过渡，通过双重价值链对接互动构建区域经济协调发展的长效机制，不失为可行路径（刘志彪和于明超，2009；刘志彪，2013）。事实上，国内价值链与全球价值链有效对接也是构建"以国内大循环为主体、国内国际双循环相互促进"新发展格局的必然要求。因此，本章基于全球价值链与国内价值链对接缩小区域经济差距的影响机理，提出相关假设，并运用偏最小二乘法（Partial Least Squares，PLS）的结构方程模型加以论证。

7.1 内在机理与研究假设

7.1.1 理论框架

在提出假设之前，首先借鉴黎峰（2018）的分析思路构建理论框架，考察双重价值链分工影响区域经济差距的作用机理。为了简化分析，本研究尽量避免大量技术性细节的考虑。假定一国内部只有一个生产部门 m，以及 S 和 T 两个地区，两地区的生产要素投入分别为 f 和 f'。后文将基于该情景设定讨论国内专业化分工从无到有，继而逐步融入国际分工的三种情形，以及每种情形下的要素收益分配问题。

情形一：不存在国内专业化分工。

考虑到区域之间的经济发展水平存在差异，不失一般性地，假定 S 地区经济水平较为发达，如我国东部沿海地区，而 T 地区的经济水平相对落后，如中西部地区。在两地区之间进行专业化分工之前，S 地区主要从事对外加工配套及部分高技术含量中间产品的生产制造，如关键零部件、机械设备等资本品，假定其加工配套及中间品生产的效率，即单位生产要素投入所带来的增加值，分别为 e_1 和 e_2，显然 $e_1 < e_2$ 成立；T 地区主要从事能源资源与初级产品的生产供应，以及简单的加工制造，假设二者的生产效率分别为 e_1' 和 e_2'。较之于能源资源与初级产品生产，加工制造对于设备和技术工艺通常有一定的要求，故而有 $e_1' < e_2'$ 成立。进一步地，假定 S 地区两种生产模式的要素投入比例分别为 θ 和 $(1-\theta)$，T 地区两种生产模式的要素投入比例分别为 φ 和 $(1-\varphi)$。在不存在国内专业化分工的情况下，S 和 T 两地区的要素收益可以分别表示为 $\theta f e_1 + (1-\theta) f e_2$ 和 $\varphi f' e_1' + (1-\varphi) f' e_2'$。

情形二：存在国内专业化分工。

随着国内区域一体化的不断发展，S 和 T 两地区之间逐渐进行专业化分工合作。在分工的过程中，T 地区从事专业化生产，同时承接 S 地区发包的加工配套环节，S 地区则将生产的关键零部件提供给 T 地区。此时，S 地区的要素收益变为 $fe_2 = \theta fe_2 + (1-\theta)fe_2 > \theta fe_1 + (1-\theta)fe_2$，同样地，T 地区的要素收益变为 $f'e'_2 = \varphi f'e'_2 + (1-\varphi)f'e'_2 > \varphi f'e'_2 + (1-\varphi)f'e'_2$。显然，通过国内专业化分工协作，S 和 T 地区的要素收益都得到了一定的提升。其中，S 地区的要素收益增加 $\theta f(e_2 - e_1)$，T 地区的要素收益增幅为 $\varphi f'(e'_2 - e'_1)$。不难看出，θf 和 $\varphi f'$ 分别表示 S 和 T 地区生产要素从低生产效率环节转移向高生产效率环节的规模，表明专业化分工有利于优化区域内部的要素资源配置；$(e_2 - e_1)$ 和 $(e'_2 - e'_1)$ 分别为 S 和 T 地区两种生产模式下的效率差异，换言之，区域之间的专业化分工有利于提升参与区域的生产效率。

情形三：存在国内外专业化分工对接互动。

国内外专业化分工同时存在且协调互动的情况下，即全球价值链与国内价值链有效对接的情形。此时，假设 R 为国外某一地区，通过向 S 地区发包非核心的生产环节，实现自身利益的最大化。同样地，S 为实现利益的最大化，会将 R 发包的简单加工环节再次转包给国内的 T 地区，这也是我国目前较为常见的区域间梯度分工模式。此时，国内 S 地区与 T 地区之间的分工网络更为复杂也更为密切。这既有利于 S 地区集中主要资源发展高级生产要素，实现价值链的升级，也有利于 T 地区充分利用自身的禀赋优势融入国外专业化分工，获得长足发展。

即便如此，国内外价值链分工的对接是否能够促使区域间经济差异收敛仍旧取决于在此过程中发达地区和落后地区之间的收益分配状况。在上述模型中，如果相对落后的 T 地区从国内外专业化分工的过程中获得的要素收益更多，那么 T 地区与 S 地区的经济差距将会趋于缩小，这有利于实现国内经济的协调发展；但是如果发达的 S 地区获得的收益超过 T 地区，那么随着专业化分工的不断发展，S 地区和 T 地区之间的收入差距将进一步扩大，形成"马太效应"，即 S 地区愈来愈发达而 T 地区越来越落后。基于上述理论框架，下面将进一步从全球价值链与国内价值链双重价值链对接影响区域经济差距的直接效应和间接效应两个维度进行机理分析，并提出相应假设。

7.1.2　直接效应假设

在经济全球化与国际分工深入发展的背景下，发展中国家凭借自身廉价劳动力的成本优势融入全球价值链分工网络，在参与全球垂直专业化分工的过程中，通过"干中学"及后发优势获得了发达国家的技术溢出，实现了生产效率的提升，促进了经济现代化发展。然而，由于低附加值的低端嵌入模式使得发展中国家高度依赖发达国家的关键技术、零部件和设备，而且在全球信息化与技术服务创新引发的新一轮革命浪潮中，低端廉价生产要素的比较优势被进一步弱化，发展中国家实现全球价值链分工升级面临诸多阻力和困难。此外，国内技术水平与发达国家仍存在一定的差距，国内价值链分工体系发展相对滞后，无法助力本土企业价值链地位的提升。因此，对于发展中国家而言，技术进步是摆脱低端锁定、破除被俘获困境，加快提升价值链分工地位、实现价值链升级的重要因素。实际上，由于本土企业缺乏掌控国内价值链分工高端环节的技术水平和高质量生产要素，尚未形成具有世界竞争力的国内专业化分工体系，国内价值链分工网络发展的不足使其无法与发展相对成熟的全球价值链之间进行有效对接。针对于此，不同区域通过增强产业链上下游部门之间的技术交流、合作与共享，摆脱同质竞争的恶性循环，提升生产技术水平和自主创新能力，有利于促使本土企业快速成为国内价值链分工的主导，掌握本土市场的销售终端和品牌研发等高端价值链环节，增强企业及国内产业链条的整体竞争力，与全球价值链形成真正意义上的链条对链条竞争，推进全球价值链与国内价值链二者的有效对接，从而对国内各地区之间的经济协调发展形成倒逼机制，促使区域经济差距收敛。据此可以得出如下假设：

H7－1a：技术进步可以促进全球价值链与国内价值链的对接互动，从而促进区域经济差距的收敛。

丰富的廉价劳动力比较优势加上我国企业在规模制造、弹性生产及反应速度等方面的较高竞争力，使我国迅速成世界极具竞争力的最大代工平台，这有利于提升我国产业的发展水平，推进工业现代化。我国通过参与全球价值链专业化、标准化分工获得的在位优势，在一定程度上抵消了生产要素成本与商务成本上升对我国制造业竞争力的负面影响。然而，目前我国产业结构低级化、产业布局不合理、低端产能严重过剩而高端产业产能不足等问题依然普遍存在，出现了"学习高原现象"使得学习曲线效应无法发挥（刘志彪，2009b），致使我国各地区在国际专业化分工中长期处于低附加值的下游位置。此时，可以利用供给侧改革这一契机，通过产业结构的优化升级克服"学习高原"的现象，推进全球价值链与国内价值链的有效对接，进而缩小地区收入差距，实现区域经济的协调发展。在全球价值链与国内价值链双重治理的背景下，我国组织结构的优化调整与产业转移的不断推进，促使企业越来越倾向于将总部设在发达的沿海地区，而将生产制造基地布局在内陆地区，这就形成了以沿海地区为主导的"总部经济"分工格局。东部地区在利用在位优势向全球价值链高端攀升的同时，应加快转变在国际分工中的"工厂经济"被动地位，积极发挥"总部经济"效应，这有利于提高国内不同地区之间的产业关联，延伸并拓展产业链条，进而通过区域间价值链的传递和联动，促使内陆地区更多地参与到国际专业化分工与国际竞争中，最终实现我国区域经济协调发展。根据以上分析，可以得出如下假设：

H7－1b：产业结构升级可以促进全球价值链与国内价值链的对接互动，从而缩小区域经济差距。

对于发展中国家的经济发展而言，不论是同一时期的不同地区，抑或不同时期的同一地区，都会面临基本相同的问题。但是不同的是，在各种经济资源进行布局、重组及配置的过程中，所产生的不同形式和不同程度的制度创新，以及由此带来的制度红利既取决于各区域经济发展的内外部条件，也将对区域经济发展产生深远的影响。随着国内外专业化分工水平的深入，制度创新对于一国或地区的重要性日益凸显。在融入价值链分工的过程中，我国企业面临的交易费用不断增加，契约执行、知识产权、投资者法律保护等成为不可忽略的制度性因素。一般而言，较之于中低端加工制造环节，价值链高端环节如研发、品牌设计与营销等具有更高的知识密集度，因而对制度质量及制度环境的敏感性越高。在这种情况下，一国或地区的制度质量及营商环境逐渐成为该国或地区融入国内外专业化分工新的比较优势来源，同时也是跨国公司进行全球价值链分工布局的重要考量因素之一。立足现有的全球价值链分工基础，我国东部沿海地区在加快培育和发展国内价值链的过程中，离不开制度质量的提升与制度环境的优化。较强的制度创新能力能够直接降低企业的运营风险和经营成本，这有利于推进国内外专业化分工体系的发展和完善，进而促进区域之间的关联协作，缩小区域经济差距。据此提出：

H7-1c：制度创新可以促进全球价值链与国内价值链的对接互动，对于区域经济协调发展产生促进作用。

互联网、大数据、云计算等信息技术的不断发展及推广应用，深刻地改变了生产的内涵及消费的模式，为我国制造业赋予了更加突出服务化特征，这在一定程度上有利于充分整合国内外能源资源，提升本土企业的市场竞争力及与其他企业的分工协作能力，进而促进全球价值链与国内价值链的对接互动。例如，制造业运输服务化有助于提升微观企业调整和利用生产要素的效率，通过压缩对外贸易的时间成本，降低贸易不确定性和风险，从而提高产业附加值与企业生产率（Moreno et al.，2001；王永进等，2010）。不仅如此，制造业运输服务化水平的提升还有利于优化供应链的管理与空间布局，深化国内企业之间及与国外企业的分工协作，促进国内和国外两个市场、两种资源的有效整合，延伸产业链条的过程中提升企业的价值链分工地位。与此同时，"互联网＋"、电子商务、两化融合作为企业新的运营模式，很大程度上提升了我国制造业企业的电信服务化水平。电子信息技术的倍增性、网络性及高渗透性等的特点，能够帮助企业有效地掌控供应、生产、销售等各个运作环节，提高企业的运营效率，也能够消除各"节点"的信息不对称，有利于不同企业之间的协同分工与信息共享（胡汉辉和邢华，2003）。类似的还有制造业金融服务化及制造业分销服务化（吕越等，2015）。制造业服务化不断发展所带来的成本下降、效率提升与分工深化在一定程度上有利于完善国内外专业化分工体系，推进价值链升级（刘斌等，2016），加快全球价值链与国内价值链的有效对接，进而实现区域之间经济发展的协调与可持续。据此提出：

H7－1d：制造业服务化可以促进全球价值链与国内价值链的对接互动，从而缩小区域经济差距。

在长期投资驱动的增长模式中，基础设施在我国经济发展的过程中扮演着十分重要的角色。各地区基础设施水平的提升能够有效地降低交通运输成本，减少劳动力等生产要素的流动成本与市场摩擦，极大地促进地区间的技术溢出效应，对于技术进步、生产效率提升及经济社会的快速发展发挥了积极作用（刘秉镰等，2010；张睿等，2018）。一个最直观的例子是，交通基础设施水平的提高，一方面降低了不同地区之间的交易成本和运输成本，促进区域间形成优势互补的良性发展态势，有利于资源优化配置与经济一体化，从而缓解经济发展的不平衡问题；另一方面，削弱了地理距离对区域间生产要素与产品流动的制约和限制，促进区际贸易的同时还强化了各地区之间的经济联系。除此之外，基础设施水平的提升有利于促进一国内部各地区之间的交流互动和国内与国外其他地区的经济联系。尤其在国际垂直专业化分工日益深入的背景下，便利与发达的基础设施水平对于国内外产业的区位选择和空间布局具有深刻的影响。以我国东部发达地区为例，较之于中西部地区，东部地区拥有先进的基础设施水平，通过吸引大规模的外商投资不断承接国际产业转移，使其成为我国参与国际专业化分工的前沿阵地。在推进我国价值链升级的过程中，依然可以通过进一步完善基础设施水平吸引跨国公司将更多高附加值、高技术含量的生产环节转移到中国，借此改变我国企业在国际分工中被"俘获"的困境，这同时也有利于促进全球价值链与国内价值链分工的对接，从而缩小地区差距。据此提出：

H7-1e：基础设施可以促进全球价值链与国内价值链的对接互动，对于区域经济差距收敛产生积极的促进作用。

7.1.3　间接效应假设

在日益深度融入全球生产网络的过程中，广阔的外部市场带来的规模经济效应充分调动了国内各地区尤其东部沿海地区的闲置资源，提升了地区资源配置的效率与水平。但是由于低端嵌入的分工模式及"加工组装"的分工角色，决定了这种专业化分工带来更多的是"外部循环"的经济增长，这不利于各企业部门生产效率和技术水平的提升，甚至会因为路径依赖与过度依赖国外技术导致价值链低端锁定及"贫困化增长"。在这种情况下，加快构建并完善基于内生能力的国内价值链分工体系，推进国内价值链与全球价值链分工的有效对接，有利于促进国内生产要素及能源资源的优化配置。在双重价值链分工对接的过程中，东部发达地区凭借其市场规模优势、区位优势及技术优势在全球价值链与国内价值链对接的过程中发挥重要的枢纽作用。具体而言，东部沿海地区在国内专业化分工体系中居于主导地位，与中西部地区之间形成了"总部经济"与"工厂经济"的分工模式，其出口规模的迅速扩张引致了对中西部地区劳动力、初级能源资源生产要素的大量需求，充分调动了中西部落后地区的闲置资源，提高了生产要素的投入产出效率。与此同时，东部地区通过将资源密集型与劳动密集型的生产环节布局到中西部地区，对中西部地区的初级生产要素进行整合，以此化解过剩产能，并集中高质量生产要素发展高附加值的高端制造业与现代服务业（倪红福和夏杰长，2016）。不仅如此，东部地区嵌入国际专业化分工网络的过程中，在一定程度上实现了技术进步与资源配置效率的提升，同时也获得了较为先进的管理经验与丰富的实践经验（范剑勇和谢强强，2010；陆铭和向宽虎，2014）。在发挥全球价值链与国内价值链对接的枢纽作用时，东部地区可以将这些先进的技术和经验合理适度地传递到中西部地区，从而提升中西部地区的资源配置效率，缩小区域经济差距。据此提出：

H7 - 2a：全球价值链与国内价值链的对接互动有利于资源优化配置，从而协调国内不同地区之间的经济差异。

当前，我国各区域之间的专业化分工网络呈现明显的"小企业群生型"的特点，即地区之间企业的分工合作多以简单的浅层次纵向专业化分工与"同质化 + 专业市场"的横向专业化分工为主，且具有技术水平低、企业规模偏小等突出特点。诚然，人才、市场尤其"隐性知识"及技术创新主体的空间集聚将有利于发挥其竞争优势的集聚效应和溢出效应，同时降低模仿壁垒，但是也可能引发企业过度进入及新一轮的成本恶性竞争，进而导致产能过剩。而且，产业内企业平均规模较小，无法承担品牌设计与产品研发的高投入，更无法将积累的垄断利润用于"熊彼特式"的技术创新，最终的结果是使企业丧失技术研发和创新动力（刘志彪和张杰，2007）。完善国内专业化分工体系，促进全球价值链与国内价值链对接互动，实现竞争模式从环节对链条向链条对链条转变，有利于打破地区分割，推进区域之间的一体化水平。一方面，基于内生能力的国内价值链分工体系是立足国内市场，且以本土企业为主导的，国内市场规模大且高异质性的突出特点为我国各地区之间形成差别化的竞争优势奠定了现实基础；由于共通的血脉联系与一致的文化认同等因素，较之于外资企业，我国本土企业更能够打破地区市场分割，凝聚本地企业并与其他地区的企业展开分工协作（张少军和刘志彪，2013）。另一方面，通过全球价值链与国内价值链的对接互动，不仅有助于东部地区企业获得世界先进的技术与经验在新的价值链体系中融会贯通，而且可以将这些经验有效地延伸至中西部地区的企业，加速国内区域一体化。据此提出：

H7-2b：全球价值链与国内价值链的对接互动有利于国内区域一体化，从而缩小区域经济差距。

在制度、技术与经济发展能力积累的不同阶段，发展中国家的生产要素将从低级形态向高级形态演进。由此，大多本土企业都会面临"生产要素驱动—投资驱动—创新驱动"依次递进的发展阶段，对应于"工艺升级—产品升级—功能升级—链条升级"的不同升级过程。依托高级生产要素的产品具有非价格竞争力，而低级要素的产品之间更多的是价格竞争。一般而言，拥有国内品牌与营销渠道的终端集成企业、在产品生产链中具有技术创新能力的核心企业以及围绕这些核心企业所引致的多层次配套企业所体现出来的综合竞争力，即为基于价值链分工体系而形成的竞争力。不同地区不同企业所依赖生产要素的差异内生地决定了其产品链呈现高附加值或低附加值及其价值链环节的多重组合，不仅如此，这种由于不同国家所处经济发展阶段的差异而形成的生产要素能力的差距，会直接导致同一产品或不同产品生产链各个环节在不同国家之间不同的综合竞争力与比较优势，这在一定程度上就为价值链的形成提供了现实基础。就目前的实际情况来看，我国代工企业长期坚持出口导向战略并从加工组装的低附加值环节切入全球价值链分工中，此外，还有以国内市场为导向的本土企业以及出口代理商，三类企业对应三种不同的经营模式，各自具有各自的优势。通过构建和完善国内价值链，加快全球价值链与国内价值链的对接互动可以有效地发挥以国内市场为导向的本土企业在研发和营销方面的优势、本土代工企业在加工组装方面的优势、出口代理商在拓展国际市场的优势,同时联动上下游产业部门,在优势互补和协作分工的过程中提升产品和企业的市场竞争力,进而缩小区域经济差距。据此提出:

H7-2c:全球价值链与国内价值链的对接互动有利于提升市场竞争力,进而缩小区域经济差距。

除此之外,本研究还提出以下假设:

H7-3:资源要素的优化配置将有利于缩小区域经济差距。

H7-4:区域一体化水平的提升将促进区域经济差距的缩小。

H7-5:市场竞争力的提升将有利于缩小区域经济差距。

与此同时,本章对双重价值链对接互动对区域经济差距协调路径的检验仍承续本研究第5章和第6章的做法,将对外开放水平、政府干预、物质资本投入、人力资本和FDI作为控制变量。基于上述假设分析,双重价值链分工与区域经济差距的路径模拟如图7-1所示,其中方框中的变量为模型的潜变量,椭圆中为显变量,菱形中为控制变量。

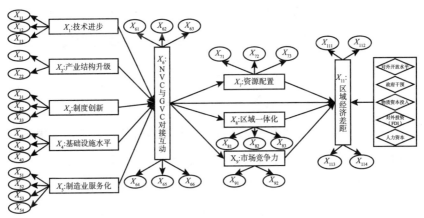

图7-1 全球价值链与国内价值链对接互动

对于区域经济差距的作用路径

7.2 分析方法及指标说明

7.2.1 全球价值链与国内价值链对接态势的评价方法

为系统地考察全球价值链与国内价值链两个分工系统之间的对接态势，此处引入耦合协调度模型。耦合（coupling）最初是物理学上的一个概念，现在已经被广泛应用于研究社会学与经济学领域的相关问题（金浩等，2018）。主要用于度量两个及以上系统之间的相互依赖、共同发展并兼顾彼此的协调一致程度，包括"协调"与"发展"两个度量维度，前者强调同一时点不同截面之间的配合程度，后者侧重不同时点下各子系统之间的共同演进过程。

（1）全球价值链与国内价值链的耦合度模型。

具体到本研究来讲，设 x_{ij} 为反映国内价值链分工的指标，y_{ij} 为反映全球价值链分工的指标，其中，$i=1,2,\cdots,m$，表示一级指标，$j=1,2,\cdots,n$，表示二级指标，n 取决于各二级指标的个数，非固定数值，则全球价值链与国内价值链专业化分工的综合发展水平分别表示为 $t(x)$ 和 $e(y)$，如式（7-1）所示：

$$t(x) = \sum_{i=1}^{m}\sum_{j=1}^{n} a_{ij}x_{ij}, \ e(y) = \sum_{i=1}^{m}\sum_{j=1}^{n} b_{ij}y_{ij} \qquad (7-1)$$

其中，a_{ij} 和 b_{ij} 分别表示全球价值链与国内价值链分工系统中各个指标的最终权重。基于上述考虑，构建如下双重价值链分工系统，其中各个指标权重的确定主要借鉴朱彬等（2015）的做法采用熵权法进行赋权，这有利于避免主观设定可能产生的影响。根据现有研究（孟德友等，2013；吕添贵等，2013；李健和滕欣，2014），全球价值链与国内价值链分工水平发展的耦合度计算如式（7-2）所示：

$$C = \left| \frac{t(x)e(y)}{\left[\dfrac{t(x)+e(y)}{2} \right]^2} \right|^{\frac{1}{k}} \qquad (7-2)$$

其中，C 为耦合度，k 为调节系数。由式（7-2）容易得到 C 值介于 [0，1] 之间，当全球价值链与国内价值链分工水平处于一定条件下，即 $t(x)$ 与 $e(y)$ 之和一定时，C 存在最大值，且 C 越大，二者之间的耦合互动水平越高，否则反之。此处采用平均权重进行计算，令 $k=2$。根据上述计算结果，参照现有文献将二者的耦合发展状况进行分类（汪振双等，2015），如表 7-1 所示：

表 7-1　　　　　全球价值链与国内价值链耦合度等级分类

耦合度（C）	耦合度等级	耦合度（C）	耦合度等级
0~0.2	严重失调	0.51~0.60	初级耦合
0.21~0.30	轻度失调	0.61~0.70	中级耦合
0.31~0.40	濒临失调	0.71~0.80	良好耦合
0.41~0.50	勉强耦合	0.81~1.00	优质耦合

（2）全球价值链与国内价值链的协调度模型。

根据上述耦合度模型，或许会出现这种情况，即全球价值链分工与国内价值链分工系统的发展状况并不一致，但是两个系统的耦合度却相同。对此可能的解释是全球价值链与国内价值链分工系统在不同的发展水平下都可以达到较好的耦合状态，不同的全球价值链分工水平都有与之耦合最佳的国内价值链分工系统。然而，由于全球价值链与国内价值链分工系具有动态、交错及不平衡的特征，仅采取耦合度模型是无法全面反映二者之间的关联互动与协调效应。因此，在考察全球价值链与国内价值链耦合状态时，不单要考虑不同发展程度下全球价值链与国内价值链分工耦合的差异，更要考虑二者之间发展态势的协同性及交互影响，这样更加有助于比较两个系统在不同时期的耦合效果及演变态势，也能够更好地解释耦合度水平相同而经济效果不同的原因。协调度模型综合了耦合度与发展水平，在反映全球价值链与国内价值链分工系统之间耦合关系的同时，也能够体现二者的发展水平。耦合度与协调度之间的关系如图 7-2 所示，图中的三条凸向坐标原点的曲线为等发展水平线，即不同全球价值链与国内价值链分工组合下的相同发展水平，从原点出发的 45 度射线为耦合度最优。图中 R 与 T 两点的耦合度相同，但发展水平却不同，而 R 和 S 两点的发展水平相同但耦合度不同。仅有耦合度的情况下，无法比较 R、S 和 T 三点的差异，在这种情况下，需要引入协调度模型。通过协调度与耦合度两个指标的比较分析，可以更好地从发展水平和耦合状态两个方面识别全球价值链与国内价值链两个分工协调互动过程中存在的问题，从而推进二者的有效对接。因此，为进一步判断不同全球价值链与国内价值链耦合状态下的协调程度，本研究构造了"全球价值链—国内价值链"分工系统的协调度模型，其计算如式（7-3）所示：

$$D = \sqrt{C \cdot T}$$
$$T = \alpha t(x) + \beta e(y) \qquad\qquad (7-3)$$

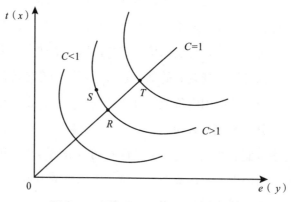

图 7-2　耦合度、发展水平与协调度

其中，D 和 C 分别为协调度和耦合发展度，T 为全球价值链与国内价值链分工水平的综合评价指数，用于反映二者的整体效益或水平；α 和 β 为待定权重，分别表示国内价值链和全球价值链两个分工系统的重要程度，本研究将全球价值链分工与国内价值链分工视为同等重要，即取 $\alpha = \beta = 0.5$。借鉴现有研究，可将协调状态划分为以下五种类型，如表 7 – 2 所示。

表 7 – 2 协调类型与判别标准

判别标准	失调	濒临失调	勉强协调	中度协调	高度协调
协调度值	(0, 0.2]	(0.2, 0.4]	(0.4, 0.6]	(0.6, 0.8]	(0.8, 1]

资料来源：参见魏金义，祁春节. 农业技术进步与要素禀赋的耦合协调度测算 [J]. 中国人口·资源与环境，2015，25（1）：90 – 96.

7.2.2 作用路径的分析方法选取

在全球价值链与国内价值链对接互动影响区域经济差距的作用路径上，本研究借助 SmartPLS 软件采用 PLS 结构方程模型进行经验检验与实证分析。作为一种预测方法，PLS 最初是 20 世纪 60、70 年代瑞士的数学家赫尔曼·沃德（Herman Wold）提出的。后来出版的《偏最小二乘手册：概念、方法和应用》（*Handbook of Partial Least Squares：Concepts，Methods and Applications*）详细介绍了 PLS 的概念、方法与具体操作。从计算方法来看，结构方程模型大体包括两种：一种是运用 AMOS 软件或 LISREL 软件进行运算的协方差似然最大估计；另一种是运用 Smart PLS 或 PLS – Graph、PLS – GUI 等软件的 PLS 结构方程模型。这两种结构方程模型的不同之处主要体现在以下几个方面：运用极大似然估计法的结构方程模型是以参数估计为导向、以充分的理论准备为前提的验证性分析方法；相比之下，PLS 结构方程模型结合了多元回归与主成分等分析方法，可以处理多构面的复杂模型及多阶测量模型，侧重于反应型、构成型指标或混合型指标的预测，该方法的样本要求不高，数据无须严格服从正态分布，样本只需要达到观测变量的 5 倍即可，且一般不会出现无法识别问题，适用于探索性和验证性的学术研究，在现有文献中广泛应用，这也是本研究采取 PLS 结构方程模型的主要原因。运用 PLS 方法进行建模的具体步骤如下：

（1）模型构建。

第一，构建包含显变量与潜变量的关联方程，如式（7-4）所示：

$$x_i = \sum_n \beta_{ij} x_{ij} + \varepsilon_i \qquad (7-4)$$

其中，x_i 为潜变量，包括技术进步、产业结构升级、制度创新、基础设施水平、制造业服务化、双重价值链对接、资源配置、区域一体化、市场竞争力和区域经济差距；x_{ij} 为显变量，即各项指标；β_{ij} 为显变量 x_{ij} 在 x_i 上的因子负荷系数；ε_i 为误差修正项。

第二，构建潜变量之间的关联方程，如式（7-5）所示：

$$x_i = \sum_{i \neq j} \gamma_{ij} x_j + \mu_i \qquad (7-5)$$

其中，x_i 与 x_j 为不同的潜变量；γ_{ij} 为 x_i 与 x_j 之间的路径系数；ε_i 为误差修正项。

（2）模型估计。

首先，运用循环迭代对各个潜变量进行估计，将潜变量 x_i 的估计值记为 $\hat{x}_i$，考虑到潜变量 x_i 又可以表示为 i 组显变量 x_{ij} 的线性组合，则有式（7-6）所示：

$$\hat{x}_i = w_{ij} z(x_{ij}) \qquad (7-6)$$

其中，w_{ij} 为外部权重；$z(x_{ij})$ 为标准化后显变量的数据。

其次，用外部估计值 $\hat{x}_i$ 估计潜变量 x_i 的内部估计值 h_i，如式（7-7）所示：

$$h_i = \sum_{i \neq j} \omega_{ij} \hat{x}_j \qquad (7-7)$$

其中，ω_{ij} 为内部权重系数，且 $\omega_{ij} = sign(cor(\hat{x}_i, \hat{x}_j))$。至此，可

得到新的外部权重系数，如式（7-8）所示：

$$\varphi_{ij} = cor(x_{ij}, h_i) \qquad (7-8)$$

其中，φ_{ij}为新的外部权重系数。在进行循环迭代后，当w_{ij}与φ_{ij}的误差介于临界值之内时，则表示迭代收敛，可根据该权重继续估计潜变量，否则反之。在运用 PLS 方法构建模型时需要注意以下几点：每个潜变量x_i至少有一个测量指标x_{ij}，而每个x_{ij}只能属于一个x_i；单个x_i必须同另一个或多个x_j存在关联关系；作为因果路径分析，上述模型不可分割成若干不相关的子模型。

7.2.3　相关指标选取及说明

（1）双重价值链系统的指标选取。

随着国际专业化分工的日益深化，贸易模式逐渐从货物贸易向任务贸易转变。贸易模式的这种变化促使专业化分工的参与主体更为多元化，不仅包括上游生产环节的增加值供给者，而且包括下游的增加值需求者。一国或区域需要的增加值来源于哪些国家或地区、创造的增加值又会输送给哪些国家或地区、具体的分配比例如何等都在一定程度上反映了该国或地区融入国内外专业化分工的供需偏好和内在的关联关系。因此，借鉴李跟强和潘文卿（2016）分析思路，主要从垂直专业化、增加值供给偏好及区域再流出三个方面选取指标考察全球价值链与国内价值链双重价值链的对接态势。

首先，地区的垂直专业化程度，即指一个地区参与国内或国际专业化分工的过程中使用其他区域的中间投入比例。地区垂直专业化的程度越高，表明该地区对其他地区或国家的采购需求越大，生产的外向度也就越高，融入价值链分工的程度就越深（刘重力和赵颖，2014）。对于各地区垂直专业化程度的考察沿用胡默尔斯等（2001）的做法，并根据第4章中提到的王直等（2017）的思路，如式（4-7）进一步分解，用该区域融入全球价值链时使用的国内其他区域的增加值比例表示国内垂直专业化指数（domestic vertical specilization index，DVSI），用该区域在融入全球价值链时使用的国外增加值比例表示该区域与其他国家的分工联系，即国外垂直专业化指数（foreign vertical specilization index，FVSI）。如果 DVSI 大于 FVSI，说明该区域具有内向型垂直化的特点，即更多的是以参与国内价值链的形式融入全球价值链分工。反之，则更具有外向型垂直化的特点，即以参与国际分工为主融入全球价值链分工。

其次，地区的增加值供给偏好，如果某一地区将自身创造的绝大部分增加值都供应给某一个或多个特定区域，表明该地区与这些特定区域之间具有较强的关联关系，对这些区域具有明显的增加值供给偏好，同时也反映了该地区融入专业化分工的有向性特点。相反地，如果某地区对于其他地区或国家的增加值供给基本上是均等的，则反映了该地区融入专业化分工的无向性特点。这里借鉴约翰逊和诺格拉（2012）的做法，将区域的增加值流出界定为某地区流出的增加值中由该地区生产且最终被其他地区吸收的部分，并用某区域对国内其他地区的增加值流出比例表示国内增加值供给偏好（domestic value-added supply preference，DVSP），对国外其他地区的增加值流出比例表示国外增加值供给偏好（foreign value-added supply preference，FVSP）。如果 DVSP 大于 FVSP，说明该区域对国内其他区域的增加值供给大于对国外的增加值供给，在国内价值链分工中具有较强的增加值供给偏好，否则反之。

最后，地区的增加值再流出，由于中间投入品的多次跨境流转，在某一地区流出的增加值中将存在重复计算的部分。这种情况通常发生在产品跨区域生产加工的过程中，经由某一区域流转 2 次及以上。现有的总额贸易核算体系在统计时会产生纯重复计算，即该产品在前一次流出及本次流出时的总价值都会被统计在贸易额中。当前国际专业化分工的日益深化促使产品生产的迂回化特征愈加明显，区域增加值的再流出既是生产碎片化的重要体现，也是融入全球价值链分工网络的主要形式。通过这种增加值再流出的分工模式，不同地区之间的增加值联系更为密切。增加值的纯重复计算既包括对本区域及国内其他区域增加值的重复计算，也包括对国外成分的纯重复计算，结合本研究的目的，重点考察对国内其他区域和国外增加值的纯重复计算。通过对某一区域增加值流出进行分解，可以得到某地区对国内其他地区与国外增加值纯重复计算在总纯重复计算的增加值中所占比重，分别表示为 DPDC（domestic pure double counting）和 FPDC（foreign pure double counting）。

（2）价值链分工对区域经济差距作用路径的指标选取。

直接效应方面，根据本章第一节对价值链分工缩小区域经济差距作用路径的分析与相关假设，同时借鉴现有研究，选取研发投入、专利数量、人力资本存量衡量技术进步；主要选取产业结构合理化和产业结构高级化指数衡量产业结构升级，其中产业结构合理化用泰尔指数（TL）测度，如式（7-9）所示：

$$TL = \sum_{i=1}^{n} \left(\frac{Y_i}{Y} \right) \ln \left(\frac{Y_i}{L_i} \Big/ \frac{Y}{L} \right) \tag{7-9}$$

其中，i 代表产业，n 为产业部门的数量，Y 表示各个产业的总产值，L 为各产业部门就业人员总数，Y_i 和 L_i 分别表示 i 产业部门的产值和就业人员数。本研究采用 TL 的主要原因在于，该指数不仅考虑了不同产业的相对重要性，避免了绝对值的计算，而且还保留了结构偏离度的理论基础及经济含义。当经济处于均衡状态时，$TL = 0$；当产业结构不合理，偏离均衡状态时，$TL \neq 0$（干春晖等，2011）。

选取产权结构变迁、投资市场化、国家税收收入占 GDP 的比重衡量制度创新（赵玉林和谷军建，2018）；选取互联网用户数、道路密度、电话密度衡量基础设施水平；选取产出服务化、高技术制造业服务化率、中技术制造业服务化率和低技术制造业服务化率衡量制造业服务化率①；对于制造业服务化率的计算借鉴帕克（1994）等学者的研究，采用投入产出表中的完全系数进行计算，如式（7－10）所示：

$$Servitization_{ij} = a_{ij} + \sum_{k=1}^{n} a_{ik}a_{kj} + \sum_{s=1}^{n}\sum_{k}^{n} a_{is}a_{sk}a_{kj} + \cdots \quad (7-10)$$

其中，$Servitization_{ij}$表示j制造业的投入服务化水平，j制造业可以根据 R&D 含量进一步细分为高技术、中技术和低技术行业，a_{ij}表示生产j制造业直接消耗的i服务业部门的量，$\sum_{k=1}^{n} a_{ik}a_{kj}$表示第二轮间接消耗的$i$服务业部门的投入量，以此类推。

间接效应方面，用客运量、货运量和资源配置效率衡量资源配置水平；选取市场一体化指数、商品地方保护和市场集中度衡量区域一体化水平；用比较优势和地区产品的市场占有率反映市场的竞争力水平；对区域经济差距的衡量采取人均 GDP 标准差及其基尼系数、GDP 增长率离差、用夜间灯光数据计算的基尼系数等多个指标综合表示。各个指标的具体说明如表 7－3 所示。

表 7－3　　　　　　　　　　　指标说明

潜变量	显变量
X_1 技术进步	X_{11}：研发投入（万元）；X_{12}：专利数量（个）；X_{13}：人力资本存量，用每 100 万人在校大学生表示（人）
X_2 产业结构升级	X_{21}：产业结构合理化，用产业结构的泰尔指数（TL）衡量；X_{22}：产业结构高级化，用第三产业与第二产业产值之比衡量
X_3 制度创新	X_{31}：产权结构变迁，用非国有工业总产值与全部工业总产值的比值表示（%）；X_{32}：投资市场化，用非国有经济固定资产投资占各地区全社会固定资产投资表示（%）；X_{33}：用国家税收收入占 GDP 的比重表示（%）

① 此处的划分主要参照经济合作与发展组织（OECD）的做法，以制造业部门中的研发（R&D）含量作为划分标准，其中高技术行业包括化学原料及其制品业、电子和光学设备制造业、机械设备制造业，以及运输设备制造业等行业；中技术行业包括煤炭炼油和核燃料制品业、其他非金属矿物制品业、橡胶和塑料制品业、基础金属制品及合金制品业等；低技术行业包括纺织原料及其制品业、木材及其制品业、皮革制品和鞋类制品业、纸制品和印刷出版业、其他制造业以及回收业等。

续表

潜变量	显变量
X_4 基础设施水平	X_{41}：互联网用户数（万户）；X_{42}：道路密度，用人均城市年末实有道路面积表示（公里）；X_{43}：电话密度，用每百人所拥有电话线路数量表示（条）
X_5 制造业服务化	X_{51}：产出服务化，用服务业产出在制造业总产出中的比重表示（%）；X_{52}：高技术制造业投入服务化，用高技术制造业行业中服务业投入占总投入的比重表示（%）；X_{53}：中技术制造业投入服务化，用中技术制造业行业中服务业投入占总投入的比重表示（%）；X_{54}：低技术制造业投入服务化，用低技术制造业行业中服务业投入占总投入的比重表示（%）
X_6 GVC 与 NVC 对接互动	X_{61}：国内垂直专业化，用区域嵌入全球价值链（GVC）的过程中使用国内其他区域增加值的比例表示（%）；X_{62}：国外垂直专业化，用区域嵌入 GVC 的过程中使用国外其他区域增加值的比例表示（%）；X_{63}：国内增加值供给偏好，用某区域对国内其他地区的增加值流出比例表示（%）；X_{64}：国外增加值供给偏好，用某区域对国外其他地区的增加值流出比例表示（%）；X_{65}：国内区域再流出，用某地区对国内其他地区的增加值纯重复计算占比表示（%）；X_{66}：国外区域再流出，用某地区对国外其他地区的增加值纯重复计算占比表示（%）
X_7 资源配置	X_{71}：客运量（Passengers）；X_{72}：货运量（Goods）；X_{73}：资源配置效率，用全要素生产率的离散程度衡量
X_8 区域一体化	X_{81}：市场一体化指数；X_{82}：商品地方保护，用《中国市场化指数：各地区市场化相对进程报告》中"减少商品地方保护"一项的得分情况进行测度；X_{83}：市场集中度，用赫芬达尔－赫希曼指数，即一个市场内所有企业的市场份额的平方和衡量
X_9 市场竞争力	X_{91}：比较优势，用显性比较优势指数（RCA）表示；X_{92}：用地区产品的市场占有率表示
X_{10} 区域经济差距	X_{101}：地区人均 GDP 绝对差异，用人均 GDP 的标准差衡量；X_{102}：地区人均 GDP 相对差异，用人均 GDP 测算的基尼系数衡量；X_{103}：地区 GDP 增长率差异，用 GDP 增长率离差衡量；X_{104}：地区夜间灯光强度差异，用夜间灯光强度计算的基尼系数衡量

控制变量方面，包括对外开放度水平（Open）、政府干预（Fiscal）、物质资本投入（Invest）、人力资本（Humcap）和对外直接投资

（*FDI*）。

7.3 实证分析及路径检验

7.3.1 全球价值链与国内价值链对接态势的评价结果分析

根据上述方法及指标可以测算得到不同年份全球价值链与国内价值链的耦合度，从而评价双重价值链分工的对接态势，如表 7 - 4 所示。可以看出，2002 年我国大部分地区的全球价值链与国内价值链分工呈现严重失调或者濒临失调的状态，仅有个别省份处于耦合状态，其中广东省是良好耦合、北京市和浙江省是中级耦合状态。2007 年，全球价值链与国内价值链之间处于严重失调的省份由 2002 年的 19 个减少至 7 个，轻度失调和濒临失调的省份有 6 个，其余省份的双重价值链耦合状态均有所提升，其中呈现良好耦合的省份有 3 个，优质耦合的省份有 5 个，主要以广东省、福建省、海南省、上海市和北京市等东部省份为主。2010 年，少数地区全球价值链与国内价值链的耦合水平有所下降，但是大部分地区双重价值链的耦合状态趋于优化，尤其是湖北省、陕西省、江苏省等地。事实上，全球价值链与国内价值链的互动多发生在长三角和珠三角等沿海发达地区。这些地区在承接国外产业转移的过程中深度融入全球价值链分工，同时也在区域内部形成了相对完善的分工体系。值得注意的是，东部沿海发达地区对于全球价值链的嵌入模式仍旧以低附加值的生产环节切入为主，且是以中西部欠发达地区的能源资源和廉价劳动力供给为前提的，在全球价值链分工中起到了"工厂经济"的作用（Humphrey and Schmitz，2004），与中西部地区的协作分工尚且停留在初级生产要素的供给上，在国内价值链与全球价值链之间未能发挥好二传手功能，使得国内价值链与全球价值链分工并没有实现有效对接。此外，我国大部分加工贸易企业以"切片"（fragment）的方式嵌入全球价值链分工在一定程度上削弱了各地区之间的产业联系和区域一体化发展的动力机制。虽然，大部分的代工企业在全球价值链链条中与跨国企业之间进行的是纵向分工，但是与国内其他企业之间却呈现的横向分工特点，且竞争关系明显强于合作关系，地区之间的"产业同构""同质竞争"及"重复建设"等现象普遍存在。同时，"两头在外"的对外开放及加工贸易模式更加重了国内市场与高级生产要素投入的双重脱节，不利于全球价值链与国内价值链的有效对接。

表 7 - 4 　　　　　2002~2010 年各省份全球价值链与
国内价值链的耦合状态

省份	2002 年耦合度	耦合状态	2007 年耦合度	耦合状态	2010 年耦合度	耦合状态
河北	0.03	严重失调	0.19	严重失调	0.15	严重失调
陕西	0.06	严重失调	0.21	严重失调	0.20	严重失调
青海	0.02	严重失调	0.18	严重失调	0.21	严重失调
广西	0.06	严重失调	0.17	严重失调	0.23	轻度失调
河南	0.07	严重失调	0.15	严重失调	0.24	轻度失调
安徽	0.10	严重失调	0.20	严重失调	0.25	轻度失调
黑龙江	0.08	严重失调	0.24	轻度失调	0.26	轻度失调
内蒙古	0.02	严重失调	0.19	严重失调	0.28	轻度失调
重庆	0.26	轻度失调	0.26	轻度失调	0.30	轻度失调
辽宁	0.53	初级耦合	0.29	轻度失调	0.34	濒临失调
江西	0.08	严重失调	0.40	濒临失调	0.39	濒临失调
天津	0.36	濒临失调	0.63	中级耦合	0.40	濒临失调
新疆	0.33	濒临失调	0.60	初级耦合	0.50	勉强耦合
云南	0.13	严重失调	0.31	轻度失调	0.50	勉强耦合
吉林	0.02	严重失调	0.51	初级耦合	0.51	勉强耦合

省份	2002 年耦合度	耦合状态	2007 年耦合度	耦合状态	2010 年耦合度	耦合状态
山东	0.12	严重失调	0.42	勉强耦合	0.52	初级耦合
贵州	0.05	严重失调	0.44	勉强耦合	0.57	初级耦合
湖南	0.04	严重失调	0.38	濒临失调	0.58	初级耦合
山西	0.03	严重失调	0.48	勉强耦合	0.62	中级耦合
甘肃	0.07	严重失调	0.52	初级耦合	0.65	中级耦合
宁夏	0.05	严重失调	0.57	初级耦合	0.66	中级耦合
四川	0.12	严重失调	0.56	初级耦合	0.76	良好耦合
浙江	0.62	中级耦合	0.74	良好耦合	0.77	良好耦合
广东	0.79	良好耦合	0.85	优质耦合	0.80	良好耦合
海南	0.22	轻度失调	0.95	优质耦合	0.87	优质耦合
湖北	0.06	严重失调	0.72	良好耦合	0.87	优质耦合
福建	0.25	轻度失调	0.91	优质耦合	0.92	优质耦合
江苏	0.31	濒临失调	0.75	良好耦合	0.94	优质耦合
上海	0.51	勉强耦合	0.98	优质耦合	0.94	优质耦合
北京	0.66	中级耦合	0.99	优质耦合	0.98	优质耦合

资料来源：作者计算得来。

从图 7-3 中可以看出全球价值链与国内价值链双重价值链分工的协调度演变。2002 年除个别各省份，如北京市、辽宁省、上海市、广东省外，其他大部分省份的双重价值链协调度水平相对比较低，说明国内大部分地区的国内价值链分工程度与全球价值链分工程度并不协调，如河北省、陕西省、内蒙古自治区、湖南省、湖北省、甘肃省和云南省等，主要以自给自足或参与国内价值链分工为主，由于开放水平、地理区位、资源禀赋等因素的限制，较少甚至尚未参与到全球价值链分工中，对于这样的地区而言，实现全球价值链与国内价值链的有效对接比较困难。而对于相对发达的东部沿海地区，在区位优势和政策优势的双重加持下，一方面从中西部地区获得能源资源、劳动力等初级生产要素，另一方面凭借自身劳动力的比较优势切入全球价值链分工的低端。虽然目前东部地区的这种内外分工模式颇受非议，但也正是如此，东部沿海地区通过承接发达国家大量的制造业环节，使得大部分企业的管理模式和技术水平得到了一定程度的提升，也带动了沿海其他落后地区的经济发展。2007 年，我国全方位对外开放格局日渐形成，除辽宁省以外的其他省份的双重价值链协调度均呈现明显上升趋势，但是受 2008 年金融危机的影响，2010 年较之于 2007 年各地区全球价值链与国内价值链的协调度稍有回落，尤其是浙江省。其中主要的原因在于，浙江省是我国民营经济最发达的省份，参与双重价值链分工的也多以民营企业为主，而民营企业多以中小型企业为主。在金融危机的负面影响下，全球经济下行压力大，这使本就脆弱的民营经济雪上加霜，浙江省大部分以外贸为主的民营企业破产倒闭，也就造成了浙江省全球价值链与国内价值链协调度的大幅下降。

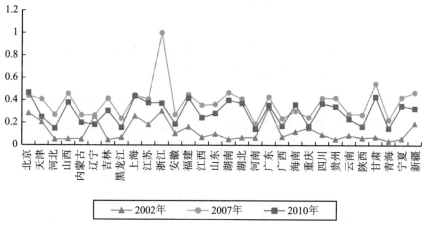

图 7 - 3　2002 年、2007 年和 2010 年全球价值链与国内价值链

双重价值链系统的协调度演变

资料来源：作者计算得来。

7.3.2 全球价值链与国内价值链对接影响区域经济差距的作用路径

（1）信度和效度检验。

考虑到结构方程模型的数据要求，在进行模型估计前，本研究先对数据进行信度和效度检验。信度主要反映数据的可靠性以及稳定性，一般用复合可靠性（composite reliablity，CR）和 Cronbach's α 系数衡量。效度则重点考察数据的准确性，具体包括内容效度及建构效度。鉴于本研究中的各项指标主要来自国家统计局及各省份统计局的统计资料，因而具有较高的内容效度。构建效度又可以进一步细分为聚合效度和区别效度，前者用因子载荷（loading）衡量；后者可通过检验潜变量的平均提取方差（average variance extracted，AVE）的大小，以及比较潜变量的 AVE 平方根与其他潜变量的相关系数进行判定，即当潜变量的 AVE 值大于 0.5 并且 AVE 值的平方根大于与其他潜在变量的相关系数，则表明它有良好的区别效度（Fornell and Larcker，1981）。

检验结果如表 7-5 所示，所有潜变量的 CR 值和 Cronbach's α 值均大于 0.7 的门槛值，说明数据具有较好的内部一致性信度，AVE 均大于 0.5 门槛值，且由表 7-6 可以看出 AVE 的平方根都高于对角线以外的相关系数，这说明数据的区别效度较好。总而言之，上述所选取的数据是可行有效的，通过了信度和效度的检验。

表 7-5　　　　　　　　　　信度和效度检验

潜变量	显变量	Loading	AVE	CR	Cronbach's α
技术水平 X_1	X_{11}	0.846	0.689	0.895	0.783
	X_{12}	0.724			
	X_{13}	0.865			

续表

潜变量	显变量	Loading	AVE	CR	Cronbach's α
产业结构升级 X_2	X_{21}	0.925	0.870	0.940	0.910
	X_{22}	0.817			
制度创新 X_3	X_{31}	0.894	0.841	0.919	0.824
	X_{32}	0.927			
	X_{33}	0.913			
基础设施水平 X_4	X_{41}	0.968	0.644	0.804	0.747
	X_{42}	0.915			
	X_{43}	0.893			
制造业服务化 X_5	X_{51}	0.763	0.652	0.882	0.770
	X_{52}	0.852			
	X_{53}	0.825			
	X_{54}	0.935			
GVC 与 NVC 对接 X_6	X_{61}	0.884	0.856	0.934	0.899
	X_{62}	0.712			
	X_{63}	0.826			
	X_{64}	0.784			
	X_{65}	0.754			
	X_{66}	0.872			
资源配置 X_7	X_{71}	0.799	0.647	0.870	0.759
	X_{72}	0.926			
	X_{73}	0.819			
区域一体化 X_8	X_{81}	0.910	0.934	0.998	0.976
	X_{82}	0.956			
	X_{83}	0.878			
产业竞争力 X_9	X_{91}	0.841	0.639	0.772	0.735
	X_{92}	0.927			
区域经济差距 X_{10}	X_{101}	0.852	0.911	0.976	0.938
	X_{102}	0.911			
	X_{103}	0.925			
	X_{104}	0.890			

表 7 - 6

区别效度检验

相关系数与 AVE 平方根	X_1	X_2	X_3	X_4	X_5	X_6	X_7	X_8	X_9	X_{10}
X_1	**0.830**									
X_2	0.771	**0.933**								
X_3	0.804	0.419	**0.917**							
X_4	0.676	0.261	0.441	**0.802**						
X_5	0.574	0.207	0.568	0.676	**0.807**					
X_6	0.788	0.835	0.811	0.721	0.759	**0.925**				
X_7	0.559	0.342	0.348	0.688	0.765	0.898	**0.804**			
X_8	0.466	0.530	0.442	0.717	0.648	0.761	0.631	**0.966**		
X_9	0.491	0.359	0.662	0.491	0.370	0.759	0.437	0.711	**0.799**	
X_{10}	-0.357	-0.261	-0.469	-0.466	-0.609	-0.617	-0.544	-0.699	-0.431	**0.954**

（2）假设检验及作用路径。

接下来采用结构方程模型并运用 SmartPLS 软件对相关假设进行检验，以考察双重价值链对接缩小区域经济差距的作用路径。具体地，先用 SmartPLS 软件估计模型的路径系数，然后利用 Bootstrapping 运算对原始数据选取容量为 5000 的重复抽样样本，以检验路径系数是否显著（Hair et al.，2012）。在此之前，先对模型进行多重共线性检验，结果如表 7 - 7 所示。所有变量之间的 VIF 均小于经验值 10，说明并不存在显著的多重共线性问题。

表 7 - 7　　　　　　　　　　　多重共线性检验

变量关系	VIF
技术进步→GVC 与 NVC 对接	1.079
产业结构升级→GVC 与 NVC 对接	4.075
制度创新→GVC 与 NVC 对接	1.967
基础设施水平→GVC 与 NVC 对接	1.027
制造业服务化→GVC 与 NVC 对接	3.051
GVC 与 NVC 对接→区域经济差距	2.611
资源配置→区域经济差距	3.427
区域一体化→区域经济差距	5.597
市场竞争力→区域经济差距	2.392
对外开放水平→区域经济差距	1.116
政府干预→区域经济差距	3.677
物质资本投入→区域经济差距	1.379
人力资本→区域经济差距	1.521
对外直接投资（FDI）→区域经济差距	1.000

直接效应及假设检验结果如表 7 - 8 和图 7 - 4 所示。可以看出，全球价值链与国内价值链对接互动对于区域经济差距的路径系数显著为负，表明国内专业化分工网络与全球分工网络的有效协调和互动有

助于我国不同区域之间形成良好的竞合关系，从而有利于缩小地区差距。资源配置对于区域经济差距的路径系数为 - 0.037 且在 10% 的统计水平上显著，表明资源配置效率及配置水平的提升有利于降低同质竞争，缩小区域经济差距，这对于中西部落后地区尤其如此（范方志和汤玉刚，2007）。区域一体化与市场竞争力对于区域经济差距的路径系数虽然为负，但并未通过显著性检验，可能的原因在于我国部分地区仍然存在较为突出的地方保护及市场分割等问题，现有产品的市场竞争力薄弱，抑制了区域间经济的溢出效应，不利于缩小区域差距。对外开放水平、物质资本投入对于地区经济差异的路径系数显著为正，政府干预的路径系数则显著为负，说明对外开放水平的提升及物质资本投入的增加将扩大地区差距，而政府财政支出的增加则有利于缩小发达地区与落后地区之间的经济差异，这与本研究之前章节的估计结果基本一致。

表 7 - 8 　　　　　　　　直接效应及假设检验结果

路径假设	路径系数	T 值	P 值	是否支持
GVC 与 NVC 对接→区域经济差距	- 0.289	1.915	0.054	Yes
资源配置→区域经济差距	- 0.037	1.817	0.073	Yes
区域一体化→区域经济差距	- 0.010	0.259	0.796	No
市场竞争力→区域经济差距	- 0.112	0.898	0.215	No
对外开放水平→区域经济差距	0.184	1.752	0.085	Yes
物质资本投入→区域经济差距	0.103	2.011	0.044	Yes
政府干预→区域经济差距	- 0.463	2.516	0.012	Yes
人力资本→区域经济差距	0.012	1.481	0.147	No
对外直接投资（FDI）→区域经济差距	0.077	0.641	0.435	No

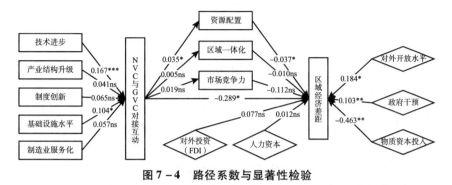

图7-4 路径系数与显著性检验

注：***、**和*分别表示1%、5%和10%的显著性水平，ns表示不显著。

间接效应及假设检验结果如表7-9和图7-4所示。可以看出，技术进步对于全球价值链与国内价值链对接的路径系数为正，且在1%的水平上显著，说明技术进步能够促进全球价值链与国内价值链的对接互动，深化不同区域之间及不同区域与其他国家之间的专业化分工水平。产业结构升级与制度创新对于双重价值链对接的路径系数分别为0.041和0.065，但是均不显著，可能的解释在于就目前而言，我国的产业合理化和高度化水平比较低，且制度创新不足，有效制度滞后（匡远配，2005；沈坤荣和余红艳，2014），不利于全球价值链与国内价值链的对接互动。基础设施水平对于区域经济差距的路径系数为负，且在10%的水平上统计显著，这表明基础设施水平的不断提升和完善，在一定程度上有利于我国欠发达地区承接发达地区的产业转移，也有利于推进中西部落后地区融入全球价值链分工，从而实现双重价值链的有效对接。与制度创新类似，制造业服务化对于全球价值链与国内价值链对接的路径系数虽然为正，但是并不显著，这在一定程度上归因于我国制造业服务化水平的滞后。全球价值链与国内价值链之间的对接互动对于资源配置水平的路径系数为0.035，在10%的统计水平上显著，表明双重价值链对接能够促使各类资源及生产要素在国内市场和国外市场的重新组合与布局，有利于提升资源配置效率和资源配置水平。全球价值链与国内价值链对接互动对于区域一体化和市场竞争力的路径系数虽然为正，但均未通过显著性检验，可能的解释在于，目前我国的专业化分工体系尚不完善，且以东部发达地区为主导，而这些发达区域的分工格局也在一定程度上受制于现有全球价值链分工规则，故而对于国内区域一体化和市场竞争力的提升作用受限。

表 7 - 9 间接效应及假设检验结果

路径假设	路径系数	T 值	P 值	是否支持
技术进步→GVC 与 NVC 对接	0.167	2.596	0.009	Yes
产业结构升级→GVC 与 NVC 对接	0.041	1.224	0.189	No
制度创新→GVC 与 NVC 对接	0.065	1.233	0.256	No
基础设施水平→GVC 与 NVC 对接	0.104	1.746	0.081	Yes
制造业服务化→GVC 与 NVC 对接	0.057	0.719	0.169	No
GVC 与 NVC 对接→资源配置	0.035	1.860	0.075	Yes
GVC 与 NVC 对接→区域一体化	0.005	0.269	0.817	No
GVC 与 NVC 对接→市场竞争力	0.019	0.117	0.932	No

7.4 本章小结

本章从直接效应和间接效应两个维度探究了全球价值链与国内价值链对接互动缩小区域经济差距的作用路径，并基于机理分析提出相关假设。对于假设的经验检验主要采取 SmartPLS 软件及结构方程模型进行论证。在检验假设之前，本研究首先借用物理学上"耦合"的概念及耦合协调度模型考察了全球价值链与国内价值链对接互动态势及演变，主要得出以下结论。

（1）2002～2010 年间，我国大部分地区的全球价值链与国内价值链分工由严重失调或者濒临失调的状态逐步向初级耦合甚至优质耦合的状态转变，其中呈现优质耦合的省份主要以广东省、福建省、海南省、上海市和北京市等东部发达地区为主。这表明入世以后，我国国内分工体系正逐渐形成，分工格局不再局限于个别区域，而在向全国范围内扩展，并不断与国际专业化分工网络接轨。在全球价值链分工规则下，即便处于国内价值链高端的东部沿海地区也面临被俘获、被锁定的困境，虽然其低端切入全球价值链分工的模式备受诟病，但不可否认其在全球价值链与国内价值链分工协调互动中的重要地位。

（2）从双重价值链协调度方面，在考察期间，大部分省份的双重价值链分工由相对较低的协调水平向相对较高的协调度水平转变，说明早期国内大部分地区尤其中西部地区的国内价值链分工程度与全球价值链分工程度并不协调，主要以自给自足或参与国内价值链分工为主，较少甚至尚未参与到全球价值链分工中。随着我国全方位对外开放格局的形成，除辽宁省以外，其他省份的双重价值链协调度均呈现明显上升趋势，受 2008 年金融危机的影响，各地区全球价值链与国内价值链的协调度水平在之后的年份稍有回落，尤其是浙江省。

（3）从全球价值链与国内价值链对接互动影响区域经济差距的作用路径来看，国内专业化分工网络与全球分工网络的有效协调和互动有助于我国不同区域之间形成良好的竞争协作关系，从而有利于缩小地区差距。国内价值链分工与全球价值链分工亦可以通过优化资源配置缩小区域经济差距，双重价值链对接能够促使各类资源及生产要素在国内市场和国外市场的重新组合与布局，有利于提升资源配置效率和资源配置水平，从而降低同质竞争，缩小区域经济差距，这对于中西部欠发达地区尤其如此。此外，技术进步能够促进全球价值链与国内价值链的对接互动，深化不同区域之间及不同区域与其他国家之间的专业化分工水平。同样地，基础设施水平的不断完善，有利于提升我国欠发达地区承接发达地区产业转移的基础设施配套能力，也有利于推进中西部落后地区融入全球价值链分工，从而实现双重价值链的有效对接。然而，目前我国产业合理化和产业高度化水平偏低，且制度创新不足、有效制度滞后等问题，在一定程度上制约了全球价值链与国内价值链的有效对接。

▶ 第 8 章 ◀

研究结论及政策建议

8.1 主 要 结 论

价值链分工理论的不断发展与完善为我国解决区域之间经济发展不平衡问题、实现区域经济协调发展提供了新的思路和视角。通过全球价值链与国内价值链分工的持续深化与有效对接，促进国内外资源要素在不同生产环节及不同地区的优化配置，从而协调区域经济差距。就当前的实际情况来看，全球价值链低端锁定、国内价值链发育不足与双重价值链对接机制的缺失已经成为制约我国经济转型及价值链升级的重要因素，这在一定程度上不利于各区域之间经济的协调发展。因此，在积极融入国际专业化分工的同时，需进一步优化全球价值链嵌入模式，加快培育国内价值链分工体系，提升国内不同地区之间的协作水平，从而促进全球价值链与国内价值链双重价值链的有效对接，这对于促进区域经济收敛，实现各地区经济的协调发展，具有重要的现实意义与政策意义。鉴于此，本研究的目的在于考察价值链分工对区域经济差距的影响及作用机制，进而探究全球价值链与国内价值链对接互动对于区域经济差距的协调路径，借此为我国摆脱价值链低端锁定、推进区域经济协调发展提供理论参考和借鉴。具体而言，在对现有相关研究及理论进行梳理及统计分析的基础上，对我国改革开放以来不同地区之间的经济差异及参与国内价值链和全球价值链分工的程度、位置及演变态势进行全面系统地测度与把握，并基于新经济地理理论与价值链分工理论，构建理论框架与计量模型，对国内外价值链分工影响区域经济差距的潜在机制，以及全球价值链与国内价值链双重价值链对接互动对于地区差距的作用路径进行实证检验，主要得出以下结论。

（1）我国区域之间较为突出的经济差距表现在东部地区尤其长江经济带地区不仅在 GDP、一般公共预算收支，而且在全社会固定资产投资、社会消费品零售总额及对外贸易额等方面都占据绝对优势。从区域之间的经济差距来看，东部地区的人均 GDP 一般高于大多中部、西部和东北部地区，各地区之间的人均 GDP 差异呈现先下降后回升再下降的变动趋势，这在一定程度上得益于我国为缩小区域差距采取的一系列举措。从区域内部的经济差距来看，大多数省份内部的经济差距呈现不同程度的缩小。运用夜间灯光数据测度的我国区域经济差距与官方统计数据的结果基本一致。

（2）在考察期间，部分东部地区参与国内价值链的中间品关联程度趋于下降，而参与全球价值链的中间品关联呈现明显的增幅；大部分中西部地区的国内价值链中间品关联水平较高，而全球价值链中间品关联水平仍旧相对较低。与此同时，我国与"一带一路"沿线国家之间的中间品关联网络也日益密切。从价值链分工的参与程度方面，以最终品加工为主的传统贸易仍然在东部省份的外向型经济发展模式中占据主要地位，相反地，多数中西部内陆省份的增加值除用于自身消费以外，主要用于参与国内价值链分工，且国内大部分地区尤其中西部省份国内价值链参与率的增长主要得益于国内自东部向中西部地区的产业转移。从双重价值链分工的"微笑曲线"检验方面来看，国内贸易增加值的收益率明显高于国外贸易，国内省际贸易增加值收益率较高的省份一般集中在资源或者技术相对密集的地区，大多数省份的国外贸易收益率也出现了先升后降的变动趋势，但是始终处于较低水平。此间，我国个别省份的生产链缩短而大部分地区的生产链不断延伸。以纺织业为代表的传统优势产业在全球价值链分工中仍旧处于微利运营阶段，且低端集聚态势凸显。

（3）局部的、浅层次的简单国内价值链分工模式不利于国内各区域之间形成优势互补与协作分工的良性竞争态势，将扩大地区经济差距。简单国内价值链分工对东部地区经济增长率的提升作用尤为明显，而对于相对落后的中西部地区可能产生负面影响，且对第二产业具有明显的偏向性，对于区域间要素流动的积极作用易于受到集聚经济与路径依赖的双重影响，使得优质要素更偏向于流向发达地区，这就强化了发达地区因初始优势所形成的循环累积因果效应。而当简单国内价值链分工深化到一定程度时，将有利于缩小区域经济差距。就目前而言，我国国内价值链分工尚且处于初级阶段，不同区域之间存在明显的过度集聚与低端竞争，这反而会加剧区域经济发展的不平衡。在复杂国内价值链分工中，高级要素生产迂回化程度的加深未能促进地区之间新知识、新技术的交流与共享，抑制了技术溢出效应。由于全球价值链与国内价值链之间尚未形成链条对链条的有效、良性衔接，故而全球价值链分工的调节效应并不确定。

（4）我国各地区在全球价值链分工中的中间品前后向关联程度不断加深，但是结构过于单一且区域差异和部门差异较为突出。其中，东部省份的中间品关联程度整体较高，而西部省份的前向关联较弱，后向关联日趋增强；生产性服务业的前向关联逐渐增强，传统劳动、资源密集部门的后向关联程度依旧较高。中间品进口的前向关联不仅有利于降低企业的生产成本和要素市场扭曲，弱化经济集聚，而且有利于提升欠发达地区企业的生产率，改善资源错配，从而缩小区域差距。中间品出口的后向关联的加深则在一定程度上强化了本地市场效应，由于我国制造业"生产率悖论"的存在，以及一系列的政策干预，使得低生产率出口企业不断增加和集聚，加之出口"自主选择效应"淘汰机制的缺位，要素市场扭曲进一步加剧，不利于缩小区域经济差距。

（5）国内大部分地区的全球价值链与国内价值链分工逐步由严重失调或者濒临失调的状态向初级耦合甚至优质耦合的状态转变，其中呈现优质耦合的省份主要以东部发达地区为主，说明我国国内分工体系正日渐成熟，并不断与国际专业化分工网络接轨。从双重价值链分工的协调程度来看，随着我国全方位对外开放格局的形成，国内大部分地区的全球价值链与国内价值链分工协调度均呈现明显上升态势。从双重价值链对接互动对于区域经济差距的作用路径来看，全球价值链与国内价值链分工的有效对接和互动有助于我国不同区域之间形成良好的竞合关系，从而有利于缩小地区差距。双重价值链对接能够促使各类资源及生产要素在国内市场和国外市场的重新组合与布局，有利于提升资源配置效率和资源配置水平。此外，技术进步及基础设施水平的不断提升和完善能够促进全球价值链与国内价值链的对接互动，深化不同区域之间及不同区域与其他国家之间的专业化分工水平，这有助于实现我国区域经济的协调发展。

较之于现有研究，本书研究的视角虽然与研究方法略有不同，但是关于我国区域经济差距、全球价值链分工及其影响区域差距的结论与相关文献基本一致，而且对于双重价值链的对接互动影响区域经济差距的理论分析与实证检验也进一步完善了现有研究，拓展了价值链分工的理论内涵。通过系统地探讨价值链分工对于区域经济差距的影响及作用机制，本书研究的边际贡献主要体现在以下几个方面：首先，从双重价值链分工及有效对接的视角考察区域经济差距的协调路径，不仅丰富了现有的价值链分工理论体系，而且为我国实现区域经济协调发展提供了新的思路和理论依据；其次，将国内外专业化分工纳入多区域投入产出分析框架，同时考察全球价值链与国内价值链分工及其对接互动对于区域经济差距的影响机理，并运用现有数据进行统计分析与实证检验，这有别于只考虑国内价值链或仅关注全球价值链的研究；再次，将现有研究中笼统的"国外（或境外）"或"国内"进一步细分到国内各个省份和主要贸易伙伴，以期更准确细致地把握不同省份在全球价值链与国内价值链分工系统中的融入程度及地位演变；最后，本书研究立足于价值链低端锁定困局与国内区域经济发展不平衡的现实矛盾，提出通过构建全球价值链与国内价值链的有效对接机制，实现区域经济的协调发展，突破了以往单纯关注因果关系而忽视实际问题的限制。

8.2 对 策 建 议

基于本书的主要结论，下面将从深化国内价值链分工、优化全球价值链中间品关联及促进全球价值链与国内价值链对接等方面提出缩小区域经济差距的对策建议，以此为完善我国国内价值链分工体系、推动全球价值链升级、实现双重价值链有效对接与促进区域经济可持续协调发展提供参考依据。

8.2.1 深化国内价值链分工以缩小区域经济差距

畅通国内大循环要求进一步完善并深化国内价值链分工，并通过各地区各企业之间的协同分工，提升产业链、供应链与创新链的融合程度和发展质量。根据波特提出的竞争力模型，国内市场是培养企业创新能力和形成自主品牌的最佳土壤。从表面看来，全球经济一体化的加速推进削弱了国内市场的地位，但是事实上，国内市场的规模大小、发展空间、消费需求仍在本土企业的创新升级与国内专业化分工网络的形成与发展中发挥着不可或缺的作用。只有国内市场规模足够大且存在足量收入持续增长的消费者，企业才有动力投入大量人力、资金、时间等生产要素来进行产品的研发创新和品牌培育。国内市场需求内生地引致大规模的创新需求，从而对微观企业形成创新激励。

在一定程度上，发展中国家能否获得与发达国家同等水平的高级生产要素和竞争力，取决于其是否能够充分发挥本国快速扩张的内部市场需求及比较优势的结构性变化，并基于此构建并完善国内价值链分工体系，通过深化国内专业化分工缩小区域经济差距。结合我国的实际情况，可重点考虑从培育国内价值链主导企业、转变国内价值链治理模式与充分发挥国内有效市场需求等方面着手。

第一，加大力度培育本土国内价值链主导企业，深化不同地区企业之间的协作分工，从而缩小区域经济差距。不可否认，通过 FDI 所建立的外资企业在主导构建国内价值链、提升中西部地区产业竞争力、协调东部地区同中西部地区产业协调发展等方面发挥了积极作用，但是鉴于外资企业所主导构建的国内价值链更多嵌入于全球价值链分工的下游环节，致使东部沿海地区陷入低端锁定困境，加之中西部产业发展的局限性，我国难以突破从全球价值链下游环节向中上游环节发展的瓶颈。因此，大力培育具有世界竞争力的国内价值链本土主导企业极具现实必要性。我国作为少数几个拥有多层消费需求结构及巨大国内市场空间的发展中国家，可以通过适当合理的研发补贴、税收优惠或国家采购等市场保护手段积极扶持并培育本土主导企业，同时凭借国内市场的需求容量助力本土国内价值链主导企业的快速发展与转型升级。在这种政策扶持力度下，本土主导企业能够充分利用自身优势不断地学习国际先进技术方法和管理经验，优化升级产品生产及技术流程，以巩固其在国内价值链中的主导地位，进而通过功能升级与过程升级促进自身在全球价值链分工中地位的攀升。这不仅能够打破地区市场分割，凝聚本地企业并与其他地区的企业展开分工协作，而且能够抵消跨国公司在全球价值链中的垄断势力，强化国内价值链的竞争力，在促进国内价值链高端发展的同时实现区域经济发展的协调与可持续性。

第二，推进国内价值链治理模式的转变与分工模式的优化，整合区域优势资源，缩小区域经济差距。结合当前我国区域经济与产业发展的实际情况来看，应加快国内价值链治理模式由传统的国内分工向领导型、模块型与关系型价值链治理方式转变。这对于把握未来产业的发展方向与价值链治理模式的变革方向十分必要，而且也有利于我国中西部地区的产业升级，促使这些地区的企业充分融入国内价值链和全球价值链分工。在价值链分工模式方面，依托于产品内纵向分工的国内价值链构建模式虽然对于中西部产业发展、产业结构升级、承接东部地区产业转移等方面发挥了重要作用，但其实质仍是全球价值链的产品内纵向分工在国内市场的延伸。在这种国内分工模式下，发达的东部地区与相对落后的中西部地区由于所处价值链环节的重要程度不同，获得的收益也存在较大差别，导致出现严重分配不均衡（高煜和高鹏，2012）。因此，应积极引导各地区在国内专业化分工系统中充分发挥各自的比较优势，并通过构建有效的组织模式重组整合各地区的个体特征，提升地区之间协同分工的生产效率，实现国内分工体系的整体功能大于局部地区分工功能的简单加总。这在很大程度上有利于区域产业分工模式的优化，促使区域经济协同发展由低级阶段向高级阶段的转变。

　　第三，充分发挥本土有效市场需求对技术创新的引致功能，升级国内价值链对全球价值链分工的嵌入模式，提升各地区的分工收益。中国巨大的国内市场需求及多层次具有现实购买力的接力棒式消费结构，在培育国内价值链主导企业的核心竞争力与发展高级生产要素的过程中具有非常关键的重要作用。一国本土企业的研发投入成本是否具有可补偿性在一定程度上取决于该国居民的收入分配结构及实际购买力所形成的需求偏好。如果具有可补偿性，则说明存在"需求所引致的创新"，否则反之。我国中产阶级的兴起和发展促使消费结构逐渐从"哑铃型"转变为"橄榄型"，对应形成低级、中级与高级不同层次组合的、接力棒式的市场需求结构。国内有效市场需求所形成的内生发展空间既有利于构建新兴产品的国内价值链生产网络，也有利于国内价值链中核心环节的高创新投入企业与高营销投入终端集成企业的发展。然而，由于大量外商投资与跨国公司的入驻，控制了国内传统产品与新兴产品价值链的高端生产环节，这就抢夺了本土企业主导国内价值链的发展空间与市场需求，阻碍了我国本土企业在价值链分工中由俘获型网络向均衡型网络的地位转变，更不利于我国各地区摆脱贫困式增长与低端锁定的困境。因此，通过适度地保护我国本土市场，充分发挥有效市场需求对国内价值链分工升级和本土技术创新的引致功能，有利于提升我国在全球价值链分工中的地位，深化国内专业化分工体系，从而缩小区域经济差距。

具体到企业层面上，培育并保持其在本土价值链分工中核心环节的竞争优势，同时加强与其他环节本土配套企业之间的协作分工，促进信息流、技术流与价值流在不同地区之间的良性循环，从而实现区域经济的协调发展。企业需要根据自身的定位选择国内价值链分工中的核心环节，然后将拥有的资源集中投入该环节并充分有效地利用这些资源，实现自身的不断发展壮大及对特定环节的控制。归根结底，盈利模式作为商业模式的核心因素之一，主要取决于对不同产品价值链条的不断细分。当前，国内企业做大做强的通常做法就是一方面做专、做精、做强产业价值链中的某一特定环节，另一方面加快与其他产业价值链链条的耦合。以京东为例，充分利用利基市场，通过整合不同产业链条上的要素及资源，成为全国供应链管理方面极具价值创造潜力和值得信赖的服务商。相比之下，通过传统的纵向一体化方式整合全产业链大多发生在全产业兴起的早期阶段或某企业在产业内拥有坚实的资源支撑和运营体系的情况下，以中粮为例，依托其强大的资源优势和政策优势，采取整合农业全产业链的运营模式，这虽然有利于提升中粮的市场规模和影响力，但是由于发展机制、执行力等方面的问题，这种模式一直广受诟病。此外，考虑到目前我国企业在国际生产分工中大多处于"微笑曲线"低端，制造业企业面临"大而不强"的窘境，当务之急需要加大企业研发投入，积极开展自主创新以努力突破价值链低端环节，同时需要加强对产品终端市场的控制，鼓励零售企业发挥自身优势，协助推动我国制造业企业竞争力的提升，通过制造业和零售业之间的全方位协作，构建自主营销渠道，提升市场议价能力，并形成合力以提高本土企业在国际分工体系中的地位。与此同时，通过建立自主品牌、价值链条延伸、广泛参与国际分工等措施，逐渐摆脱价值链的低附加值环节，改善贸易条件，为国内价值链顺利嵌入全球价值链高端环节奠定基础。

8.2.2 优化全球价值链中间品关联以缩小区域经济差距

优化国外大循环的重要前提在于重构全球价值链分工格局。新冠肺炎疫情的全球暴发再一次证明，各个国家之间是紧密相连的，在面临全球性突发危机时，没有哪一个国家或地区能够独善其身。在全球价值链分工框架下的这种联系体现在，我国各地区与其他国家的中间品前后向关联不断增强，产业联系日益紧密。通过优化全球价值链中间品关联不仅有利于重塑全球价值链分工格局，推进各地区在国际专业化分工中地位的提升，还有利于缩小我国区域经济差距，缓解当前经济发展不平衡的主要矛盾。具体而言，可以从加快中间品贸易自由化、促进"广延边际"扩张、优化制度环境等方面着手。

第一，加快推进贸易便利化、自由化尤其中间品贸易，适当增加对 OECD 等发达国家高质量中间品进口的偏向性，以充分发挥中间品前向关联对区域经济协调发展的积极作用。其背后的逻辑在于将中间品进口视为供给管理的重要内容和手段，以改善中间投入的供给面。具体而言，应完善中间品进口管理体制，协调进出口相关程序，减少阻碍中间品进口的非市场因素，与此同时，进一步发挥广州市、福建省、上海市等新一批自由贸易试验区的"先行先试"作用，推动中间品贸易自由化改革。此外，落实并强化更具针对性的中间品进口政策，2017 年国家发改委调整了《鼓励进口技术和产品目录》并公开征求意见，这有利于引导各地区增加对发达国家高附加值、高技术含量的中间品进口。但是，对于发达国家的偏向并不意味着忽视进口市场的多元化发展，而是要优化中间品进口在不同发展水平国家之间的分布，从而更好地发挥中间品进口对区域经济的促进作用。

第二，促使对外贸易的扩张从"集约边际"向"广延边际"转变，推进加工贸易由"体外循环"向"体内循环"过渡，形成中间品的"出口学习"效应及区域的"溢出式"发展。随着劳动力、原材料等成本的不断上升，集约边际扩张所依赖的低成本优势难以为继，亟须加快结构性调整和产业结构优化升级，培育新的比较优势，以中间品出口的广延边际扩张替代国际市场的低端竞争或低端"拥挤"。通过推动加工贸易的"体内循环"强化"出口学习"效应的溢出机制，一方面可考虑推进"互联网＋加工贸易"的深度融合，引导国内出口加工企业承接品牌设计、技术研发等高附加值环节，依托"互联网＋"拓展出口中间品的品牌及渠道优势；另一方面，加大上游产业的外商投资引进力度，同时注重吸引大型跨国公司将关键零部件及机械设备等重要生产环节转移到中国，以延长国内承接的产业链条，这不仅有利于改善中间品出口结构，而且有利于区域之间的协同分工。

第三，通过供给侧市场化改革，"去错配""去扭曲"并举，优化制度环境，以"授之以渔"的思维模式协调地区之间的发展差距。加快国内经济一体化与市场化进程需彻底打破地方贸易保护主义、地区封锁与市场分割，逐步消除阻碍生产要素自由流动的制度因素。通过明确市场在资源配置中的决定性作用，促进地方政府职能转变，是我国供给侧改革的首要目标，也有益于引导资源要素在不同区域之间的自由流动与优化配置，提升资源配置效率，强化区域间的专业化分工协作，更好地发挥贸易对经济的引擎作用。此外，出口退税与补贴等一系列政策优惠并不能从根本上增强出口企业竞争力，反而会引发更多的低端出口。因此，应着力推进国内市场化改革进程，构建要素、产品统一的市场体系，优化区域竞争力重塑的内生制度环境。同时，鼓励各地区加强自主创新，配套提升企业对于进口中间品中隐含的先进技术和知识的消化吸收能力，借此培育欠发达地区自主发展、自力更生的内在动力，从而缩小区域经济差距。

此外，数字化技术与国际专业化分工的深度融合催生了新模式、新业态，以数字化交付为特征的数字贸易迅速发展，赋予全球价值链分工数字化新特征，成为缓解新冠肺炎疫情冲击与全球经济衰退的新引擎。数字化技术的普及应用促使低技能劳动力逐渐被自动化技术取代，实现生产制造环节价值增值，"微笑曲线"向"浅笑曲线"转变，加速价值链增加值向两端转移，优化全球价值链利益分配格局，有利于缩小地区经济差距。在这种情况下，可充分考虑将数字化技术与中间品贸易自由化、"广延边际"扩张、制度环境优化等一系列举措相结合，着手自贸试点数字化管理、进出口贸易企业数字化转型与制度环境的数字化赋能，充分发挥工业互联网国家示范区、跨境电子商务试点等的积极作用，助力企业把握全球价值链数字化重构的战略契机，实现价值链高端攀升。

8.2.3　促进全球价值链与国内价值链有效对接以缩小区域经济差距

实现双重价值链有效对接是构建"双循环"新发展格局的必然要求，有利于缓解我国区域经济发展不平衡的主要矛盾。当前，国与国之间的竞争已经开始由企业对企业的竞争模式逐渐向链条对链条、网络对网络和集群对集群的竞争模式过渡。通过国内自东向西的产业梯度转移，完善并延长国内价值链，拓展国内专业化分工网络，加强国内各地区之间的产业关联和技术经济联系，进而搭建全球价值链和国内价值链之间有效对接与良性互动机制，促使经济增长模式由"出口导向型"向内外需求联动转变，将"扩大内需"与"出口导向"并重，逐渐实现国内外专业化分工的链条对链条的良性、有序竞争环境，这将是我国实现价值链分工优化升级，推动国内区域经济协调发展的可行路径。不仅如此，国内价值链与全球价值链有效对接、协同互动的过程同时也是价值链治理主体之间的相互协调，实现资源共享、耦合结构与共同行动的过程，促使国内外分工体系治理主体的多元化，以及各个价值链分工子系统的协同性，有利于各参与主体共同制定国际经贸规则，从根本上弥补国内价值链与全球价值链单一主体、单一规则治理的局限性。双重价值链对接互动，将在一定程度上削弱发达国家跨国公司的主导地位，扭转全球价值链分工利益扭曲与固化现象，缓解发展中国家面临的技术封锁与低端俘获困局，提升本土企业主导国内价值链分工、参与全球价值链重塑的积极性与主体作用，促进各地区经济的高质量发展。具体到推进双重价值链对接缩小区域经济差距的实践层面，可重点考虑从提升技术创新能力、完善基础设施配套、加快产业梯度转移以优化资源配置等方面着手。

第一，着力提升各地区的技术水平和自主创新能力，促进全球价值链与国内价值链的对接互动，加强我国在双重价值链治理中的话语权和竞争力。在俘获型的全球价值链治理模式下，来自发达国家的跨国公司通过全球市场网络布局和技术创新占据并控制全球价值链高端环节同时垄断分工收益分配，来自发展中国家的出口代工企业在关键零部件及先进设备方面，由于过度依赖进口而被锁定在低附加值的下游环节，技术创新和利润空间遭受诸多"纵向控制"和"纵向压榨"。而且，为维护其自身利益，发达国家通过"梯子理论"①与技术锁定不断强化专利丛林战略和知识产权保护战略，削弱甚至阻止发展中国家的模仿性技术创新与技术追赶。作为全球最大代工平台，我国推进价值链升级的路径严重受限，实现国内价值链与全球价值链的有效对接面临诸多阻碍。此时，一方面可以加强与"一带一路"沿线及其他发展中国家之间的技术交流与互惠合作，着力构建并深化区域专业化分工网络；另一方面，可以通过鼓励大众创新、万众创业，

---

① "梯子理论"是近年来发达国家针对发展中国家的技术学习和追赶所提出的。"梯子理论"将技术创新比喻成梯子，处于技术创新高处的发达国家可以通过敲断梯子的几段隔板阻止处于梯子低位的发展中国家的技术追赶，使其无法对发达国家构成竞争威胁。

完善各地区产学研协同创新机制，加快研发与孵化新技术，通过提升国内各地区的技术水平和自主创新能力，充分发挥技术进步对于双重价值链对接的促进作用，进而缩小区域之间的经济差异。

第二，完善中西部地区的基础设施建设配套能力，构建双重价值链的对接协调机制，充分发挥全球价值链与国内价值链分工的经济增长效应。当前，中西部地区的基础设施建设水平远不能满足现代物流运输要求，严重制约了国内价值链分工网络的构建及双重价值链的对接互动，亟须进一步改善。中西部地区尤其是西部地区地域辽阔、地形差异较大，基础设施的建设成本远远高于东部地区，而且道路、交通等基础设施的建设与完善往往需要各个区域之间的协调与配合。然而，由于各区域的利益主体在国内价值链构建过程中存在较为突出的需求差异，以致作为公共物品的跨区域基础设施建设严重滞后，尚不能满足产业发展的需求。这就需要进行顶层设计、统一规划，建立健全跨区域公共服务供给与基础设施建设机制，由中央统筹安排，以改变地方政府之间形成的被动型市场分割局面。同时，通过扩大投资提升基础设施水平，改善配套条件，降低区域间要素流动成本，提高地区的投资吸引能力与行业扩展能力，借此完善国内专业化分工网络，推进全球价值链与国内价值链的对接，进而缩小区域经济差距。

第三，加快东部地区的产业梯度转移，提升并优化资源配置效率及水平，推动中西部地区更大程度地融入双重价值链分工与内外部经济循环，促进地区之间经济的协调发展。在扶持东部地区集中优质资源要素加大科技研发与技术攻关的同时，鼓励其将自身在全球生产体系中学习到的先进经验和先进技术逐步运用到培育及完善国内价值链分工网络中。在此过程中，通过加快东部地区与中西部地区之间的产业梯度转移，化解东部地区的产能过剩及由于过度发展而产生的经济"过密效应"，提升地区间经济的"溢出效应"和"发散效应"。与此同时，中西部地区应不断优化制度环境和营商环境，提升制造业服务化水平，以便促使国外或东部地区的企业将更多的生产环节转移到中西部地区，促使中西部地区进一步融入国内外专业化分工体系。这不仅有利于东部地区集中优势资源发展生产者服务业与价值链分工中的高附加值环节，增加自身的核心竞争力，加快产业结构优化升级，而且有利于中西部地区充分利用闲置资源如大量的农村剩余劳动力、土地资源与基础设施等，扩大中西部地区的市场需求，从而提升资源配置水平与配置效率，缩小地区经济发展的差距。

参 考 文 献

[1] 安虎森. 新经济地理学原理（第二版）[M]. 经济科学出版社, 2009.

[2] 白俊红, 刘宇英. 对外直接投资能否改善中国的资源错配 [J]. 中国工业经济, 2018（1）: 60–78.

[3] 白俊红, 王林东. 创新驱动是否促进了经济增长质量的提升? [J]. 科学学研究, 2016, 34（11）: 1725–1735.

[4] 曹芳东, 黄震方, 吴江, 徐敏, 姜海宁. 1990年以来江苏省区域经济差异时空格局演化及其成因分析 [J]. 经济地理, 2011, 31（6）: 895–902.

[5] 曹明福. 全球价值链分工的利益分配 [D]. 西安: 西北大学, 2007.

[6] 曹阳. 区域产业分工与合作模式研究 [D]. 长春: 吉林大学, 2008.

[7] 曹子阳, 吴志峰, 匡耀求, 黄宁生. DMSP/OLS 夜间灯光影像中国区域的校正及应用 [J]. 地球信息科学学报, 2015, 17（9）: 1092–1102.

[8] 查志强. 都市型产业集群研究——以杭州女装产业集群为例 [J]. 上海经济研究, 2006（1）: 70–75.

[9] 柴斌锋, 杨高举. 高技术产业全球价值链与国内价值链的互动——基于非竞争型投入占用产出模型的分析 [J]. 科学学研究, 2011, 29（4）: 533–540, 493.

[10] 陈爱贞，刘志彪. 以并购促进创新：基于全球价值链的中国产业困境突破 [J]. 学术月刊，2016，48（12）：63-74.

[11] 陈凯，张方. 生产性公共支出、空间溢出效应与区域经济差距——基于多地区动态一般均衡模型的分析 [J]. 中国人口·资源与环境，2017，27（4）：58-67.

[12] 陈利，朱喜钢，李小虎. 云南省区域经济差异时空演变特征 [J]. 经济地理，2014，34（8）：15-22.

[13] 陈伟，陈银忠，杨柏. 制造业服务化、知识资本与技术创新 [J]. 科研管理，2021，42（8）：17-25.

[14] 陈晓光. 财政压力、税收征管与地区不平等 [J]. 中国社会科学，2016（4）：53-70，206.

[15] 陈勇兵，仉荣，曹亮. 中间品进口会促进企业生产率增长吗——基于中国企业微观数据的分析 [J]. 财贸经济，2012（3）：76-86.

[16] 程大中. 中国参与全球价值链分工的程度及演变趋势——基于跨国投入—产出分析 [J]. 经济研究，2015，50（9）：4-16，99.

[17] 程恩富，张峰. "双循环"新发展格局的政治经济学分析 [J]. 求索，2021（1）：108-115.

[18] 程名望，史清华，Jin Yanhong，盖庆恩. 农户收入差距及其根源：模型与实证 [J]. 管理世界，2015（7）：17-28.

[19] 仇方道，朱传耿，孔令平，单勇兵. 江苏省县域经济差异及时空特征分析 [J]. 经济地理，2004（4）：468-472，476.

[20] 崔向阳，崇燕. 马克思的价值链分工思想与我国国家价值链的构建 [J]. 经济学家，2014（12）：5-13.

[21] 崔向阳，袁露梦，钱书法. 区域经济发展：全球价值链与国家价值链的不同效应 [J]. 经济学家，2018（1）：61-69.

[22] 戴其文. 全球化、地方化与西部欠发达地区发展不平衡

参 考 文 献

［D］. 华东师范大学，2017.

　［23］戴翔，张二震，张雨. 双循环新发展格局与国际合作竞争新优势重塑［J］. 国际贸易，2020（11）：11-17.

　［24］戴翔，张二震. 全球价值链分工演进与中国外贸失速之"谜"［J］. 经济学家，2016（1）：75-82.

　［25］范方志，汤玉刚. 农村公共品供给制度：公共财政还是公共选择？［J］. 复旦学报（社会科学版），2007（3）：77-82.

　［26］范剑勇，谢强强. 地区间产业分布的本地市场效应及其对区域协调发展的启示［J］. 经济研究，2010，45（4）：107-119，133.

　［27］范剑勇，张雁. 经济地理与地区间工资差异［J］. 经济研究，2009，44（8）：73-84.

　［28］范子英，田彬彬. 出口退税政策与中国加工贸易的发展［J］. 世界经济，2014，37（4）：49-68.

　［29］冯长春，曾赞荣，崔娜娜. 2000年以来中国区域经济差异的时空演变［J］. 地理研究，2015，34（2）：234-246.

　［30］付文林，沈坤荣. 均等化转移支付与地方财政支出结构［J］. 经济研究，2012，47（5）：45-57.

　［31］傅元海，叶祥松，王展祥. 制造业结构优化的技术进步路径选择——基于动态面板的经验分析［J］. 中国工业经济，2014（9）：78-90.

　［32］干春晖，郑若谷，余典范. 中国产业结构变迁对经济增长和波动的影响［J］. 经济研究，2011，46（5）：4-16，31.

　［33］高煜，高鹏. 区域产业发展中国内价值链构建的模式选择［J］. 求索，2012（1）：20-22.

　［34］高云虹，王美昌. 省际边缘区县域经济差异及其空间特征分析——以赣州市为例［J］. 经济地理，2011，31（5）：736-740，804.

［35］高运胜，王云飞，蒙英华．融入全球价值链扩大了发展中国家的工资差距吗？［J］．数量经济技术经济研究，2017，34（8）：38 – 54.

［36］高志刚，刘伟．西北少数民族地区区域经济差异与协调发展——以新疆为例［J］．南开学报（哲学社会科学版），2016（3）：147 – 160.

［37］高志刚，王垚．基于组合评价的中国区域协调发展水平研究［J］．广东社会科学，2011（1）：19 – 26.

［38］葛顺奇，刘晨，罗伟．外商直接投资的减贫效应：基于流动人口的微观分析［J］．国际贸易问题，2016（1）：82 – 92.

［39］公丕萍，刘卫东，唐志鹏，李方一．2007 年中日贸易的经济效应和碳排放效应［J］．地理研究，2016，35（1）：71 – 81.

［40］关伟，朱海飞．基于 ESDA 的辽宁省县际经济差异时空分析［J］．地理研究，2011，30（11）：2008 – 2016.

［41］郭源园，李莉．西部内陆省区区域经济差异影响因素——以重庆为例［J］．地理研究，2017，36（5）：926 – 944.

［42］郭周明，裘莹．数字经济时代全球价值链的重构：典型事实、理论机制与中国策略［J］．改革，2020（10）：73 – 85.

［43］何天祥，陈晓红．动态外部性与城市群经济增长收敛的实证研究［J］．系统工程理论与实践，2017，37（11）：2791 – 2801.

［44］贺灿飞，梁进社．中国区域经济差异的时空变化：市场化、全球化与城市化［J］．管理世界，2004（8）：8 – 17，155.

［45］洪银兴．进入新阶段后中国经济发展理论的重大创新［J］．中国工业经济，2017（5）：5 – 15.

［46］洪占卿，郭峰．国际贸易水平、省际贸易潜力和经济波动［J］．世界经济，2012，35（10）：44 – 65.

［47］胡汉辉，邢华．产业融合理论以及对我国发展信息产业的启示［J］．中国工业经济，2003（2）：23 – 29.

参 考 文 献

[48] 胡昭玲，李红阳. 参与全球价值链对我国工资差距的影响——基于分工位置角度的分析 [J]. 财经论丛，2016 (1)：11 - 18.

[49] 黄群慧. 新发展格局的理论逻辑、战略内涵与政策体系——基于经济现代化的视角 [J]. 经济研究，2021，56 (4)：4 - 23.

[50] 黄先海，诸竹君，宋学印. 中国中间品进口企业"低加成率之谜"[J]. 管理世界，2016 (7)：23 - 35.

[51] 江静，刘志彪. 服务产业转移缩小了地区收入差距吗 [J]. 经济理论与经济管理，2012 (9)：90 - 100.

[52] 蒋庚华，吴云霞. 全球价值链位置对中国行业内生产要素报酬差距的影响——基于 WIOD 数据库的实证研究 [J]. 财贸研究，2017，28 (8)：44 - 52.

[53] 蒋廉雄，朱辉煌，卢泰宏. 区域竞争的新战略：基于协同的区域品牌资产构建 [J]. 中国软科学，2005 (11)：107 - 116.

[54] 金浩，李瑞晶，李媛媛. 基于 ESDA - GWR 的三重城镇化协调性空间分异及驱动力研究 [J]. 统计研究，2018，35 (1)：75 - 81.

[55] 匡远配. 中国扶贫政策和机制的创新研究综述 [J]. 农业经济问题，2005 (8)：24 - 28.

[56] 黎峰. 全球价值链分工、出口产品结构及贸易收益 [D]. 上海社会科学院，2015.

[57] 黎峰. 国际分工新趋势与中国制造全球价值链攀升 [J]. 江海学刊，2019 (3)：80 - 85，254.

[58] 黎峰. 国内专业化分工是否促进了区域协调发展？[J]. 数量经济技术经济研究，2018，35 (12)：81 - 99.

[59] 黎峰. 进口贸易、本土关联与国内价值链重塑 [J]. 中国工业经济，2017 (9)：25 - 43.

［60］黎峰.要素禀赋结构升级是否有利于贸易收益的提升?——基于中国的行业面板数据［J］.世界经济研究,2014(8):3-7,14,87.

［61］黎峰.增加值视角下的中国国家价值链分工——基于改进的区域投入产出模型［J］.中国工业经济,2016b(3):52-67.

［62］黎峰.中国国内价值链是怎样形成的?［J］.数量经济技术经济研究,2016a,33(9):76-94.

［63］李春顶,石晓军,邢春冰."出口—生产率悖论":对中国经验的进一步考察［J］.经济学动态,2010(8):90-95.

［64］李丹.全球价值链分工下我国生产要素集聚能力:理性评判与内涵重构［J］.国际贸易,2016(12):39-45.

［65］李跟强,潘文卿.国内价值链如何嵌入全球价值链:增加值的视角［J］.管理世界,2016(7):10-22,187.

［66］李吉芝,秦其明.辽宁省区域经济差异与区域协调发展的初步研究［J］.中国人口·资源与环境,2004(2):78-81.

［67］李佳洺,张文忠,李业锦等.基于微观企业数据的产业空间集聚特征分析——以杭州市区为例［J］.地理研究,2016,35(1):95-107.

［68］李健,滕欣.天津市海陆产业系统耦合协调发展研究［J］.干旱区资源与环境,2014,28(2):1-6.

［69］李健.全球价值链数字化转型与中国的战略选择［J］.新疆社会科学,2021(5):27-35,162.

［70］李俊峰,焦华富,韩玉刚等.上海城市跨江发展过程及驱动机制研究［J］.经济地理,2010,30(10):1625-1630.

［71］李琳,刘莹.中国区域经济协同发展的驱动因素——基于哈肯模型的分阶段实证研究［J］.地理研究,2014,33(9):1603-1616.

［72］李瑞琴,孙浦阳.地理集聚与企业的自选择效应——基于

上、下游关联集聚和专业化集聚的比较研究 [J]. 财贸经济，2018 (4)：114 - 129.

[73] 李实，罗楚亮. 中国收入差距究竟有多大？——对修正样本结构偏差的尝试 [J]. 经济研究，2011，46 (4)：68 - 79.

[74] 李豫新，程谢君. 民族地区人口迁移与区域经济差异空间联动效应分析 [J]. 中国人口科学，2017 (2)：80 - 92，128.

[75] 李豫新，任凤. 新疆南北疆区域经济发展差异预警研究 [J]. 干旱区资源与环境，2012，26 (8)：1 - 7.

[76] 廖翼，周发明，唐玉凤. 湖南县域经济差异变化的实证研究 [J]. 经济地理，2014，34 (2)：35 - 41.

[77] 林伯强，刘泓汛. 对外贸易是否有利于提高能源环境效率——以中国工业行业为例 [J]. 经济研究，2015，50 (9)：127 - 141.

[78] 林玲，容金霞. 参与全球价值链会拉大收入差距吗——基于各国后向参与度分析的视角 [J]. 国际贸易问题，2016 (11)：65 - 75.

[79] 林毅夫，刘培林. 中国的经济发展战略与地区收入差距 [J]. 经济研究，2003 (3)：19 - 25，89.

[80] 刘斌，魏倩，吕越等. 制造业服务化与价值链升级 [J]. 经济研究，2016，51 (3)：151 - 162.

[81] 刘秉镰，武鹏，刘玉海. 交通基础设施与中国全要素生产率增长——基于省域数据的空间面板计量分析 [J]. 中国工业经济，2010 (3)：54 - 64.

[82] 刘贯春，张晓云，邓光耀. 要素重置、经济增长与区域非平衡发展 [J]. 数量经济技术经济研究，2017，34 (7)：35 - 56.

[83] 刘景卿，车维汉. 国内价值链与全球价值链：替代还是互补？[J]. 中南财经政法大学学报，2019 (1)：86 - 98，160.

[84] 刘维刚，倪红福，夏杰长. 生产分割对企业生产率的影响

[J]. 世界经济, 2017, 40 (8): 29 - 52.

[85] 刘维林. 中国式出口的价值创造之谜: 基于全球价值链的解析 [J]. 世界经济, 2015, 38 (3): 3 - 28.

[86] 刘修岩, 李松林, 陈子扬. 多中心空间发展模式与地区收入差距 [J]. 中国工业经济, 2017 (10): 25 - 43.

[87] 刘瑶. 参与全球价值链拉大了收入差距吗——基于跨国跨行业的面板分析 [J]. 国际贸易问题, 2016 (4): 27 - 39.

[88] 刘昭云. 广东区域经济发展差异评价与协调发展对策 [J]. 经济地理, 2010, 30 (5): 723 - 727.

[89] 刘志彪, 张少军. 中国地区差距及其纠偏: 全球价值链和国内价值链的视角 [J]. 学术月刊, 2008, (5): 49 - 55.

[90] 刘志彪, 于明超. 从 GVC 走向 NVC: 长三角一体化与产业升级 [J]. 学海, 2009 (5): 59 - 67.

[91] 刘志彪, 张杰. 全球代工体系下发展中国家俘获型网络的形成、突破与对策——基于 GVC 与 NVC 的比较视角 [J]. 中国工业经济, 2007 (5): 39 - 47.

[92] 刘志彪, 郑江淮, 价值链上的中国: 长三角选择性开放新战略 [M]. 中国人民大学出版社, 2012.

[93] 刘志彪. 从融入全球价值链到构建国家价值链——中国产业升级的战略思考 [J]. 学术月刊, 2009a (9): 59 - 68.

[94] 刘志彪. 我国区域经济协调发展的基本路径与长效机制 [J]. 中国地质大学学报 (社会科学版), 2013 (1): 4 - 10.

[95] 刘志彪. 从全球价值链转向全球创新链: 新常态下中国产业发展新动力 [J]. 学术月刊, 2015, 47 (2): 5 - 14.

[96] 刘志彪. 国际外包视角下我国产业升级问题的思考 [J]. 中国经济问题, 2009b (1): 6 - 15.

[97] 刘志彪. 重塑中国经济内外循环的新逻辑 [J]. 探索与争鸣, 2020 (7): 42 - 49, 157 - 158.

参 考 文 献

[98] 刘中伟. 东亚生产网络、全球价值链整合与东亚区域合作的新走向 [J]. 当代亚太，2014 (4)：126 - 156，160.

[99] 刘重力，赵颖. 东亚区域在全球价值链分工中的依赖关系——基于 TiVA 数据的实证分析 [J]. 南开经济研究，2014 (5)：115 - 129.

[100] 刘竹青，佟家栋. 要素市场扭曲、异质性因素与中国企业的出口—生产率关系 [J]. 世界经济，2017，40 (12)：76 - 97.

[101] 陆铭，向宽虎. 破解效率与平衡的冲突——论中国的区域发展战略 [J]. 经济社会体制比较，2014 (4)：1 - 16.

[102] 陆旸，蔡昉. 人口结构变化对潜在增长率的影响：中国和日本的比较 [J]. 世界经济，2014，37 (1)：3 - 29.

[103] 吕添贵，吴次芳，游和远. 鄱阳湖生态经济区水土资源与经济发展耦合分析及优化路径 [J]. 中国土地科学，2013，27 (9)：3 - 10.

[104] 吕越，罗伟，刘斌. 异质性企业与全球价值链嵌入：基于效率和融资的视角 [J]. 世界经济，2015，38 (8)：29 - 55.

[105] 毛其淋，许家云. 贸易自由化与中国企业出口的国内附加值 [J]. 世界经济，2019，42 (1)：3 - 25.

[106] 孟德友，陆玉麒，樊新生，史本林. 基于投影寻踪模型的河南县域交通与经济协调性评价 [J]. 地理研究，2013，32 (11)：2092 - 2106.

[107] 孟祺. 基于"一带一路"的制造业全球价值链构建 [J]. 财经科学，2016 (2)：72 - 81.

[108] 苗长虹，张建伟. 基于演化理论的我国城市合作机理研究 [J]. 人文地理，2012，27 (1)：54 - 59.

[109] 慕晓飞，雷磊. 东北经济重心演变及区域发展均衡性研究 [J]. 经济地理，2011，31 (3)：366 - 370.

[110] 倪红福，夏杰长. 中国区域在全球价值链中的作用及其

变化 [J]. 财贸经济, 2016 (10): 87 – 101.

[111] 倪红福. 全球价值链中产业"微笑曲线"存在吗？——基于增加值平均传递步长方法 [J]. 数量经济技术经济研究, 2016, 33 (11): 111 – 126, 161.

[112] 聂聆. 全球价值链分工地位的研究进展及评述 [J]. 中南财经政法大学学报, 2016 (6): 102 – 112.

[113] 欧向军, 叶磊, 张洵, 芦惠. 江苏省县域经济发展差异与极化比较 [J]. 经济地理, 2012, 32 (7): 24 – 29.

[114] 潘文卿, 李跟强. 中国区域的国家价值链与全球价值链：区域互动与增值收益 [J]. 经济研究, 2018 (3): 171 – 186.

[115] 潘文卿, 李跟强. 中国区域间贸易成本：测度与分解 [J]. 数量经济技术经济研究, 2017, 34 (2): 55 – 71.

[116] 潘文卿. 中国的区域关联与经济增长的空间溢出效应 [J]. 经济研究, 2012, 47 (1): 54 – 65.

[117] 潘文卿. 中国国家价值链：区域关联特征与增加值收益变化 [J]. 统计研究, 2018, 35 (6): 18 – 30.

[118] 裴长洪, 杨志远, 刘洪愧. 负面清单管理模式对服务业全球价值链影响的分析 [J]. 财贸经济, 2014 (12): 5 – 16, 63.

[119] 裴长洪. 进口贸易结构与经济增长：规律与启示 [J]. 经济研究, 2013, 48 (7): 4 – 19.

[120] 钱书法, 王卓然. 国际贸易中价值转移问题的扩展研究：模型、推演及启示 [J]. 经济学家, 2016 (2): 16 – 25.

[121] 钱学锋, 范冬梅, 黄汉民. 进口竞争与中国制造业企业的成本加成 [J]. 世界经济, 2016, 39 (3): 71 – 94.

[122] 邵朝对, 李坤望, 苏丹妮. 国内价值链与区域经济周期协同：来自中国的经验证据 [J]. 经济研究, 2018 (3): 187 – 201.

[123] 邵朝对, 苏丹妮. 全球价值链生产率效应的空间溢出 [J]. 中国工业经济, 2017 (4): 94 – 114.

参 考 文 献

[124] 沈国兵，于欢. 中国企业参与垂直分工会促进其技术创新吗？[J]. 数量经济技术经济研究，2017，34（12）：76 – 92.

[125] 沈坤荣，李剑. 中国贸易发展与经济增长影响机制的经验研究 [J]. 经济研究，2003（5）：32 – 40，56 – 92.

[126] 沈坤荣，余红艳. 税制结构优化与经济增长动力重构 [J]. 经济学家，2014（10）：51 – 59.

[127] 盛斌，毛其淋. 贸易开放、国内市场一体化与中国省际经济增长：1985 ~ 2008 年 [J]. 世界经济，2011（11）：44 – 66.

[128] 盛斌，苏丹妮，邵朝对. 全球价值链、国内价值链与经济增长：替代还是互补 [J]. 世界经济，2020，43（4）：3 – 27.

[129] 盛斌. 中国对外贸易政策的政治经济分析 [M]. 上海：上海三联书店、上海人民出版社，2002.

[130] 施炳展，李建桐. 互联网是否促进了分工：来自中国制造业企业的证据 [J]. 管理世界，2020，36（4）：130 – 149.

[131] 石静霞. 国际贸易投资规则的再构建及中国的因应 [J]. 中国社会科学，2015（9）：128 – 145，206.

[132] 史丹，李鹏，许明. 产业结构转型升级与经济高质量发展 [J]. 福建论坛（人文社会科学版），2020（9）：108 – 118.

[133] 苏立君. 逆全球化与美国"再工业化"的不可能性研究 [J]. 经济学家，2017（6）：96 – 104.

[134] 孙海燕，王富喜. 区域协调发展的理论基础探究 [J]. 经济地理，2008，28（6）：928 – 931.

[135] 孙久文，张可云，安虎森，贺灿飞，潘文卿. "建立更加有效的区域协调发展新机制"笔谈 [J]. 中国工业经济，2017（11）：26 – 61.

[136] 孙久文. 现代区域经济学主要流派和区域经济学在中国的发展 [J]. 经济问题，2003（3）：2 – 4.

[137] 孙希华，张淑敏. 山东省区域经济差异分析与协调发展

研究 [J]. 经济地理, 2003 (5): 611 – 614, 620.

[138] 孙元元. 生产率收敛是否会带来经济增长收敛？——来自中国的经验证据 [J]. 中国软科学, 2015 (1): 47 – 58.

[139] 孙志燕, 郑江淮. 全球价值链数字化转型与"功能分工陷阱"的跨越 [J]. 改革, 2020 (10): 63 – 72.

[140] 覃成林, 刘迎霞, 李超. 空间外溢与区域经济增长趋同——基于长江三角洲的案例分析 [J]. 中国社会科学, 2012 (5): 76 – 94, 206.

[141] 覃成林, 张华, 毛超. 区域经济协调发展：概念辨析、判断标准与评价方法 [J]. 经济体制改革, 2011 (4): 34 – 38.

[142] 覃成林, 郑云峰, 张华. 我国区域经济协调发展的趋势及特征分析 [J]. 经济地理, 2013, 33 (1): 9 – 14.

[143] 覃毅. 品牌主导型产业迈向全球价值链中高端路径探析 [J]. 经济学家, 2018 (5): 32 – 38.

[144] 汤二子. 中国企业"出口—生产率悖论"：理论裂变与检验重塑 [J]. 管理世界, 2017 (2): 30 – 42, 187.

[145] 万广华. 城镇化与不均等：分析方法和中国案例 [J]. 经济研究, 2013, 48 (5): 73 – 86.

[146] 汪振双, 赵宁, 苏昊林. 能源—经济—环境耦合协调度研究——以山东省水泥行业为例 [J]. 软科学, 2015, 29 (2): 33 – 36.

[147] 王冰, 程婷. 中国中部六大城市群经济增长的差异性和收敛性 [J]. 城市问题, 2015 (3): 11 – 17, 104.

[148] 王俊. 跨国外包体系中的技术溢出与承接国技术创新 [J]. 中国社会科学, 2013 (9): 108 – 125, 206 – 207.

[149] 王启仿, 李娟文. 湖北省区域经济差异评价及协调发展对策研究 [J]. 中国人口·资源与环境, 2002 (3): 89 – 92.

[150] 王少剑, 方创琳, 王洋, 马海涛, 李秋颖. 广东省区域经济差异的方向及影响机制 [J]. 地理研究, 2013, 32 (12): 2244 –

2256.

[151] 王少剑, 王洋, 赵亚博. 1990 年来广东区域发展的空间溢出效应及驱动因素 [J]. 地理学报, 2015, 70 (6): 965 – 979.

[152] 王小鲁, 樊纲. 中国收入差距的走势和影响因素分析 [J]. 经济研究, 2005 (10): 24 – 36.

[153] 王晓丹. 空间视角下的区域非均衡再研究: 回顾与展望 [J]. 人文地理, 2012, 27 (6): 19 – 23.

[154] 王孝松, 施炳展, 谢申祥等. 贸易壁垒如何影响了中国的出口边际? ——以反倾销为例的经验研究 [J]. 经济研究, 2014, 49 (11): 58 – 71.

[155] 王亚军. "一带一路" 倡议的理论创新与典范价值 [J]. 世界经济与政治, 2017 (3): 4 – 14, 156.

[156] 王燕飞. 国家价值链视角下中国产业竞争力的测度与分析 [J]. 数量经济技术经济研究, 2018, 35 (8): 21 – 38.

[157] 王永进, 盛丹, 施炳展等. 基础设施如何提升了出口技术复杂度? [J]. 经济研究, 2010, 45 (7): 103 – 115.

[158] 王玉燕, 王建秀, 阎俊爱. 全球价值链嵌入的节能减排双重效应——来自中国工业面板数据的经验研究 [J]. 中国软科学, 2015 (8): 148 – 162.

[159] 王直, 魏尚进, 祝坤福. 总贸易核算法: 官方贸易统计与全球价值链的度量 [J]. 中国社会科学, 2015, (9): 108 – 127, 205 – 206.

[160] 王子先. 中国需要有自己的全球价值链战略 [J]. 国际贸易, 2014 (7): 4 – 12.

[161] 魏后凯. 现代区域经济学 [M]. 经济管理出版社, 2006.

[162] 魏后凯. 大都市区新型产业分工与冲突管理——基于产业链分工的视角 [J]. 中国工业经济, 2007 (2): 28 – 34.

[163] 魏金义, 祁春节. 农业技术进步与要素禀赋的耦合协调

度测算 [J]. 中国人口·资源与环境, 2015, 25 (1): 90-96.

[164] 温忠麟, 叶宝娟. 中介效应分析: 方法和模型发展 [J]. 心理科学进展, 2014, 22 (5): 731-745.

[165] 巫强, 刘志彪. 双边交易平台下构建国家价值链的条件、瓶颈与突破——基于山寨手机与传统手机产业链与价值链的比较分析 [J]. 中国工业经济, 2010 (3): 76-85.

[166] 吴爱芝, 杨开忠, 李国平. 中国区域经济差异变动的研究综述 [J]. 经济地理, 2011, 31 (5): 705-711.

[167] 吴福象, 蔡悦. 中国产业布局调整的福利经济学分析 [J]. 中国社会科学, 2014 (2): 96-115, 206.

[168] 吴福象, 曹璐. 生产性服务业集聚机制与耦合悖论分析——来自长三角16个核心城市的经验证据 [J]. 产业经济研究, 2014 (4): 13-21.

[169] 吴福象, 刘志彪. 中国贸易量增长之谜的微观经济分析: 1978~2007 年 [J]. 中国社会科学, 2009 (1): 70-83, 205-206.

[170] 吴云霞, 蒋庚华. 全球价值链位置对中国行业内劳动者就业工资报酬差距的影响——基于 WIOD 数据库的实证研究 [J]. 国际贸易问题, 2018 (1): 58-70.

[171] 夏雪, 韩增林, 赵林等. 省际边缘区区域经济差异的时空格局与形成机理——以鄂豫皖赣为例 [J]. 经济地理, 2014, 34 (5): 21-27.

[172] 夏炎, 吴洁. 中国碳生产率减排目标分配机制研究——基于不同环境责任界定视角 [J]. 管理评论, 2018, 30 (5): 137-147.

[173] 谢锐, 郭欢. 中间产品贸易视角下中国融入东亚区域生产网络的影响研究 [J]. 国际贸易问题, 2016 (3): 81-92.

[174] 熊勇清, 李鑫, 黄健柏, 贺正楚. 战略性新兴产业市场需求的培育方向: 国际市场抑或国内市场——基于"现实环境"与

"实际贡献"双视角分析 [J]. 中国软科学, 2015 (5): 129 – 138.

[175] 徐康宁, 陈丰龙, 刘修岩. 中国经济增长的真实性: 基于全球夜间灯光数据的检验 [J]. 经济研究, 2015, 50 (9): 17 – 29, 57.

[176] 徐美娜, 夏温平. 数字跨国公司对外投资的进入与扩张决定: 平台型数字企业集聚的分析视角 [J]. 世界经济研究, 2021 (12): 68 – 85, 133.

[177] 徐宁, 皮建才, 刘志彪. 全球价值链还是国内价值链——中国代工企业的链条选择机制研究 [J]. 经济理论与经济管理, 2014 (1): 62 – 74.

[178] 许和连, 成丽红, 孙天阳. 制造业投入服务化对企业出口国内增加值的提升效应——基于中国制造业微观企业的经验研究 [J]. 中国工业经济, 2017 (10): 62 – 80.

[179] 许家云, 毛其淋. 中国企业的市场存活分析: 中间品进口重要吗? [J]. 金融研究, 2016 (10): 127 – 142.

[180] 阳镇, 陈劲, 李纪珍. 数字经济时代下的全球价值链: 趋势、风险与应对 [J]. 经济学家, 2022 (2): 64 – 73.

[181] 杨晓峰. 国内价值链构建与区域经济协调发展研究 [D]. 兰州商学院, 2013.

[182] 易先忠, 高凌云. 融入全球产品内分工为何不应脱离本土需求 [J]. 世界经济, 2018, 41 (6): 53 – 76.

[183] 尹少华, 冷志明. 基于共生理论的"行政区边缘经济"协同发展——以武陵山区为例 [J]. 经济地理, 2008 (2): 242 – 246.

[184] 尹伟华. 中国制造业参与全球价值链的程度与方式——基于世界投入产出表的分析 [J]. 经济与管理研究, 2015, 36 (8): 12 – 20.

[185] 于娇, 逯宇铎, 刘海洋. 出口行为与企业生存概率: 一

个经验研究 [J]. 世界经济, 2015, 38 (4): 25 - 49.

[186] 余军华. 中国区域经济差异及协调发展研究 [D]. 华中科技大学, 2007.

[187] 余明桂, 回雅甫, 潘红波. 政治联系、寻租与地方政府财政补贴有效性 [J]. 经济研究, 2010, 45 (3): 65 - 77.

[188] 袁凯华, 彭水军. 中国加工贸易的价值攀升: 嵌入 NVC 会优于 GVC 吗 [J]. 统计研究, 2017, 34 (8): 32 - 43.

[189] 袁露梦. 价值链分工视角下的江苏省区域经济协调发展问题研究 [D]. 南京财经大学, 2017.

[190] 岳中刚, 刘志彪. 基于渠道控制的国内价值链构建模式分析: 以苏宁电器为例 [J]. 商业经济与管理, 2011 (6): 5 - 12.

[191] 詹晓宁, 贾辉辉, 齐凡. 后疫情时代国际生产体系大转型: 新趋势和未来方向 [J]. 国际贸易, 2021 (9): 4 - 14.

[192] 张兵, 李翠莲. "金砖国家" 通货膨胀周期的协动性 [J]. 经济研究, 2011, 46 (9): 29 - 40.

[193] 张彻. 区域经济差异识别及预警研究 [D]. 武汉大学, 2010.

[194] 张传勇, 刘学良. 房价对地区经济收敛的影响及其机制研究 [J]. 统计研究, 2017, 34 (3): 65 - 75.

[195] 张萃, 赵伟. 产业区域集聚研究: 新经济地理学的理论模型和实证命题 [J]. 人文地理, 2011, 26 (4): 23 - 28, 6.

[196] 张敦富, 覃成林. 中国区域经济差异与协调发展 [M]. 北京: 中国轻工业出版社, 2001: 97 - 123.

[197] 张华, 曾凡玲, 吴佩. 全球价值链中的农产品生产与贸易: 特征、桎梏与对策 [J]. 国际商务研究, 2016, 37 (5): 44 - 52.

[198] 张辉, 易天, 唐毓璇. "一带一路": 全球价值双环流研究 [J]. 经济科学, 2017 (3): 5 - 18.

[199] 张会清, 翟孝强. 中国参与全球价值链的特征与启

参考文献

示——基于生产分解模型的研究［J］. 数量经济技术经济研究, 2018, 35 (1): 3-22.

[200] 张杰, 周晓艳, 李勇. 要素市场扭曲抑制了中国企业R&D?［J］. 经济研究, 2011, 46 (8): 78-91.

[201] 张娟. 区域国际投资协定规则变化、成因及全球投资治理的中国方案［J］. 世界经济研究, 2022 (2): 3-11, 134.

[202] 张可云, 王裕瑾. 区域经济 β 趋同的空间计量检验［J］. 南开学报 (哲学社会科学版), 2016 (1): 89-96.

[203] 张可云, 肖金成, 高国力, 杨继瑞, 张占仓, 戴翔. 双循环新发展格局与区域经济发展［J］. 区域经济评论, 2021 (1): 14-29.

[204] 张良悦, 刘东. "一带一路" 与中国经济发展［J］. 经济学家, 2015 (11): 51-58.

[205] 张晴, 于津平. 投入数字化与全球价值链高端攀升——来自中国制造业企业的微观证据［J］. 经济评论, 2020 (6): 72-89.

[206] 张睿, 张勋, 戴若尘. 基础设施与企业生产率: 市场扩张与外资竞争的视角［J］. 管理世界, 2018, 34 (1): 88-102.

[207] 张少军, 李东方. 全球价值链模式的产业转移: 商务成本与学习曲线的视角［J］. 经济评论, 2009 (2): 65-72.

[208] 张少军, 刘志彪. 区域一体化是国内价值链的 "垫脚石" 还是 "绊脚石" ——以长三角为例的分析［J］. 财贸经济, 2010 (11): 118-124.

[209] 张少军, 刘志彪. 国内价值链是否对接了全球价值链——基于联立方程模型的经验分析［J］. 国际贸易问题, 2013 (2): 14-27.

[210] 张少军. 全球价值链降低了劳动收入份额吗——来自中国行业面板数据的实证研究［J］. 经济学动态, 2015 (10): 39-48.

[211] 张少军. 全球价值链与国内价值链——基于投入产出表

的新方法 [J]. 国际贸易问题, 2009 (4): 108 - 113.

[212] 张伟丽, 覃成林, 李小建. 中国地市经济增长空间俱乐部趋同研究——兼与省份数据的比较 [J]. 地理研究, 2011, 30 (8): 1457 - 1470.

[213] 张益丰. 基于 GVC 与 NVC 嵌套式地方产业集群升级研究——兼论高端制造业与生产者服务业双重集聚 [J]. 上海经济研究, 2010 (1): 65 - 72.

[214] 张幼文. 生产要素的国际流动与全球化经济的运行机制——世界经济学的分析起点与理论主线 [J]. 世界经济研究, 2015 (12): 3 - 11, 124.

[215] 张瑜, 殷书炉, 刘廷华. 境外战略投资者提高了我国商业银行的经营效率吗? [J]. 经济评论, 2014 (2): 139 - 149.

[216] 张宇, 张晨, 蔡万焕. 中国经济模式的政治经济学分析 [J]. 中国社会科学, 2011 (3): 69 - 84, 221.

[217] 章元, 万广华, 刘修岩等. 参与市场与农村贫困: 一个微观分析的视角 [J]. 世界经济, 2009, 32 (9): 3 - 14.

[218] 赵昌文, 许召元. 国际金融危机以来中国企业转型升级的调查研究 [J]. 管理世界, 2013 (4): 8 - 15, 58.

[219] 赵春明, 李震, 王贝贝等. 经济集聚与价值链嵌入位置——基于企业出口上游度的分析视角 [J]. 国际贸易问题, 2020 (9): 81 - 96.

[220] 赵放, 曾国屏. 全球价值链与国内价值链并行条件下产业升级的联动效应——以深圳产业升级为案例 [J]. 中国软科学, 2014 (11): 50 - 58.

[221] 赵江林. 大区域价值链: 构筑丝绸之路经济带共同利益基础与政策方向 [J]. 人文杂志, 2016 (5): 21 - 28.

[222] 赵小芳, 耿建忠, 鲁奇等. 甘肃省区域经济差异及其发展对策研究 [J]. 干旱区资源与环境, 2008 (8): 7 - 11.

参 考 文 献

[223] 赵莹雪. 广东省县际经济差异与协调发展研究 [J]. 经济地理, 2003 (4): 467 – 471.

[224] 赵勇, 魏后凯. 政府干预、城市群空间功能分工与地区差距——兼论中国区域政策的有效性 [J]. 管理世界, 2015 (8): 14 – 29, 187.

[225] 赵玉林, 谷军健. 制造业创新增长的源泉是技术还是制度? [J]. 科学学研究, 2018, 36 (5): 800 – 812, 912.

[226] 钟昌标. 国际贸易促进区域经济成长的机制和战略 [J]. 中国软科学, 2002 (3): 89 – 92.

[227] 周黎安, 赵鹰妍, 李力雄. 资源错配与政治周期 [J]. 金融研究, 2013 (3): 15 – 29.

[228] 周密. 后发转型大国价值链的空间重组与提升路径研究 [J]. 中国工业经济, 2013 (8): 70 – 82.

[229] 朱彬, 张小林, 尹旭. 江苏省乡村人居环境质量评价及空间格局分析 [J]. 经济地理, 2015, 35 (3): 138 – 144.

[230] 朱玉春, 黄增健. 改革开放以来中国西部农村经济发展的地区差距研究——基于陕西省的数据 [J]. 财贸研究, 2008 (1): 40 – 47.

[231] 卓越, 张珉. 全球价值链中的收益分配与"悲惨增长"——基于中国纺织服装业的分析 [J]. 中国工业经济, 2008 (7): 131 – 140.

[232] 邹文英, 陈爱贞. 国际贸易与企业生产率关系研究新进展 [J]. 经济学动态, 2017 (8): 135 – 146.

[233] Acharya R C, Keller W. Technology Transfer through Imports [J]. Canadian Journal of Economics/Revue canadienne d'économique, 2009, 42 (4): 1411 – 1448.

[234] Anselin, Luc. Spatial Effects in Econometric Practice in Environmental and Resource Economics [J]. American Journal of Agricultural

Economics, 2001, 83 (3): 705.

[235] Antràs P, Chor D. Organizing the Global Value Chain [J]. Econometrica, 2013, 81 (6): 2127 – 2204.

[236] Antràs P, Chor D, Fally T, and Russell H. Measuring the Upstreamness of Production and Trade Flows [J]. American Economic Review, 2012, 102 (3): 412 – 416.

[237] Arndt, Sven W, Henryk Kierzkowski, eds. Fragmentation: New Production Patterns in the World Economy [J]. OUP Oxford, 2001.

[238] Atkinson, A. B. On the Measurement of Inequality [J]. Journal of Economic Theory, 1970, 2 (3): 244 – 263.

[239] Audretsch, David B, Maryann P. Feldman. Knowledge Spillovers and the Geography of Innovation [J]. Handbook of Regional and Urban Economics Vol, 2004, 4 (Elsevise): 2713 – 2739.

[240] Autor, D. H. D. Dorn, and G. H. Hanson. The China Syndrome: Local Labor Market Effects of Import Competition in the United States [J]. American Economic Review, 2013, 103 (6): 2121 – 2168.

[241] Azmeh S, Nadvi K. Asian Firms and the Restructuring of Global Value Chains [J]. International Business Review, 2014, 23 (4): 708 – 717.

[242] Baldwin R, Venables A. Relocating the Value Chain: Offshoring and Agglomeration in the Global Economy [J]. Economics, 2010, 90 (2): 245 – 254.

[243] Baldwin R. , Lopez – Gonzalez J. Supply-chain Trade: A Portrait of Global Patterns and Several Testable Hypotheses [J]. The World Economy, 2015, 38 (11): 1682 – 1717.

[244] Baldwin, Richard. Trade and Industrialization after Globalization's 2nd Unbundling: How Building and Joining a Supply Chain are Different

and Why it Matters [R]. NBER Working Paper, 2011, w17716.

[245] Barro, Robert J, Xavier Sala-i – Martin. Convergence [J]. Journal of Political Economy, 1992, 100 (2): 223 –251.

[246] Ben – David, Dan. Equalizing Exchange: Trade Liberalization and Income Convergence [J]. Quarterly Journal of Economics, 1993, 108 (3): 653 –679.

[247] Costinot A, Vogel J, Wang S. An Elementary Theory of Global Supply Chains [J]. The Review of Economic Studies, 2013, 80 (1): 109 –144.

[248] Damijan J P, Kostevc Č, Polanec S. From Innovation to Exporting or Vice Versa? [J]. The World Economy, 2010, 33 (3): 374 – 398.

[249] Daudin, Guillaume, Christine Rifflart, and Danielle Schweisguth. Who Produces for Whom in the World Economy? [J]. Canadian Journal of Economics/Revue canadienne économique, 2011, 44 (4): 1403 –1437.

[250] David, H. David Dorn, and Gordon H. Hanson. The China Syndrome: Local Labor Market Effects of Import Competition in the United States [J]. American Economic Review, 2013, 103 (6): 2121 –2168.

[251] Dietzenbacher E, Luna I R, Bosma N S. Using Average Propagation Lengths to Identify Production Chains in the Andalusian Economy [J]. Estudios de Economia Aplicada, 2005, 23 (2): 405 –422.

[252] Dietzenbacher E. , Los, B. , Stehrer, R. , Timmer, M. , & de Vries, G. The Construction of World Input – Output Tables in the Wiod Project [J]. Economic Systems Research, 2013, 25 (1): 71 –98.

[253] Elvidge C. D, D. Ziskin, K. E. Baugh, B. T. Tuttle, T. Ghosh, T. Pack, D. W. Pack, E. H. Erwin, and M. Zhizhin. A Fifteen Year Record of Global Natural Gas Flaring Derived from Satellite Data [J].

Energies, 2009, 2 (3): 595 –622.

[254] Escaith H, Inomata S. The Evolution of Industrial Networks in East Asia: Stylized Facts and Role of Trade Facilitation Policies [M]. Production Networks and Enterprises in East Asia. Springer Japan, 2016: 113 –138.

[255] Ethier W J. National and International Returns to Scale in the Modern Theory of International Trade [J]. American Economic Review, 1982, 72 (3): 389 –405.

[256] Fally T. Production Staging: Measurement and Facts [J]. Boulder, Colorado, University of Colorado Boulder, May, 2012: 155 – 168.

[257] Fan C. Cindy, Allen J. Scott. Industrial Agglomeration and Development: a Survey of Spatial Economic Issues in East Asia and a Statistical Analysis of Chinese Regions [J]. Economic Geography, 2003, 79 (3): 295 –319.

[258] Fornell C, Larcker D F. Evaluating Structural Equation Models with Unobservable Variables and Measurement Error [J]. Journal of Marketing Research, 1981, 18 (1): 39 –50.

[259] Foster C, Graham M. Reconsidering the Role of the Digital in Global Production Networks [J]. Global Networks, 2017, 17 (1): 68 –88.

[260] Foster N, J. Francois, O. Pindyuk, J. Poschl, R. Stehrer. WIOD International Trade in Goods and Services Data [J]. WIOD Deliverable D2. 3, 2012.

[261] Fujita M, Krugman P R, Venables A J. The Spatial Economy: Cities, Regions, and International Trade [M]. MIT Press, 2001.

[262] Fujita Masahisa, Dapeng Hu. Regional Disparity in China 1985 – 1994: The Effects of Globalization and Economic Liberalization

[J]. The Annals of Regional Science, 2001, 35 (1): 3 - 37.

[263] Gereffi G, John Humphrey, and Raphael Kaplinsky. Introduction: Globalization, Value Chains and Development [J]. IDS bulletin, 2001, 32 (3): 1 - 8.

[264] Gereffi G. The Global Economy: Organization, Governance and Development, in The Handbook of Economic Sociology [M]. Princeton, NJ: Princeton University Press and Russell Sage Foundation, 2004: 160 - 182.

[265] Gereffi G. The Organization of Buyer - Driven Global Commodity Chains: How US Retailers Shape Overseas Production Networks [J]. Commodity Chains and Global Captalism, 1994: 95 - 122.

[266] Gereffi, G. International Trade and Industrial Upgrading in the Apparel Commodity Chain [J]. Journal of International Economics, 1999 (48): 37 - 70.

[267] Gibson, John, Jikun Huang, and Scott Rozelle. Why is Income Inequality so Low in China Compared to other Countries: the Effect of Household Survey Methods [J]. Economics Letters, 2001, 71 (3): 329 - 333.

[268] Grossman Gene M, and Esteban Rossi - Hansberg. Task Trade between Similar Countries [J]. Econometrica, 2012, 80 (2): 593 - 629.

[269] Hair J F, Sarstedt M, Ringle C M., et al. An Assessment of the Use of Partial Least Squares Structural Equation Modeling in Marketing Research [J]. Journal of the Academy of Marketing Science, 2012, 40 (3): 414 - 433.

[270] Helpman E, Krugman P. Market Structure and Foreign Trade: Increasing Returns, Imperfect Competition and International Trade [M]. MIT Press Books, 1985.

[271] Hsieh C T. , Woo K T. The Impact of Outsourcing to China on Hong Kong's Labor Market [J]. American Economic Review, 2005, 95 (5): 1673 – 1687.

[272] Hsieh Chang – Tai, and Peter J. Klenow. Misallocation and Manufacturing TFP in China and India [J]. The Quarterly Journal of Economics, 2009, 124 (4): 1403 – 1448.

[273] Hummels D, Ishii J, Yi K. M. The Nature and Growth of Vertical Specialization in World Trade [J]. Journal of International Economics, 2001, 54 (1): 75 – 96.

[274] Hummels D, J. Levinsohn. Monopolistic Competition and International Trade: Reconsidering the Evidence [J]. Quarterly Journal of Economics, 1995, 110 (3): 799 – 836.

[275] Humphrey J, H. Schmitz. Chain Governance and Upgrading: Taking Stock [M]. Edward Elgar Publishing, 2004.

[276] Jarreau J, S. Poncet. Export Sophistication and Economic Growth: Evidence from China [J]. Journal of Development Economics, 2012, 97 (2): 281 – 292.

[277] Javorcik B. Does Foreign Direct Investment Increase the Productivity of Domestic Firms? In Search of Spillovers through Backward Linkages [J]. American Economic Review, 2004, 94 (30): 605 – 627.

[278] Johnson R. C, Noguera G. Accounting for Intermediates: Production Sharing and Trade in Value Added [J]. Journal of International Economics, 2012, 86 (2): 224 – 236.

[279] Johnson R. C, Noguera G. Fragmentation and Trade in Value Added over Four Decades [R]. NBER Working Paper, 2011, w18186.

[280] Kadarusman Y. , Nadvi K. Competitiveness and Technological Upgrading in Global Value Chains: Evidence from the Indonesian Electron-

ics and Garment Sectors [J]. European Planning Studies, 2013, 21 (7): 1007 – 1028.

[281] Kanbur R, X. B. Zhang. Fifty Years of Regional Inequality in China: A Journey Through Central Planning, Reform, and Openness [J]. Review of Development Economics, 2005, 9 (1): 87 – 106.

[282] Kano L, Tsang E, Yeung H. Global Value Chains: A Review of the Multi-disciplinary Literature [J]. Journal of International Business Studies, 2020, 51: 577 – 622.

[283] Kaplinsky R, Masuma F. What are the Implications for Global Value Chains when the Market Shifts from the North to the South? [J]. International Journal of Technological Learning, Innovation and Development, 2011, 4 (1 – 3): 13 – 38.

[284] Kaplinsky R. Globalisation and Unequalisation: What can be Learned from Value Chain Analysis? [J]. Journal of Development Studies, 2000, 37 (2): 117 – 146.

[285] Kee H, Tang H. Domestic value added in exports: Theory and firm evidence from China [J]. The American Economic Review, 2016, 106 (6): 1402 – 1436.

[286] Khwaja A I, Mian A. Do Lenders Favor Politically Connected Firms? Rent Provision in an Emerging Financial Market [J]. The Quarterly Journal of Economics, 2005, 120 (4): 1371 – 1411.

[287] Kletzer L G. The Impact of International Trade on Wages: Trade and Job Loss in Us. Manufacturing, 1979 – 1994 [J]. Social Science Electronic Publishing, 2011: 81 – 82.

[288] Kobrin S. Bricks and Mortar in a Borderless World: Globalization, the Backlash, and the Multinational Enterprise [J]. Global Strategy Journal, 2017, 7: 159 – 171.

[289] Kogut B. Designing Global Strategies: Comparative and Com-

petitive Value – Added Chains [J]. Sloan Management Review, 1985, 26 (4): 15 – 28.

[290] Koopman R, Wang Z, and Wei S. J. How Much of Chinese Exports is Really Made in China? Assessing Domestic Value-added When Processing is Pervasive [R]. NBER Working Paper, 2008, w14109.

[291] Koopman R., Powers W M, Wang Z, et al. Give Credit Where Credit is Due: Tracing Value Added in Global Production Chains [R]. NBER Working Paper, 2010.

[292] Koopman R., Wang Z, Wei S. J. Tracing Value-added and Double Counting in Gross Exports [J]. American Economic Review, 2014, 104 (2): 459 – 494.

[293] Kraemer Kenneth L, Greg Linden, and Jason Dedrick. Capturing Value in Global Networks: Apple's iPad and iPhone [R/OL]. University of California, Irvine, University of California, Berkeley, Syracuse University, NY. http://pcic. merage. uci. edu/papers/2011/value_iPad_iPhone. pdf. Consultadoel 15, 2011.

[294] Krishna P, Senses M Z. International Trade and Labour Income Risk in the US [J]. Review of Economic Studies, 2014, 81 (1): 186 – 218.

[295] Krugman P R. Increasing Returns, Monopolistic Competition, and International Trade [J]. Journal of International Economics, 1979, 9 (4): 469 – 479.

[296] Krugman Paul R. Intraindustry Specialization and the Gains from Trade [J]. Journal of Political Economy, 1981, 89 (5): 959 – 973.

[297] Krugman Paul, Anthony J. Venables. Globalization and the Inequality of Nations [J]. The Quarterly Journal of Economics, 1995, 110 (4): 857 – 880.

参 考 文 献

[298] Krugman Paul. Increasing Returns and Economic Geography [J]. Journal of Political Economy, 1991, 99 (3): 483 – 499.

[299] Lanz R, Lundquist K, Maurer A, et al. E-commerce and developing country—SME participation in global value chains [R]. WTO Staff Working Papers, ERSD – 2018 – 13.

[300] Lee J, Gereffi G. Global Value Chains, Rising Power Firms and Economic and Social Upgrading [J]. Social Science Electronic Publishing, 2015, 11 (3/4): 319 – 339.

[301] Letu H, Hara M, Yagi H, et al. Estimating the Energy Consumption with Nighttime City Light from the DMSP/OLS Imagery [J]. Joint Urban Remote Sensing Event, 2009 (1 – 3): 1364 – 1370.

[302] Linden Greg, Kenneth L. Kraemer, and Jason Dedrick. Who Captures Value in a Global Innovation Network? The Case of Apple's iPod [J]. Communications of the ACM, 2009, 3: 140 – 144.

[303] Liu Yibei. The Evolution of the Global Value Chain [D]. University of Colorado at Boulder. Department of Economics, 2014.

[304] Liu Z., He C, Zhang Q, et al. Extracting the Dynamics of Urban Expansion in China Using DMSP – OLS Nighttime Light Data from 1992 to 2008 [J]. Landscape and Urban Planning, 2012, 106 (1): 62 – 72.

[305] Long Guoying, Mee Kam Ng. The Political Economy of Intra-provincial Disparities in Post-reform China: a Case Study of Jiangsu Province [J]. Geoforum, 2001, 32 (2): 215 – 234.

[306] Lorenz M O. Methods of Measuring the Concentration of Wealth [J]. Publications of the American Statistical Association, 1905, 9 (70): 209 – 219.

[307] Mankiw N, Gregory, David Romer, and David N. Weil. A Contribution to the Empirics of Economic Growth [J]. The Quarterly Jour-

nal of Economics, 1992, 107 (2): 4077.

[308] Melitz M J. The Impact of Trade on Intra-industry Reallocations and Aggregate Industry Productivity [J]. Econometrica, 2003, 71 (6): 1695 - 1725.

[309] Moreno R, López - Bazo. E. , ArtíS, M. Public Infrastructure and the Performance of Manufacturing Industries: Short-and Long-run Effects [J]. Regional Science & Urban Economics, 2001, 32 (1): 97 - 121.

[310] Nambisan S, Wright M. Feldman M. The Digital Transformation of Innovation and Entrepreneurship: Progress, Challenges and Key Themes [J]. Research Policy, 2019, 48, (8): 1 -9.

[311] Naranpanawa A, R. Arora. Does Trade Liberalization Promote Regional Disparities? Evidence from a Multiregional CGE Model of India [J]. World Development, 2014, 64: 339 - 349.

[312] Nye John VC. Positional Goods and the Challenge of Chinese Regional Inequality [J]. Economic and Political Studies, 2018, 6 (1): 4 - 10.

[313] Park S H. Intersectoral Relationships between Manufacturing and Services [J]. ASEAN Economic Bulletin, 1994, 10 (3): 245 - 263.

[314] Peters G P, R. Andrew, J. Lennox. Constructing an Environmentally Extended 1132 Multi - Regional Input - Output Table Using the GTAP Database [J]. Economic Systems 1133 Research, 2011, 23: 131 - 152.

[315] Poncet S. Measuring Chinese Domestic and International Integration [J]. China Economic Review, 2003, 14 (1): 1 -21.

[316] Porter M, Heppelmann J. How smart, connected products are transforming competition [J]. Harvard Business Review, 2014, 92 (11):

64 – 88.

[317] Porter Michael E. Competitive Advantage: Creating and Sustaining Superior Performance [M]. Free Press, 1985: 7 – 8.

[318] Raupach M R, Rayner P J, Paget M. Regional Variations in Spatial Structure of Nightlights, Population Density and Fossil-fuel CO_2 Emissions [J]. Energy Policy, 2010, 38 (9): 4756 – 4764.

[319] Restuccia D, Rogerson R. Misallocation and Productivity [J]. Review of Economic Dynamics, 2013, 1 (16): 1 – 10.

[320] Rodrik Dani. What's so Special about China's Exports? [J]. China & World Economy, 2006, 14 (5): 1 – 19.

[321] Schmitz H. Local Upgrading in Global Chains: Recent Findings [R]. Paper to Be Presented at the DRUID Summer Conference, 2004.

[322] Schott Peter K. The Relative Sophistication of Chinese Exports [J]. Economic Policy, 2008, 23 (53): 6 – 49.

[323] Slaughter Matthew J. Trade liberalization and per Capita Income Convergence: A Difference-in-differences Analysis [J]. Journal of International Economics, 2001, 55 (1): 203 – 228.

[324] Solow Robert M. [Handbook of Macroeconomics], Volume 1 ‖ Chapter 9 Neoclassical Growth Theory [J]. Handbook of Macroeconomics, 1999: 637 – 667.

[325] Stolper Wolfgang F, Paul A. Samuelson. Protection and Real Wages [J]. The Review of Economic Studies, 1941, 9 (1): 58 – 73.

[326] Temurshoev U. M. P. Timmer. Joint Estimation of Supply and Use Tables [J]. Papers in Regional Science, 2011, 90: 863 – 882.

[327] Theil H. Economics and Information Theory [M]. North Holland: Amsterdam, 1967.

[328] Tolbert C. M, M. Sizer. U. S. Commuting Zones and Labor

Market Areas: A 1990 Updates [R]. Economic Research Service Staff Paper, 1996, No. 9614.

[329] Topalova P, Khandelwal A. Trade Liberalization and Firm Productivity: The Case of India [J]. Review of Economics and Statistics, 2011, 93 (3): 995 – 1009.

[330] UNCTAD. World Investment Report 2013: Global Value Chains: Investment and Trade for Development [J]. Laboratory Animal Science, 2013, 35 (3): 272 – 279.

[331] Upward R, Wang Z, Zheng J. Weighing China's export basket: The domestic content and technology intensity of Chinese exports [J]. Journal of Comparative Economics, 2013, 41 (2): 527 – 543.

[332] WTO, Geneva, Institute of Developing Economies, Tokyo, Japan External Trade Organization, Tokyo (IDE – JETO). Trade Patterns and Global Value Chains in East Asia: From Trade in Goods to Trade in Tasks [R]. General Information, 2011.

[333] Waene R D. Intermediate Goods in International Trade with Variable Proportions and two Primary Inputs [J]. The Quarterly Journal of Economics, 1971, 85 (2): 225 – 236.

[334] Wang Z, Wei S. J, Zhu K. F. Quantifying International Production Sharing at the Bilateral and Sector Levels [R]. NBER Working Paper, 2013, w19677.

[335] Wang Z. , Wei S. J. , Yu, X. , et al. Measures of Participation in Global Value Chains and Global Business Cycles [R]. NBER Working Paper, 2017, w23222.

[336] Williamson Oliver E. Transaction-cost Economics: The Governance of Contractual Relations [J]. The Journal of Law and Economics, 1979, 22 (2): 233 – 261.

[337] Wu J. Z. Wang, W. Li, and J. Peng. Exploring Factors Affect-

ing the Relationship between Light Consumption and GDP based on DMSP/ OLS Nighttime Satellite Imagery [J]. Remote Sensing of Environment, 2013, 134 (7): 111 - 119.

[338] Wu X, Gereffi G. Amazon and Alibaba: Internet Governance Business Models, and Internationalization Strategies [J]. Progress in International Business Research, 2018, (13): 327 - 356.

[339] Yang Dennis Tao. Urban-biased Policies and Rising Income Inequality in China [J]. American Economic Review, 1999, 89 (2): 306 - 310.

[340] Zhang Y. , D. Tong, X. Liang. New Perspective on Regional Inequality: Theory and Evidence from Guangdong, China [J]. Journal of Urban Planning and Development, 2018, 144 (1): 164 - 182.

后　记

　　本书是在我的博士论文的基础上修订完成的。回想三年前书稿初定以来的日子，光阴似箭，岁月如梭。曾经在那个美丽温馨的校园里，我收获的不仅仅是知识和学习技能，更有对人生的感悟和未来的憧憬。自此之后的工作和学习过程中，思考、阅读和写作成为日常的重要组成部分，每一天都忙碌而充实，单纯而幸福。再回望那个重要的人生节点，我的内心依然是无比激动，满怀感激之情。

　　能够成为导师陈淑梅教授的学生，是一件非常幸运的事情。感怀陈老师在读博期间给予的帮助，不论是在生活上、学习上还是科研上，都离不开陈老师的谆谆教诲和悉心指导。陈老师不仅和蔼可亲、平易近人，而且学术造诣深厚、学识渊博、治学严谨，在学术问题研究上的独到见解使我倍受启发，同时引导我朝着正确的方向迈进，避免走弯路，使我能够顺利完成博士阶段的学习。无论是小论文的写作，还是学位论文的撰写，陈老师均从选题、构思、写作、修改和完善等各个环节进行耐心的指导，自己在博士期间的研究成果尤其英文论文无一不是凝聚了恩师的巨大心血和智慧。此外，陈老师为人宽厚、做事果敢、乐于助人的处事态度，也潜移默化地影响着我，教会我如何待人接物，使我不断地提升自己。我很感念恩师的知遇之恩与培养之恩，借此学位论文完成之际，特向陈老师表示我最诚挚的感谢和最崇高的敬意，由衷地祝愿陈老师及家人身体健康，工作顺利！

　　在论文撰写期间，非常荣幸能够得到东南大学经济管理学院诸

后　记

位老师的教诲和帮助，他们较高的学术造诣和人格魅力深刻地影响、鼓励着我。这里要非常感谢徐康宁老师、邱斌老师、刘修岩老师、岳书敬老师、徐盈之老师和陈丰龙老师给予我的热心帮助、鼓励和指导！

博士期间的另一收获就是和同门以及同学之间的深厚情谊。我要感谢我的师兄赵亮、周岩，师姐陈梅、陈敏、高敬云，师妹高佳汇、沈菁芝、王潇潇、甘清华等各位师弟师妹们，和你们在学术上的讨论和在生活上的经历，都使我终生难忘。感谢闺蜜好友谢婉莹同学，很幸运能够在最后的学生生涯收获闺蜜一枚，感谢刘晨跃、施震凯、王美昌、蔡海亚、郝亚绒、刘丽萍、江芬芬、南永清、卞元超、刘峰等各位好友，正是你们的鼓励和陪伴让我艰辛的求学之路不再孤单。感谢我可爱的室友许丽、吕静和杨戈，你们的欢声笑语让我觉得每一天都如此温暖。在此，希望我们的同门情谊、同窗友谊和室友情谊能够地久天长，也愿各位好友越来越好。

最后，我要深深地感谢我的父母、婆婆、姐姐，还有我的先生姚景民。多年来，父母给予我最无私、最强大的支持和付出，无怨无悔，而我却一直在外求学，只能心怀感念而无法报恩于膝下，甚感愧疚；非常感谢姐姐在我离家的日子对父亲和母亲的照顾，让我能够安心攻博；感谢婆婆对我求学的理解、支持和鼓励。感谢我的先生姚景民，亦夫亦友，不论是在学习上还是生活上都默默地支持我，在我遇到困难的时候设身处地为我解忧，非常感谢你一直以来的包容和理解，有你的支持和陪伴让我在奋进的路上不孤单。希望未来我们携手共进，砥砺前行。还要感谢我的宝宝，从孕育到出生，再到牙牙学语，见证你成长的每一天，你的陪伴是我勇往直前、全力以赴的不竭动力。

写作既是心灵涤荡的过程，也是思想碰撞的过程。指尖键盘的跳跃记录下每一个沉浸和忙碌的瞬间，在此过程中内心多了一份平静与对人生的深入思考。人生成长的每个阶段都会遇到这样或那样的问题、阻碍和困难，此时不要停下脚步，朝着自己的人生目标不断迈进，"不忘初心，方得始终"，再回头看那一段逆境时相信会淡然一笑。停笔之时思绪万千，望向窗外，三月樱花与风雨共舞，正是江南好时节！

王彦芳

二零一九年十月初稿

于东大橘园

二零二二年六月定稿

于江大商学院